中世武士選書 44

足利義晴と畿内動乱

分裂した将軍家

木下昌規 著

戎光祥出版

はしがき

永正《えいしょう》十八年（一五二一）七月六日、播磨から上洛したばかりの「御容顔美麗《ごようがんびれい》」のわずか十一歳の少年亀王丸《かめおうまる》が、岩栖院《がんすいん》（京都市上京区）に入った。地方育ちの少年には都の景色はきっと目新しかっただろう。この亀王丸が、本書の主役である室町幕府《むろまちばくふ》第十二代将軍足利義晴《あしかがよしはる》の少年期の姿である。実は、亀王丸の上洛は同年三月に、第十代室町幕府将軍足利義稙《よしたね》が幕府の有力大名である細川高国《ほそかわたかくに》との確執によって京都を出奔《しゅっぽん》したことで、実現されたものであった。まさに混沌の時代、陰謀の渦巻く戦国時代であり、そのなかで将軍となった十一歳の少年は、衰退する幕府の将軍という重荷を背負った状態で歴史・政治の表舞台へ立たなければならなかった。

義晴は、第十三代将軍義輝《よしてる》と第十五代将軍義昭《よしあき》の父であり、十六世紀の前半、まさに戦国時代の最中、二十五年間（在職：一五二一～一五四六年）にもわたり将軍としてその生涯を送った人物である。畿内の動乱による数度の京都没落、実兄弟との将軍職をめぐる対立など波乱にとんだ生涯であったが、残念ながら一般的に見れば二人の息子義輝・義昭に比べて、義晴の名前は無名である。畿内では同時代の三好長慶《みよしながよし》などが注目されるなかで、その存在はほとんど知られていない。今年（二〇二〇年）の大河ドラマでも長慶や義輝・義昭、さらには細川晴元《はるもと》まで登場したのに、義晴は一切登場しなかった。それにもかかわらず、本書が刊行できるのは幕府関係者の残した史料（『大館常興日記《おおだちじょうこうにっき》』・『蜷川親俊日記《にながわちかとし》』

など）が豊富にあったため多くの研究が蓄積され、当時の幕府・将軍の実像がよりあきらかにされてきたことにある。けっして歴史上無視すべき人物ではない。

著者は以前、同じ戎光祥出版刊行の論集『足利義晴』の編者等を担当し、「総論　足利義晴政権の研究」でおおよその義晴の概説や研究情勢について述べた。しかし、これらの研究成果や、拙編著は主に研究者を対象としたものであり、一般の読者向けの内容であるとは言い難い。そこで、本書ではこの足利義晴について、研究者のみならず、主に一般の読者や大学生などに向けてまとめてみた。以前の論集では分量の問題で総論より削除した部分やさまざまな修正、その後の新しい研究成果や義晴関連の史料を見直したうえでの新知見などを取り入れた。なお、本書を執筆するにあたって、一次史料を主に用いるが、いくら豊富に残るとはいえ、すべてが網羅されているわけではない。それを補うために、この時代の代表的軍記史料である「細川両家記《ほそかわりょうけき》」をはじめとした二次史料（「足利季世記《きせいき》」・「万松院《ばんしょういん》殿穴太記《でんあのうき》」など）も、併せて用いていくことをはじめに断っておきたい。

特に近年、十六世紀半ばの畿内戦国史について、極めて多くの成果が発表され、さまざまな事実が判明してきている。本書と同じ中世武士選書では、義晴の先代である足利義稙について、山田康弘氏が『足利義稙』を、天野忠幸氏は『三好一族と織田信長』で、三好氏の動向とその後の信長との継続性について、久野雅司氏は『足利義昭と織田信長』で義昭と信長との関係や、将軍権力の実像について述べられている。畿内では、中西裕樹氏の『戦国摂津の下克上』も刊行されている。それらとともに本書を読むことで戦国時代の足利将軍家と、それをめぐる環境がより深く理解されるのではないかと思う。昨年には、村井祐樹氏の『六角定頼』や、将軍関係では山田康弘氏の『足利義輝・義昭』も刊行された（いずれもミネルヴァ書房刊）。今年では黒嶋敏氏の『天下人と二人の将軍』（平凡社）も刊行された。これらと併せて読むことで、戦国時代の将軍・幕府や、その周辺に関わる畿内戦国史についてより深く理解できるだろう。特に義晴の前半生にかかわる義稙や、後半生にかかわる六角定頼について、前述の両書があるので、彼らの詳細については本書はあまり頁を割いていない。

本書を執筆するにあたって心がけたのは、限界はあるが、義晴の人格、意識などをできるだけ取り込むことである。義晴時代の幕府や将軍権力、その周辺などの研究が深化するなかで、実は義晴自身は無個性にあつかわれているからである。また、義晴の評伝ではあるが、本書には幕府内での手続き、栄典授与や将軍家の経済、直臣など、将軍に直結するテーマも盛り込んでみた。戦国時代の将軍家の一端を垣間見ていただき、義晴と彼が生きた時代に少しでも興味をもってもらえれば幸いである。

二〇二〇年七月

木下昌規

目次

第Ⅱ部　帰洛後の政権運営と幕府政治

【凡例】

本書で引用する主な史料については、初出箇所以外は左記のように省略して表記する。

『群書類従』合戦部所収「細川両家記」→「両家記」、『改定史籍集覧』所収「足利季世記」→「季世記」、『群書類従』雑部所収「万松院殿穴太記」→「穴太記」、『郡書類従』武家部所収「光源院殿御元服記」→「御元服記」、『続群書類従』雑部所収「厳助往年記」→「厳助」、国立公文書館蔵写本(旧内閣文庫)『和長卿記(菅別記)』→『和長』、『増補続史料大系 後奈良天皇宸記』→『宸記』、国書刊行会編纂『言継卿記』→『言継』、『増補続史料大成 大館常興日記』→『常興』、『増補続史料大成 蜷川親俊日記』→『親俊』、『増補史料大成 宣胤卿記』→『宣胤』、高橋隆三校訂『実隆公記』→『実隆』、『続群書類従』補遺「お湯殿の上の日記」→「お湯殿」、真宗史料刊行会編『天文日記』→『天文』、辻善之助校訂『鹿苑日録』→『鹿苑』、『増補続史料大成 後法興院記』→『後法興院』、『大日本古記録 後法成寺関白記(尚通公記)』→『後法成寺』、『大日本古記録 二水記』→『二水記』、『続々群書類従』記録部「惟房公記」→「惟房」、『大日本古文書家わけ 蜷川家文書』→『蜷川』、『大日本古文書家わけ 上杉家文書』→『上杉』、『増補国史大系 公卿補任』→『公卿』

また、拙編著『足利義晴』所収の義晴発給文書一覧に対応するものは『義晴』○○と表記する。

第Ⅰ部　足利義晴と細川高国の時代

足利義晴画像　東京大学史料編纂所蔵模写

第一章　父・足利義澄の時代

足利義尚陣没による後継者問題

義晴を述べる前提として、まずは父義澄《よしずみ》についてみていかなければならないだろう。義澄は、第八代将軍足利義政《よしまさ》の庶兄で、混乱する関東に鎌倉公方《かまくらくぼう》として派遣されるも、最後は伊豆一国の領主として生涯を閉じることとなる足利政知《まさとも》（堀越公方《ほりごえくぼう》）の子として、文明《ぶんめい》十二年（一四八〇）十二月十五日に伊豆で誕生した。幼名は不明。母は武者小路隆光《むしゃのこうじたかみつ》の娘という。異母兄には茶々丸《ちゃちゃまる》、同母弟には潤《じゅん》童子《どうじ》がいる。

義澄が誕生した時代は、いわゆる戦国時代の幕開けとされる応仁・文明の大乱（一四六七～一四七七）が終結した後であった。この乱によって、守護・大名家が分裂し、さらに終結後は彼らがそれまでの在京から在国に移行していったことで、これまでの将軍と在京する大名・守護らが共同して幕府政治を行う体制が解体しはじめた時期である。

乱以前までは管領《かんれい》（斯波《しば》・畠山《はたけやま》・細川《ほそかわ》氏の管領家〈三職《さんしき》〉）が将軍親政の流れと対応しながら、将軍の補佐や御前沙汰《ごぜんざた》などの政務を総括して将軍権力を支えたほか、在京する大名《たいめい》が侍所所司《さむらいどころしょし》（赤松《あかまつ》・一色《いっしき》・京極《きょうごく》・山名《やまな》氏の四職家《ししきけ》）として幕府の機構を補完することで運営されてきた。将軍親裁化を進めようとした義政は大名らと対立し、結果的に乱にいきつくが、第四代義持《よしもち》期の評定《ひょうじょう》会議や第六代義教《よしのり》期の大名意見制にみられるように、本来幕府の意志決定には将軍の意向のみならず、彼ら大名の意見にも重きが置かれ、将軍と大名の一致による決定が行われていた。さらに乱後も有事の際には（土一揆《つちいっき》など）、在京する守護・大名を中心に幕府軍が構成されていたように、在京する守護・大名は幕府の軍事力を担う存在であり続けた。

しかし、義澄が将軍となる十五世紀末には、この体制はすでに過去のものとなりつつあった。管領は幕府儀式の際に一時的に補任されるのみで、侍所所司の補任はすでに廃絶していた。だが、将軍と大名との関係が消滅したわけではないし、在京する大名もまだ残っていたのである。

さて、そのような時代に義澄は、文明十七年六月になって東山殿《ひがしやまどの》義政の命により、天龍寺《てんりゅうじ》香厳《きょうごん》院《いん》に入寺することになった。これに先立つ同十五年に、義政の子で香厳院院主等賢同山《とうけんどうさん》が寂していたためである。香厳院は、義澄の父政知も還俗《げんぞく》前まで院主をつとめていた将軍家ゆかりの寺院である。その後、義澄は文明十九年（七月に長享《ちょうきょう》に改元）五月二十八日に伊豆より御供衆《おともしゅう》三百人を連れ上洛し、翌月二十五日に香厳院にて剪髪《せんぱつ》した。剪髪役は瑞智惟明《ずいちいめい》であった（『蔭凉軒日録《いんりょうけんにちろく》』同日条）。法諱《ほうい》は清《せい》晃《こう》。当時、清晃はわずか七歳であった。

そのようななか、一つの転機が訪れる。長享三年（一四八九）三月二十六日に、従兄弟である第九代将軍足利義尚《よしひさ》（当時は義熙《よしひろ》）が近江の六角《ろっかく》氏討伐の最中、鈎《まがり》の陣（滋賀県栗東市）にて陣没してし

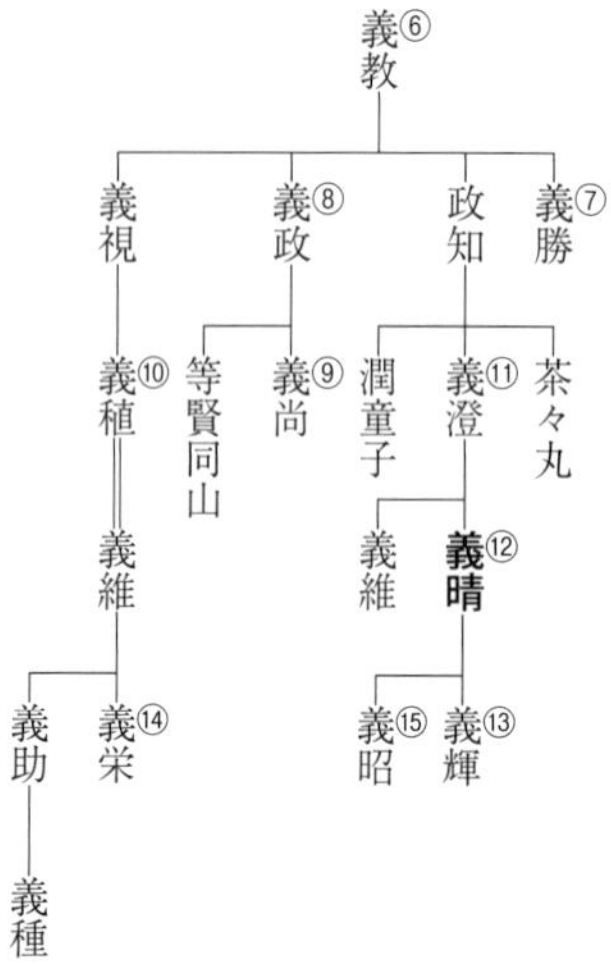

系図1　足利将軍家略系図

まったのである。義尚の死により、将軍家の後継者問題が発生することとなる。なぜなら、義尚には子供も男子の兄弟もいなかったためである（弟の等賢はすでに死去）。この時点で将軍家に連なる男子は、義政の弟で応仁・文明の乱の際に西軍の「将軍」であった今《いま》出川殿《でがわどの》足利義視《よしみ》とその嫡子義材《よしき》（のちに改名して義尹《よしただ》、義稙。以下義稙）、政知とその男子清晃らのみであった。つまり、次期将軍候補は義視か政知の男子しかいない状態であった。これにより、清晃自身が希望しなくとも、将軍家後継問題の当事者となったのである（結局、将軍家の家督は義視の子義稙に決定した）。

明応の政変と義澄の将軍就任

延徳《えんとく》二年（一四九〇）正月に義政が死去したのち、義稙は七月になって第十代将軍に就任する。そのなかで、清晃は四月二十八日に義政の御台所《みだいどころ》日野富子《ひのとみこ》より小川《こかわ》御所を譲られている（『蔭凉軒日録』同日条）。小川御所は、それまでの室町殿《むろまちどの》（花の御所）に代わって将軍家の御所として利用されていた邸宅であり、現在の宝鏡寺《ほうきょうじ》のあたりに位置していた。ところが、この譲渡に義稙の父義視が激怒し、五月十八日には小川御所を破壊してしまい、富子と義視の関係はすこぶる悪化した。その要因は、富子が将軍家の家督を「香厳院を取り立てると、細川政元《まさもと》と密談したとの噂」があったためであるという（『後法興院記《のちのほうこういんき》』同年五月十八日条）。つまり、富子と細川政元が相談して、義稙ではなく清晃を将軍としようとしていたと思われたのである。これにより、清晃は西山嵯峨周辺に忍んだという（『妙音院朝乗師日並《みょうおんいんちょうじょうしひなみ》』）。このときわずか十歳であった清晃には、事情がまだわからなかったであろう。

この時代に幕府で影響力を持った大名家が、細川京兆家《けいちょうけ》であった。京兆家とは管領家である細川家のことで（京兆は管領細川家が代々任官する右京大夫《うきょうのだいぶ》の唐名《とうみょう》）、応仁・文明の乱で東軍を率いた細川勝元《かつもと》の嫡男であった政元が当主であった。乱の後、守護・大名がそれぞれの領国に在国するようになるなかで、京兆家やその一門が在京を継続している状態にあった。細川氏は同族連合体制であったこともあり（小川：一九八〇・末柄：一九九二）、他の大名家と異なり結束が強かったことに加え、一門の領国自体も京都に近かった（摂津や丹波、和泉など）。このため、京兆家の幕府への影響力や、幕府による京兆家への依存も重くなっていたのである。

明応《めいおう》二年（一四九三）四月、義稙に不満を持つ細川政元・日野富子らが主導して、当時河内に出陣中の義稙を廃立した事件、いわゆる明応の政変が発生する。その際に、政元が将軍家の新家督として擁立したのが清晃であった。政変やその背景についてはすでに本シリーズの『足利義稙』（山田：二〇一六）で詳しく述べられているので、詳細はそちらに譲るが、清晃は政変直後の四月二十八日に還俗《げんぞく》して「義遐《よしとお》」と名乗り、従五位下に叙された。その後、六月十九日には「義高《よしたか》」と改名、十一月二十四日には左馬頭《さまのかみ》・正五位下に叙任《じょにん》された。次いで、義高は明応三年十二月二十七日に元服《げんぷく》し、その後将軍宣下と禁色昇殿《きんじきしょうでん》が聴《ゆる》された。これにより、正式に第十一代将軍に就任したのである。

この後、義高は文亀二年（一五〇二）七月十二日には参議《さんぎ》兼左近衛権中将《さこんえごんのちゅうじょう》・従四位下《じゅしいのげ》に叙任され、公卿《くぎょう》に列している（『公卿補任《くぎょうぶにん》』）。当時、二十三歳。しかし、叙任は略儀の消息宣下《しょうそくせんげ》で行われたため、前関白近衛政家《このえまさいえ》は正式な手続きである陣儀《じんぎ》が行うのが先例であり「聊爾の至《りょうじ》」りと非難している（『後法興院』同日条）。通常、幼年で将軍宣下が行われた場合、参議に任官する（＝公卿に列する）のは義政は同年中（十五歳）、義尚は二年後（十一歳）であり、義澄の場合は将軍宣下より七年も経っていた（なお、義稙の場合は同日）。後述するが、義晴の場合は宣下の翌年であった。つまり、義澄の場合は異例の遅さであったといえる。その後、同二十一日に「義高」より「義澄」に改名した（『公卿』）。

義澄は明応二年四月に家督として擁立され、将軍宣下は翌年であったが、その間、義澄はどのような位置づけであったのだろうか。それに関して興味深い文書が残る（松田盛秀書状『蜷川家文書』五九九号）。その一部をあげると、

（略）次、御判物、法住院殿《（足利義澄）》御判物に候、明応二より永正五六月にいたり御持世候、（略）恵林院殿《（義稙）》御持世者、延徳二より明応弐までに候、（略）恐々謹言、

十二月十六日　盛秀《（松田）》（花押）

蜷新右公（蜷川親俊）　御返報

とある。これは、義晴期の幕府奉行人であった松田盛秀《まつだもりひで》が伊勢《いせ》氏被官で政所代《まんどころだい》の職にあった蜷川親《にながわちか》俊《とし》よりの問い合わせに対して返信した書状であるが、ここで、盛秀は義澄の「御持世《じせい》（＝治世、または、世を御持）」は将軍宣下を受けた明応三年ではなく、家督に擁立された明応二年（つまり明応の政変後）であったと認識している。一方の義稙は政変により「御持世」が終わったと認識されており、将軍在職期間と治世の期間はイコールではないということになる。これについて、将軍就任時ではなく、将軍＝足利氏家督として大名から支持されたことこそが「世を御持」の指標とされていたとの指摘もある（山田：二〇一二）。

政変の結果、義稙の追放、義澄の将軍就任が起こったことで、将軍家は二つに分裂してしまった（義稙〈義材〉系「義稙―義維《よしつな》―義栄《よしひで》」、義澄〈義高〉系「義澄―義晴―義輝《よしてる》―義昭《よしあき》」）。この二つの系統の争いが、この後の室町幕府、そして義晴を含めた畿内政治史の主軸の一つとなるのである。

義澄を支えた側近衆

義澄は、将軍就任当初は幼年ということもあり、主体的な活動をすることはなかった。当初は日野富子が生存しており（明応五年〈一四九六〉五月没）、彼女が後見となっているほか、かつて義政の側近であり幕府宿老であった伊勢貞宗《さだむね》も支えていた。だが、義澄はもともと京都より離れた伊豆出身であり、基本的に京都や幕府に人的な基盤はなかった。堀越公方の直臣が義澄に付属させられていた形跡もなく、ほとんど孤立した存在であった。そのため、当初の幕府での義澄の存在基盤は日野富子と伊勢貞宗、細川政元の支持だけであった。

しかし、義澄が成長し、次第に側近と呼べる存在を組織するようになると、自己の意志を政治に反映しはじめる。義澄を支えた重臣・側近には、貞宗のほか、飯川国資《いがわくにすけ》・本郷信通《ほんごうのぶみち》・海老名高定《えびなたかさだ》・大館《おおだち》三郎《さぶろう》（高信《たかのぶ》か）などがいた。特に貞宗は、明応の政変で義澄を将軍家の新家督として擁立した一人であり、単なる側近以上の存在であった。彼は側近として義澄の政務を補佐するだけでなく、義澄の恣意を抑制できる後見的立場にあったという（山田：二〇〇〇）。なお、義晴の時代の将軍側近には「義高」の「高」の字を偏諱《へんき》として持つものがいるが、彼らは義澄に改名するこのとき以前に元服して、将軍より偏諱を得ていたこと（＝この時代には義澄のもとに出仕していたこと）となる。

さらに側近公家衆として、上冷泉《かみれいぜい》為広《ためひろ》・正親町《おおぎまち》三条《さんじょう》実望《さねもち》・日野《ひの》澄光《すみみつ》（はじめ高光《たかみつ》、のち内光《うちみつ》）・飛鳥井《あすかい》雅俊《まさとし》・高倉永康《たかくらながやす》などが義澄の政務を支えた。彼らは義澄から官位の昇進で優遇されるだけでなく、義澄の御成《おなり》や参内に扈従《こじゅう》したほか、公武間の交渉や日常的な訴訟裁許にも関与しており、義澄による政権運営の担い手をつとめた。

これは、結果として政変を主導し、在京して幕府運営を補完する細川政元との確執を生むことになる。幕政に参加する大名家が京兆家にほとんど限定されるなかで、政元の存在なしに幕府を運営することは不可能であったが、次に述べる明応八年の義稙の上洛作戦が失敗し外部の憂いがなくなると、義澄と政元との確執が顕著になりだすのである。

細川政元との確執と武田元信

将軍職を逐われた義稙は、越中国放生津《ほうじょうづ》（富山県射水市）に移り、同地の正光寺《しょうこうじ》を御座所とする。いわゆる「越中幕府」「放生津幕府」などとも呼ばれる亡命権力を構築し、明応七年（一四九八）には「義尹」に改名した。一時的に義稙と政元との和睦の話もあったが決裂し、義稙は同年に畠山尚順《ひさのぶ》や越前の朝倉貞景《あさくらさだかげ》などの支持勢力を結集して越中を発し、翌年に近江に動座し京都に攻め入る寸前までいく。尚順は畠山政長《まさなが》の嫡子で、明応の政変により父政長が正覚寺で自害する前に脱出し、以後、将軍職を逐われた義稙を支持してきた大名であった。しかし、義稙は義澄と政元を支持する六角高頼《たかより》（かつて義稙が討伐しようとした）との戦闘に大敗し（『後法興院』明応八年十一月二十二日条）、周防の大内義興《おおうちよしおき》を頼って山口（山口市）に移った。これによって義澄政権の危機は去り、政情は比較的落ち着きを取り戻したのであった。義稙が大内氏を頼ったこともあり、こののち義澄は豊後の大友氏《おおとも》（親治《ちかはる》・義右《よしすけ》父子）をその牽制役として期待することになる。

しかし、外敵の脅威が収まった文亀《ぶんき》元年（一五〇一）、義澄と政元との確執が顕在化した。政元はこの年の正月に義澄になかなか参賀しなかったが、これは「海老名のことによって」「大樹《たいじゅ》と不快」

のためであったという（『後法興院』同年正月二十六日条）。義澄の側近海老名（高定か）を要因とする件（おそらく側近の重用か）で、政元が義澄の政権運営に不満を持ったのであろう。両者の関係をめぐり、当時はさまざまな噂があったらしいが、政元が二十五日に義澄へ出仕し、三十日の貞宗邸での犬追物《いぬおうもの》に義澄の供奉をするなど、同年中には関係改善が進められた。

また同年、義澄は周防に逃れた義稙を牽制するために、義稙を保護する大内義興を「朝敵《ちょうてき》」にするよう後柏原《ごかしわばら》天皇にたびたび申請した。その結果、治罰綸旨《ちばつりんじ》が下され（『実隆』閏六月十日条）、義澄は豊後の大友親治らに御内書《ごないしょ》（将軍の書状）や奉行人奉書を下し、義興の討伐を命じたのである（『大友家文書録』）。義澄は天皇の権威を利用することで、義稙らを牽制したのであった。

ところが、翌年には再び両者の確執が表面化する。二月十六日の夜、政元は突然被官安富元真《やすとみもとざね》の屋敷に引き籠もり、隠居を宣言したのである（『後法興院』同日条）。その要因は「義澄への述懐《じゅっかい》（不満）」があったためという（『宣胤卿記《のぶたねきょうき》』二月二十一日条）。これは、寺社本所領をめぐる政策の違いが直接の要因であった（同三月九日条）。政元は京都より領国の丹波へ、次いで山城の真木嶋《まきしま》（京都府宇治市）に下向するが、義澄は直接真木嶋まで赴き、自ら説得して政元を慰撫した。これにより政元の隠居騒動は収まったが、今度は八月四日になって義澄が政元への「述懐」のため、かつて富子の居所でもあった妙善院《みょうぜんいん》に行き、隠居宣言をしたのである（『後法興院』八月五日条）。今度は政元がこれに慌てて、義澄のもとに赴くも義澄は対面を許さず、義澄の七ヶ条の要求を飲むことで両者の確執は再び収束した。

義澄の条件の一つは、義稙の弟で当時二十四歳であった実相院門跡《じっそういんもんぜき》義忠《ぎちゅう》の殺害であった（『実隆』八月五日条）。これは公家社会よりは強く非難されたが、義澄の目的は確執が顕著化するようになった政元に、自分に代わる将軍候補を擁立されないようにすることで、政元に義澄政権を支援する以外の選択肢を与えなくするためであったという（山田：二〇〇〇）。

結局、義澄も京兆家に代わりうる在京する大名が存在しないなかで、政元との関係を切るという選択肢はなかったのである。そのなかで、義澄が政元とならんで期待したのが武田元信《たけだもとのぶ》である。若狭守護である武田元信は、京兆家との関係も深く、明応の政変の際には、早速義澄と政元を支持した。その後も、元信は禁裏警固などの諸役をつとめるなど（『実隆』明応五年正月十六日条など）、数少ない在京する大名として義澄政権を支えた。政元に強く依存する義澄にとって、元信は政元以外に直接期待できるほとんど唯一の大名であった。明応八年の義稙の上洛戦の際も義澄方として京都にあり、その功績によって義澄は大名として最高の家格である御相伴衆《おしょうばんしゅう》へ加入させようとした（『鹿《ろく》苑日録《おんにちろく》』明応九年正月十七日条）。しかし、これには政元が反対したらしく、義澄が元信を御相伴衆としたのは文亀二年九月九日であった（『後法興院』同日条）。その間には従四位下に叙されている（『和長卿記』明応十年正月十四日条）。これは義澄による元信に対する期待の表れといえるだろう。しかし、永正元年（一五〇四）になって元信は隠居を申し出たが（『実隆』永正元年四月三十日条）、これはこれ以上の在京を望まず、若狭に帰国したい意図から出たという（木下聡：二〇一六）。

義澄にとって元信は、幕府運営において過度に政元に依存しすぎないためにも必要な存在であった。元信も基本的に在国と在京を繰り返しながら義澄政権を支えた大名であったが、広範囲の領国や多くの一門をかかえる京兆家と比較すれば、軍勢的にも京兆家の代わりになることはできない。そのため、義澄が政元と手を切り、幕府運営を元信単独に依存することにはならなかった。

このような政元や元信らに期待する義澄について、「将軍が幕府政治を主導することはもはや困難であった。だが、義澄は在京大名と共存しながら幕府を運営するという、戦国時代に適応した新たな将軍像を作り上げた」と評価される（浜口：二〇一七）。

細川政元暗殺と義澄の没落

義澄政権の動揺は、京兆家の家督問題によって引き起こされた。政元には実子がいなかったため、九条政基《くじょうまさもと》の子澄之《すみゆき》を、次いで細川氏の有力一門である阿波守護家細川義春《よしはる》の子澄元《すみもと》を養子としていたが、この二人の養子をめぐって家中が対立するようになっていた。そして、政元は永正四年（一五〇七）六月二十三日に澄之派の竹《たけ》田《た》孫七《まごしち》らに襲撃され殺害されてしまった。義澄はこの事件後、七月八日になって澄之に京兆家家督継承を承認する御内書を発給した（『宣胤』同日条）。しかし、細川高国《たかくに》・政賢《まさかた》・尚春《ひさはる》ら細川一門の攻撃により、八月一日に澄之をはじめ波々伯部《ほおかべ》・薬師寺《やくしじ》・香西《こうざい》などその部将たちが討ち死にしたことで、義澄は翌二日に改めて澄元に京兆家の家督継承を承認する御内書を発給し、京兆家の家督は澄元のものとなった（『後法成寺関白記《のちのほうじょうじかんぱくき》』同日条）。政元死後の京兆家の内紛に対しては、義澄はどちらかに肩入れすることなく、その時点の勝者を承認する姿勢を示したが、この事件は幕府を支える京兆家がその権力ともども分裂する発端となった。なお、この年の三月十三日には、妹の宝鏡寺殿が二十七歳で没している（『実隆』同日条）。

永正五年、前年の京兆家の内紛をうけて、義稙が再び上洛作戦を開始した。義稙は大軍を擁する大内義興の支援のもと、山口から瀬戸内海を渡って畿内に戻ってきた。それに先だって澄元は義稙・義興方との和睦を推進したが、義澄の反対により成立しなかった（『多聞院日記《たもんいんにっき》』永正四年八月二十三日条）。澄元は京兆家が分裂したことで、強大な義興らと対峙できないと思ったのであろう。

そのなかで、細川一門の野州家《やしゅうけ》細川政春《まさはる》の子高国が三月十七日には澄元より離反し、伊賀の仁木《にき》氏を頼って京都を離れた。澄元に「述懐」があったためという（『後法成寺』同日条）。これに関して、高国が畠山尚順と申し合わせて澄元に謀反を起こそうとしていると京兆家被官赤沢長経《あかざわながつね》が讒言《ざんげん》したためともされる（『不問物語《とわずものがたり》』）。

この前年の十二月には澄元と尚順は和睦しており（『多聞院』永正四年十二月十日条）、澄元は尚順の要請を受けて義就《よしひろ》流畠山氏の義英《よしひで》を河内国嶽山城《たけやまじょう》（大阪府富田林市）に攻めていた。高国は尚順の援軍として義英攻めに出陣していた経緯があったため、高国と尚順とが結び、澄元に対して謀反を起こそうとしたということだろう。そもそも尚順は、義稙を支援する最大の大名であったから、高国と尚

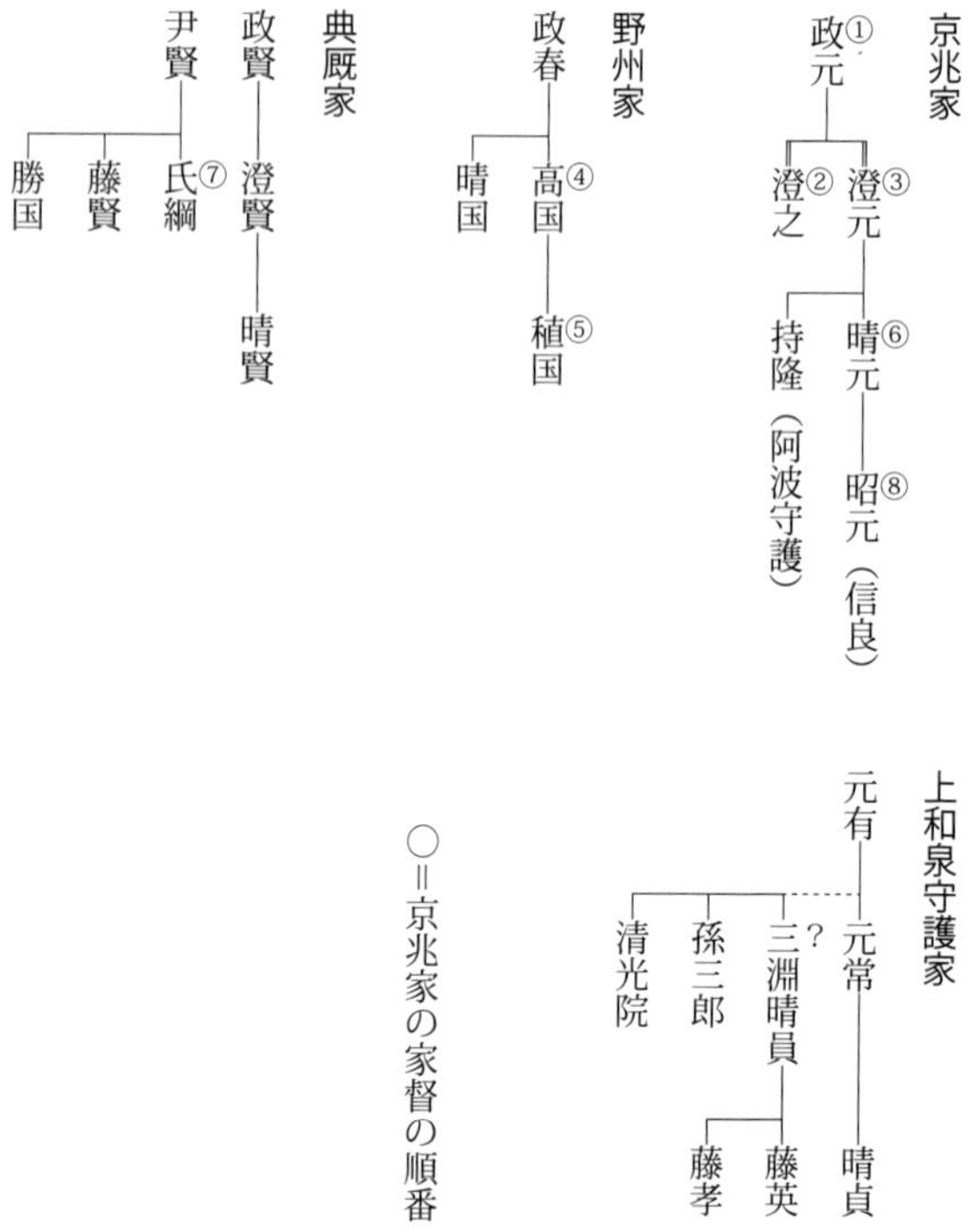

系図2　細川氏略系図

順が結んで澄元に対抗するということは、周防山口の大内氏のもとにいる義稙の上洛が最大の目的となろう。

澄元は高国の離反や義稙・大内勢の上洛に対して、義澄に「力の及ぶ限り御方《みかた》をいたします」と述べ、義稙勢の上洛を防ぐことを約束したが（『後法成寺』永正五年二月二十九日条）、後柏原天皇をはじめ、京都の人々はこの騒乱に対して不安を抱えることとなった。

結局、高国らの京都進軍のなか、四月九日には澄元や被官三好之長《みよしゆきなが》らは自邸を自焼したうえで敗走し、近江国に没落した（『後法成寺』同日条）。これ以降、京兆家は澄元系（澄元―晴元）と高国系（高国―氏綱）に分裂し、それぞれの支持派を基盤に家督をめぐって争うこととなる。

一方、軍事的な支えを失った義澄は、同十六日に澄元と同様に近江国の坂本《さかもと》（大津市）に移座した。このときに供奉をした人々について、『不問物語』は「畠山次郎澄重、細川（高助か）淡路治部少輔、一色七郎、大舘三郎（高信カ）、伊勢さへもん尉貞則、小笠原（元宗）刑部少輔、同舎弟又三郎（澄長）、飯川山城守資国（国資）、海老名入道宗空（高定カ）、同孫二郎、同又二郎、金子、三上三郎、真下太郎、本郷宮内少輔（信通）、同三郎、松田豊前守頼亮、飯尾大和守元行」の十八名を載せる。公家衆の広橋守光《ひろはしもりみつ》の日記『守光公記《もりみつこうき》』によれば、さらに朝山某、井上兵部少輔、摂津元親《もとちか》（のち元造）、進士《しんじ》兄弟、長井某、森某、昵近《じっきん》公家衆の日野内光（澄光より改名）らも供奉をしたという。なお、彼らやその子供などの縁者がのちに義晴政権を支えることとなる。こののち、石谷光政《いしがいみつまさ》が幕府に申請した内容によれば、これら義澄に供奉した人物の知行地は義稙によって没収闕所《けっしょ》にされたらしく、光政の父の知行地も没収され、別の直臣に給されていた（桑山浩然編『室町幕府引付史料集成』所収「披露事記録《ひろうごときろく》」天文八年）。

義澄はその後坂本を発し、二十一日には九里《くり》氏の館である長命寺《ちょうめいじ》に御座を構え（『守光』同日条）、京都復帰を目指すこととなる。

第二章　足利義晴の登場

義晴の誕生

義晴は、永正八年（一五一一）三月五日に義澄の避難先であった近江国人《こくじん》九里信隆《のぶたか》の居城水茎岡山《みずぐきおかやま》城《じょう》（滋賀県近江八幡市）で誕生したという（「足利季世記《あしかがきせいき》」）。幼名は亀王丸《かめおうまる》。のちに、亀王丸上洛の様子を見物した公家衆鷲尾隆康《わしのおたかやす》の日記（『二水記《にすいき》』）によれば、「法住院殿《ほうじゅういんでん》（義澄）御息」で、母は「御《お》末者阿与《すえものあよ》」であったという（『二水記』永正十八年七月六日条）、この阿与の詳細についても知る手がかりはないが、設楽薫氏は「奥向きの雑事に携わる者ではないか」と推測される（設楽：二〇〇〇）。いずれにせよ、社会的身分の低い女性であったことは間違いなく、外戚《がいせき》の庇護が一切期待できないという点で、生母の出自は大きな影響があった。

義澄には正室として日野家出身の広福院永俊《こうふくいんえいしゅん》（日野富子弟）の娘がいた（『尊卑分脈《そんぴぶんみゃく》』）。彼女は文亀元年（一五〇一）十一月二十七日に故富子の養子として義澄の御台所となったが（『和長』同日条）、これは伊勢貞宗が申沙汰《もうしざた》したものという。彼女と義澄との関係はよくなかったようで、永正二年二月六日には両者の不和により髪を切ったとの話が伝えられている（『後法興院』同日条）。しかし、その後も完全に別離したわけではないようで、永正五年に義澄が近江に没落した際には、彼女は義澄のもとより細川一門の典厩家《てんきゅうけ》（代々任官する右馬頭・助の唐名より）当主であった細川政賢の屋敷に預けられ、さらにその後、政賢の屋敷を出て女房衆ともども近江坂本の義澄のもとに赴いたという（『和長』四月十八日条）。しかし、彼女との間に子供が誕生したことは確認されていない。

亀王丸の誕生日については、のちに内談衆《ないだんしゅう》となる幕府重臣大舘常興《じょうこう》による日記『大舘常興日記』天文九年（一五四〇）三月三日条に「明後日〈五日〉公方様御正誕生日」とあることから、三月五日で間違いない。ところが、同日条には義晴の出生地をめぐり重要な記述がある。それは、毎年「産土《うぶすな》（＝誕生地）である近江の三大寺《さんだいじ》に御代官を派遣している」との記事である。三大寺は現在の滋賀県甲賀市（もと水口町）内の地名であり、義澄が避難していたという九里氏の所在地より離れている。さらに、大津市内にも現在三大寺の地名があり、どちらのことかは判然としない。いずれにしても亀王丸の誕生の地は、「季世記」にある九里氏の城館でないことは間違いないであろう。

長命寺から望む水茎岡山城跡　滋賀県近江八幡市
画像提供：福永清治氏

ではなぜ、義澄のいる九里氏の城館ではなく、離れた土地で誕生したのであろうか。近世初期の寛永年間に小林正甫《こばやししょうほ》が編纂した「重編応仁記《ちょうへんおうにんき》」によれば、義澄が頼った六角氏は密かに足利義稙に通じようとしていたとされる。そのため、六角氏の拠点である観音寺城《かんのんじじょう》（滋賀県近江八幡市）にほど近い九里では不都合があると思われた可能性はあるが、現時点では判然としない。もしかしたら、生母である「阿与」に関わりがあるかもしれないが、これについても判然としない。これについては後考を俟ちたい。

ところで、亀王丸には兄弟がいた。それがのちに「堺公方《さかいくぼう》」として義晴と対立することになる義維である。しかし、義維については生年が判然としない。「季世記」内の「義晴御誕生之事」には、「永正八年三月ころ、義澄が御座していた近江国九里の地に若公様が誕生したが、当時六角氏は義稙派であったため、義澄は誕生したばかりの若公を同道して赤松氏を頼み播州へ下向した。程なく二男も誕生した。一人は赤松氏に、もう一人は澄元に預けた。これは二人が無二の忠臣であったため」とある。このうち、赤松氏に預けた男子がのちの義晴となる亀王丸で、澄元に預けた二男がのちの義維であったという。義澄はその後、京都に進軍するために、再び近江九里岡山城に戻ったが病没したという。「重編応仁記」によれば、赤松氏に預けられた若公（亀王丸）は二男とされるから、これにしたがえば義維は長男となる。義維はその後、義晴の人生に大きな影響を与えることとなるが、二人の兄弟の関係性については後述したい。

父義澄の死

義澄は近江に逃れたのちも、細川澄元や細川一門の和泉守護細川元常《もとつね》、典厩家細川政賢をはじめとする四国勢の支援のもと、京都に復帰することを諦めなかった。さらに、遠方では豊後の大友親治・義長《よしなが》に義稙を擁する大内義興の領国へ攻勢をかけるように御内書を発給している（足利義澄御内書『大友文書』）。義澄の上洛戦が進められるなかで、永正八年（一五一一）八月に義稙・高国・義興らに対して、澄元一派が攻勢をかけた。これにより義稙は丹波に逃れたが、形勢を立て直して再び京都に進軍し、澄元派と決戦を行った。舟岡山《ふなおかやま》合戦である。ところが、この合戦には義澄の姿はない。なぜなら、義澄は同年八月十四日に死去したためである（「足利家官位記《あしかがけかんいき》」ほか）。澄元派には三上三郎《みかみさぶろう》や小笠原《おがさわら》（元宗《もとむね》か）、松田頼亮《よりすけ》ら義澄の近臣らも参加したとはいえ、前将軍義澄本人がいないため、現職の将軍義稙と争う名分にあきらかに欠けていた。

結局、義澄に供奉していた三上三郎や義澄に付いた松田頼亮などもこのときに討ち死にするなど澄元派は敗北し、義稙にとっての軍事的脅威は排除されることとなった。この勝利により、しばらくの間義稙政権が安定することとなる。なお、この舟岡山合戦の前後には、義澄父子を保護した九里信隆が六角氏によって攻め滅ぼされている（「季世記」）。

ところで、義澄が亀王丸を預けたのは播磨守護家の赤松氏であったが、当時の当主は次郎であった（永正九年より義村《よしむら》を名乗る）。義村自身は赤松氏の一門七条《しちじょう》氏の出身であったが、先代当主政則《まさのり》には男子がいなかったため、正室洞松院尼《とうしょういんに》（細川勝元娘）との娘を正室として家督を継いだ人物であり、義母洞松院が次郎の後見をつとめたという。次郎は生年不詳だが、永正八年時点で元服したばかりの年齢であり（渡邉：二〇一二）、亀王丸の保護については洞松院尼が実質的に主導したのであろう。亀王丸はそのもとで養育されたが、この間の亀王丸の動向を伝えるものは少ない。しかし、亀王丸は当時播磨守護赤松氏の守護所であった置塩《おきしお》城（兵庫県姫路市）で養育されたという（西島：二〇一七）。

赤松氏が義澄死後、何ら後ろ盾のない亀王丸を養育したのは、洞松院尼の支持が大きかったのではないか。亀王丸の父義澄は洞松院尼の弟政元が擁立した将軍であるほか、庶流出身である高国に対して嫡流の出身である洞松院尼は、養子とはいえ政元の後継者であった澄元を追放した高国に対して強い不満を持ち、それに対抗するうえでも亀王丸を利用しようとしたのであろう。

義稙との和睦と思惑

父義澄の死より二年後の永正十年（一五一三）になって、亀王丸に一つの転機が訪れた。義稙との和睦で、前年に細川高国が直接摂津に下向して、赤松氏との和議について洞松院尼と会談したのである（『後法成寺』永正九年七月四日条ほか）。洞松院尼や赤松氏との和議の交渉では、当然赤松氏が保護する亀王丸の処遇も問題となったであろう。

高国による直接交渉が影響したのか、翌十年二月十四日に「若君様（亀王丸）御合体の儀について、赤松、在田式部少輔」が上洛した。その後、将軍御所に出仕して義稙と対面、若君様と赤松からの進物を献上した。この御礼対面に対して、亀王丸からは太刀等が進上されたという（『雑々聞撿書《ざつざつぶんけんしょ》』）。ただし、亀王丸はこのときは上洛せず、代わりに赤松義村が亀王丸からの御礼の品を進上した。さらに、義稙と義村との対面には高国のほか大内義興も参列した。

　これにより、明応の政変以来の将軍家（義稙対義澄）の分裂は一応の解決をみた。永正十八年に義晴が上洛したのち、「先年島御所（義稙）御養子也」（『和長』永正十八年七月六日条）と見えることから、このときに亀王丸が義稙の養子（または猶子《ゆうし》か）となった可能性もある。この時点で亀王丸は三歳であり、主体的に和解に動いたわけではないだろう。では、この和睦はなぜなされたのであろうか。

　義村は畿内に隣接する播磨を拠点とする義澄派の主要な大名であり、細川澄元の同盟者であった。四国にいる澄元より京都に近い赤松氏の存在は、義稙にとって常に注意しなければいけない存在であったろう。そのため、義稙は和睦という形で義村を澄元より離反させ、敵対関係を解消して臣従させることに成功したのである（山田：二〇一六）。これにより、義澄の子である亀王丸も義稙との敵対関係が解消された。また、これを期に帰国を意識し始めた義興と、その後の将来を見据えた高国が取り進めたこととも いう（藤井：二〇一四）

　この和睦に際して注目されることは、和睦の時点で義稙は四十八歳であり、後継者となるべき男子がいなかったことである。さらに、義稙の兄弟（義視の子）もすでに出家しており、その子女がいなかった。義稙には当時、直接血縁のある男子は弟で当時三十六歳であった勝禅院了玄《しょうぜんいんりょうげん》のみであった。彼も出家の身であるため、子供はいない。遅かれ早かれ、将軍継嗣問題が発生することは自明の理であった。そもそも当時の将軍家自体に、義澄の子であるのちの義晴とのちの義維以外に後継候補となるべき若い男子はいなかった。この時点で義維の存在は周知されていなかったので、義稙にとって弟を除けば、義澄の子である亀王丸以外の選択肢はなかったといってよい。つまり、義稙にとって将来の将軍候補を確保するためにもこの和睦は必須であったのである。

義稙の出奔と高国との不和

ところが、義稙はその直後の三月十七日夜、大内義興や細川高国らの大名への「述懐」を要因として、人知れず京都を出奔してしまう（『後法成寺』同日条）。義稙政権を支えた主要な大名は細川高国・大内義興・畠山尚順・能登守護畠山義元《よしもと》らであったが、特に右京大夫・高国と左京大夫・義興の「両《りょう》京兆《けいちょう》」（『実隆』永正五年六月十六日条など）が軍事的にも政権を支えていた。しかし、義稙と彼ら大名との関係は時に緊張をはらんだものであった。また、大名間でも在京する高国と山城守護となった義興が山城国内の支配をめぐり確執に及ぶなど、必ずしも一枚岩とはいえなかった。さらに永正八年（一五一一）九月での舟岡山合戦にて澄元、義澄残党方に勝利したことで、義稙政権に対する軍事的な脅威が大幅に減少し外敵がいなくなると、内部の問題が表面化したのである。

義稙はごくわずかな近臣のみを連れ、甲賀《こうか》（滋賀県甲賀市）に逃れた。将軍の出奔という事件により、京都周辺は大混乱に陥る。将軍家の家宰《かさい》である伊勢貞陸《さだみち》（貞宗の子）や高国、義興をはじめたした大名らは合議して、義稙に帰洛を促すことにした。これに対して義稙は、高国らに「七ヶ条」の帰洛の条件を出し、自身の成敗に背かないように求めた。

義稙出奔という非常事態に対して、亀王丸を将軍に擁立する可能性もあったかもしれない。しかし、諸大名は当時三歳の亀王丸を擁立することには、幕府運営や諸大名間の調停などで不都合が多いため、義稙との和解を選択したという（山田：二〇一六）。高国や義興らは義稙と義澄の争いのなかで、義稙こそ正統な将軍（または将軍家家督）として擁立し、それを名分に義澄を追放したのだから、和解したとしても、心情的にも義澄の子である亀王丸をそう簡単に擁立することはできなかったであろう。結局、高国らが義稙の提示する条件をのんだことで、義稙は帰洛した（その直後に「義尹」より「義稙」に改名する）。

その後も義稙ははっきりと後継者を定めないまま政務を行ったが、義稙が亀王丸を京都で養育しなかった点は注目される。次期将軍後継候補者として承認しつつも、いつでも自分の代わりとなりうる亀王丸の存在は、義稙からすれば危険な存在でもあったのである。

義稙と大名の関係はいったん修復されたが、永正十四年に義稙政権を支えてきた義興が京都を離れ、翌十五年に本拠地の山口に帰国した。これにより、在京する義稙政権の中心的な大名は高国のみとなる。義稙政権は高国・義興がいわば両輪として支えていたが、そのバランスが一気に崩れたのであった。義興は義稙の上洛やその後の舟岡山合戦などで幕府軍の主力としてあり、軍事的な面でその存在は極めて大きかったため、彼の帰国の影響は大きかったはずである。

義興の帰国を待っていたかのように、翌年には細川澄元が阿波で挙兵し、その被官三好之長《ゆきなが》が京都方面へ攻め上った。義稙は、十一月には亀王丸を保護する赤松義村に対して、澄元方への味方を禁じ、義村もそれに同意している（足利義稙御内書案「御内書案」）。澄元が義村と共同し、亀王丸を新将軍として擁立するような状況を避けたかったのであろう。しかし、高国が大敗し近江の坂本に逃れると、義稙は高国との関係を切り、澄元方に鞍替えしたのである（『後法成寺』永正十七年二月二十日条）。

ところが、五月になって高国が近江より京都に攻め入り、同五日に澄元方の主力三好之長を破ったことでその勢力を挽回した。勝利を収めた高国は、十二日になって義稙に対面する（形式上の和解）。さらに六月十二日には、澄元が摂津にて病没してしまう。

高国の挽回や澄元の死によって義稙は高国との関係を回復する以外に選択肢がなくなるものの、両者の不信感は解消されず、永正十八年三月七日、再び義稙は京都を出奔した。しかも、践祚より二十年ほどたってやっと挙行されることとなった後柏原天皇の即位式が目前に迫った状態での行動であった。公家の鷲尾隆康は、その理由について「義稙の命令にしたがわないことが多く、それに対して不満が募っていたのではないか」と述べている（『二水記』同日条）。天皇は義稙の行動にあきれ、将軍不在のまま即位式を挙行することを決断した。天皇は出奔した義稙に代わり、高国に警固などを命令した。これにより、高国は事実上、将軍の代行者ともいうべき立場になったのである。高国は、ここに至って義稙との関係を清算し、別人の将軍を擁立することにした。そこで高国が次期将軍として目を付けたのが亀王丸であった。

高国に擁立され亀王丸が上洛

義稙が出奔した当時、義稙に男子がいなかったことや、弟の了玄がすでに永正十五年（一五一八）に没していたこともあり、義稙の血縁男子はいなかった。そのため、亀王丸は細川高国の支持のもと、同年七月六日についに上洛したのである。公家の東坊城《ひがしぼうじょう》和長《かずなが》はその上洛について、高国が執沙汰したこと、それは義稙が帰ってこないためであること、亀王丸は幼少のときより赤松氏が養育してきたこと、そして高国所縁の岩栖院《がんすいん》に仮寓したが、これはご用心のためであるということを日記に残している（『和長』同日条）。亀王丸は御輿に乗って申《さる》の刻《こく》に上洛し、細川尹賢《ただかた》らが出迎えたが、鷲尾隆康は亀王丸の上洛について、「思いがけない御運で誠にもって奇特である」と感想を述べている（『二水記』同日条）。

亀王丸を養育していた当時の赤松氏は、次郎が義稙との和睦の後、永正九年に義稙より偏諱を受けて「義村」を名乗り、義稙政権との関係改善を進めたのと同時に、赤松家中での権力強化を進めるようになっていた（渡邉：二〇一二）。その結果、赤松氏領国内では義村と重臣浦上村宗《うらがみむらむね》が対立し、内乱状態となっていた。当然、亀王丸もこの内乱に影響を受けたであろう。永正十八年初頭に義村が浦上

細川高国画像　京都市右京区・東林院蔵

村宗を攻めた際に、義村は亀王丸と行動を共にしており、亀王丸が義村権力の大義名分の役割を担っていたのではないだろうか。

だが、この亀王丸の上洛は、高国と亀王丸を養育する赤松義村とが協調して行ったものではなかった。義村は重臣浦上村宗との対立の結果、当時劣勢に置かれていた。実際に、赤松方で亀王丸の上洛を主導したのは村宗であった。彼は義村と一時的に和睦し、そのもとにいた亀王丸を奪い、それを高国被官の内藤貞正《ないとうさだまさ》に引き渡したという（『経尋記《けいじんき》』七月六日条）。亀王丸の上洛は、高国と村宗が共謀した結果成し遂げられたのである（義村はその後幽閉されたのち、九月十七日に自害してしまう）。村宗は、このときの功績により、数年後、高国が義晴に進上した太刀と御内書が下されることになる（のちに白傘袋《しろがさぶくろ》と毛氈鞍覆《もうせんくらおおい》の免許も得ている〈「御内書引付」『義晴』一一〉）。

亀王丸は上洛後、義稙時代の将軍御所であった三条御所（京都市中京区）ではなく、「御里第」として岩栖院という寺院に入った（『公卿』）。当時の岩栖院は現在の京都市上京区岩栖院町として名前を残す、細川氏ゆかりの寺院である。もとは細川満元《みつもと》の邸宅であったが、その没後に岩栖院という寺院となった。岩栖院は近世になり移転し、その跡は近世に金工師後藤長乗《ごとうながのり》の造園した擁翠園《ようすいえん》という庭園の所在地としても著名である。また、当時の院主霊超《れいちょう》は徳大寺実淳《とくだいじさねあつ》の子であるが、高国の叔母（細川教春《のりはる》娘）が実淳の室であったことから、霊超と高国とはつながりがあった（磯川：二〇一四）。和長がご用心のためと記していることから、高国は亀王丸の擁立と上洛にあたって不穏なこと（＝暗殺）が発生する可能性を心配していた様子がうかがえる。京都を出奔したのち、淡路まで逃れていたが、義稙はなお将軍として健在であり（まだ解官《げかん》〈解任〉されていない）、再び帰洛することを目指していた。

仮に亀王丸が義稙支持派に暗殺された場合、高国が擁立できる将軍候補者が不在となってしまう。当時、高国が義維の存在をどこまで把握していたかは不明だが、数年後現れることになる義維は、高国と対立した澄元の実家阿波細川氏が保護しており、当初より義維を亀王丸の代わりに擁立することは現実的ではない。つまり、亀王丸が暗殺された場合、高国は自分に敵対心を持つ義稙を再び将軍として擁立しなければならなくなってしまう。当然、高国はこのような事態は避けたいであろう。そのためには是が非でも亀王丸の安全を確保しなければならず、自身の所縁の岩栖院に仮寓させたのである。

そのような不穏な情勢のなかで、この直後、実際に物騒な事件があった。亀王丸の近習のもの五・六名が相国寺《しょうこくじ》にて切腹させられたのである。理由は彼らの「造意《ぞうい》（悪事の企て）」（『二水記』七月十六日条）が露顕したためであるという。この「造意」が具体的に何を示すのかはわからない。切腹命令の主体者が幼年の亀王丸であるとは考えられないため、高国であったことは簡単に推測できる。

亀王丸に随ってきた奉公衆《ほうこうしゅう》らは、飯川国資《くにすけ》（のち国弘《くにひろ》）や大館高信、海老名高助ら義澄の側近やその系譜を継ぐものが中心であった。切腹した六名の名前は伝わらないが、彼らのなかには義澄没落の要因でもある高国に対して、憎悪を持つものもいたであろう。そのような彼らが、高国に対して何かしらの行動（暗殺など）を起こそうとした可能性はあるだろう。先の鷲尾隆康は、「数年来奉公してきたのに、このタイミングで切腹させられたのは不憫である」と同情している。

この近習切腹事件の前後、亀王丸の将軍就任に向けて着実に話が進んでいく。七月十日には公家衆の亀王丸への参礼があり、翌日には「若公《（亀王丸）》御事」について天皇へ申し入れるのと同時に銀剣が進上された。あとに述べる亀王丸の叙位《じょい》にむけた申し入れであろう。おそらくこれが受け入れられたことへの御礼として、改めて御剣と御馬が天皇に進上された（以上『二水記』）。

亀王丸の上洛の背景には、高国のほかにもう一人キーパーソンがいた。それが大館常興である。常興は第九代将軍義尚の側近であり、応仁・文明の乱勃発当時より幕府に仕える老臣であった。常興については後述するが、当時若狭国に滞在していたようで、高国は常興を介して若狭武田氏の上洛を要請した（細川高国書状写『後鑑』所収「伊勢貞助記」）。常興はそれを仲介することで、新体制（「義晴—高国」）に協力したのである。

叙位を契機に「義晴」を名乗る

義晴の元服に先立って、七月二十六日は御読書始《おんどくしょはじめ》が行われた（『公卿』）。テキストとして「孝経《こうきょう》」が使用され、清原宣賢《きよはらののぶかた》が師範をつとめた。孝経は儒家《じゅか》の重用する十三経の一つであり、「孝」について述べられた書物である。父義澄の読書始で使用された書物は不明だが、義尚の御読書始でも利用されている書物である（『長興宿禰記《ながおきのすくねき》』文明七年十月十七日条）。師範をつとめた宣賢は、皇室の御読書始でも侍講《じこう》（学問の講義）をつとめているなど、当時優れた学者であった。将軍就任後も宣賢により論語《ろんご》の講義をうけるなどしており（『実隆』大永四年二月二十四日条）、宣賢が亀王丸に与えた影響は少なくないと思われる。

また、その二日後の二十八日、亀王丸は従五位下に叙位された。責任者である上卿《しょうけい》は権大納言中御門宣秀《なかみかどのぶひで》、奉行職事《しきじ》は蔵人頭《くろうどのとう》兼右近衛中将庭田重親《にわたしげちか》であった。それにともない実名《じつみょう》が付けられることとなった。叙位の際に発給される位記《いき》や口宣案《くぜんあん》には幼名ではなく、実名が記されることとなっていたので、叙任の際には実名が不可欠であったからである。

通常、将軍家男子の実名は、学者の家系である菅家《かんけ》（菅原氏《すがわら》、道真《みちざね》の子孫たち）の人々が勘進《かんしん》した候補のなかから選ばれた。亀王丸の場合、候補を勘案したのが東坊城和長であった。一文字目の「義」は将軍家の通字であるため不動で、彼らが提案するのは二文字目である。和長は武家伝奏《ぶけてんそう》からの伝達により先例に基づいて三つの候補を挙げたが、実はその内の一つは細川高国が提案したものであったという（『和長』同年七月二十七日条）。

結局、高国の提案した「晴」の字が選ばれた。和長は「晴」の字について、「上に置くことには不都合である。御字を申請する人は迷惑ではないか」としている。和長の言う、「上に置く」とはどのようなことか。それは、将軍の偏諱の問題であった。室町期以降、歴代の将軍は武士だけではなく、摂関家《せっかんけ》をはじめとした公家衆にも偏諱を与えていた（水野：二〇〇五・二〇一四）。将軍より偏諱を受けた場合、偏諱された文字（義・晴ともに）は実名の一文字目に付けられることになっていた。つまり、公家衆が将軍より偏諱をうけた場合、「晴」の文字が一文字目に置かれる。和長はこのことを言っているのである。さらに和長は、その場合、公家衆の実名で一文字目に「晴」が付けられた先例はなく、「晴」という文字自体も縁起が悪いものと認識していた。

この「晴」を推したのが、高国であった（浜口：二〇一四）。いわば名付けの専門家である和長の認識を無視してまでも、高国は「晴」の字にこだわったのである。高国がそこまでこだわった理由は定かではないが、結局、亀王丸の実名は高国の推す「義晴」に決定し、その名字を天皇の自筆である宸《しん》筆《ぴつ》で記すことを関白二条尹房《にじょうただふさ》が天皇に申請し、賜った宸筆を武家伝奏広橋守光が岩栖院の義晴に進めた。新しい名字を宸筆で賜うこの一連の手続きは、歴代の将軍家の先例に沿ったものであり、以後、亀王丸は義晴を名乗ることとなる。

ところで、義晴はその後一度も改名しなかった。読者の方は、当然のことと思うかもしれないが、室町・戦国期の将軍は生涯に何度か改名していることが多い。義晴以前を見れば、「高氏《たかうじ》」から改名した初代尊氏《たかうじ》を含め、義教・義政・義尚・義稙・義澄が改名している。先代の義稙も当初は「義材」、次いで「義尹」と改名して、最終的に「義稙」となった。義晴の父義澄も還俗後は「義遐」、次いで「義高」を名乗り、最終的に「義澄」となった。義晴の嫡男義輝も当初は「義藤《よしふじ》」であった（弟の義昭も当初は「義秋」）。このように、一度・二度の改名は足利将軍にとっては特別ではない。ところが、義晴の場合、これ以降一度の改名もなかったのである。

改名はそもそも現状を変えるため心機一転を図る意味、政治的な決意などで行われることが多かった。かつての義教の場合、当初実名は「義宣《よしのぶ》」であったが、これが「世忍《よしの》ぶ」に通じるとして縁起が悪いとして改名したことがよく知られる（事実上義教から）。

義晴のこの後の人生は、現在の視点からすれば波瀾万丈ともいえるものであった。この後幾度か訪れる政治的危機や京都没落などである。義晴には改名をするだけの政治的な転機は幾度かあったものの、終生「義晴」のまま通したのである。これは義晴の価値観、意識を見るうえで興味深い点である。義晴は幾度かの危機においても改名の必要性を感じていなかったのだ。むろん、この名前を気に入っていたこともあるかもしれないが、むしろ、畿内の動乱など改名でどうこうできる問題でないと現実的に認識していたのであろう（幾度か改名した義澄や義稙は結局最後は没落した）。

先例と異なる元服の儀

　叙位の儀の後、八月九日には御涅歯《でっし》（歯黒）の儀が、同二十七日には勘解由小路在富《かでのこうじありとみ》による御祈祷、八月二十九日は諸家による御代始《おんだいはじめ》御礼が行われた（『親孝日記《ちかたかにっき》』・『二水記』同日条ほか）。この間の二十三日には「永正」から「大永《たいえい》」に改元した。この改元は将軍家の代始という意味があろう。次いで、九月ころより元服費用となる諸国段銭賦課《たんせんふか》のための奉行人奉書《ぶぎょうにんほうしょ》が発給されている（『朽木文書』）。

　十一月二十五日には義晴は正五位下に昇叙し、左馬頭に任官した。左馬頭は将軍もしくは将軍家の後継者（鎌倉公方も）が任官するものであり、この任官はいわば将軍就任の前提といえるものであった。このように義晴の元服、将軍就任の準備は着々と進められていった。

　ちなみにちょうど同じ日に、義澄政権を支えた武田元信が「武家（＝義晴）」の執奏《しっそう》により従三位に叙されている（『拾芥記《しゅうがいき》』同日条ほか）。これは極めて異例であるが、かつて義澄政権において在京大名として政権を支えた大名であることや、義晴を将軍家家督として支持したことが影響したのであろう。むろん、義晴本人の意思というよりは高国や義晴周辺の判断であろうが。

　義晴の元服は十二月二十四日に行われた。義晴の滞在していた岩栖院では手狭であったこともあり、元服は三条御所へ渡御《とぎょ》して行われた（『二水記』十二月二十四日条）。三条御所は義稙時代の将軍御所で、三条坊門《さんじょうぼうもん》を北に、姉小路《あねがこうじ》を南、富小路《とみのこうじ》を東、万里小路《までのこうじ》を西とする立地であった（『不問物語』）。義稙の出奔以降、主人がいないままとなっていたが、この時点までは保全されていたのであろう。これには義晴が義稙の後継者であることを示す意味合いもあろう。

義晴元服の儀式は、特に義政の先例を参考に武家の様式で行われたという（『和長』同日条）。元服総奉行は摂津元造《せっつもとなり》、理髪《りはつ》役は細川尹隆《ただたか》、加冠《かかん》役は高国であった。それ以前に高国は加冠役を務めるために管領職に補任されたが（『二水記』十一月二十六日条）、当時の管領は常設ではなく、このような儀式の際に一時的に補任されるものとなっていた（浜口：二〇一七・二〇一八）。元服に合わせて高国は従四位下に叙され、武蔵守に任官している。高国の武蔵守任官については、義満の加冠役を務めた細川頼之《よりゆき》以来（当時武蔵守）、京兆家当主が加冠役時には武蔵守となる先例に基づくものであった。

これらの叙任について、和長は「不審《ふしん》」と述べている。高国の従四位下叙位については、先例と異なり天皇よりの推任《すいにん》という形を取ったが、これは高国と交流のあった三条西実隆《さんじょうにしさねたか》の内奏《ないそう》があったためであるという。同じく武蔵守任官も、「武家」よりの天皇への執奏という形で行われたという。「本来の任官手続きは、叙任における幕府と朝廷との間の幕府側の責任者である官途奉行《かんとぶぎょう》（摂津氏の世襲で、当時は摂津元造）が申沙汰を行わなければいけないのに、官途奉行の関与のない叙任は不審である」と和長は批判しているのである（『和長』同年十二月二十四日条）。任官手続きについても義晴による執奏（武家執奏）となっているが、もちろんこの当時に義晴が主体的に政治判断を行える年齢ではないから、実際は高国が行ったものであろう。つまり、元服に際して高国が武蔵守に任官することは先例に基づくものであったが、それらの手続きは、先例と異なった状態であったのである。

義晴、将軍となる

　元服翌日の二十五日、義晴の将軍宣下が行われた。これにより義晴が室町幕府第十二代将軍となった一方、義稙は将軍職を正式に失った。また、同時に昇殿禁色宣下も行われた（『公卿』）。これらの上卿は三条西公条《きんえだ》、奉行職事は滋野井季国《しげのいすえくに》らであった。官務《かんむ》（左大史）の小槻于恒《おづきのゆきつね》が将軍宣下を、局務《きょくむ》（大外記）の中原師象《なかはらのもろかた》が禁色宣下を三条御所に持参した。

　亥《い》の刻には御判始《ごはんはじめ》、吉書始《きっしょはじめ》も行われた。この御判始で義晴の花押《かおう》が決定し、吉書が発給される。花押の使用や文書発給はこれが最初となる。歴代の将軍は、この際に石清水八幡宮《いわしみずはちまんぐう》に寄進状《きしんじょう》を発給している。義晴の場合、それが石清水八幡宮宛ての次の足利義晴寄進状（「石清水文書」『義晴』一）で、義晴発給文書の初見となる（『石清水文書』、『義晴』一）。

寄せ奉る
　石清水八幡宮
　　山城国淀郷の内藤岡与三跡の事
右、寄進するところの状件のごとし、
　大永元年十二月廿五日
　　　　左馬頭源朝臣（花押）

これは義晴が判を据えたのち、高国が直接石清水八幡宮善法寺《ぜんぽうじ》の社務《しゃむ》田中興清《たなかこうせい》に手渡したという（「義晴将軍元服并判始記」）。さらに、高国による施行状《しぎょうじょう》も発給されている。一連の饗宴が終わった二十八日、高国は管領を辞任した（浜口：二〇一八）。これが結果的に室町幕府管領の最後となった。

同三十日には乗馬始《じょうばはじめ》が三条御所にて行われたが、このときは高国が進上した河原毛《かわらげ》の馬が使用された。これは将軍家が乗馬始で用いる馬であったという（「武雑礼」『後鑑《のちかがみ》』所収）。

翌大永二年二月十七日には、参議兼左近衛権中将、従四位下に叙任された。しかし、これは異例なことであったという（『和長』同日条）。なぜなら、この叙任は天皇よりの御推任という形でなされたものであった。和長は、「代々の将軍家の先例、特に義政の先例は御推任でなく、一条家や武家伝奏、伊勢氏や官途奉行の摂津氏が朝廷へ申し沙汰するものであり、この手法は問題がある」と再び非難している。前述のように、義晴の元服の際の高国の叙任も異例であった。叙位については、高国と知音の三条西実隆が内奏したものであった。義晴にせよ、高国にせよ、その叙任は従来のものと異なる手続きで行われており、一部の公家衆よりは不審を持たれることになったのである。

参内始にみる公家衆の処遇

二月二十三日には、将軍就任後初の参内始《さんだいはじめ》が行われた。将軍就任後の天皇への顔見せという意味でも重要なものである。義晴は乗輿して禁裏に向かい、巳《み》の刻に参内した。義晴は殿中の直盧《じきろ》にて衣《え》紋《もん》役の高倉永家《たかくらながいえ》によって白直垂《しろひたたれ》から衣冠《いかん》に着替え、その後、後柏原天皇の御前に祗候《しこう》し、常御所《つねのごしょ》にて七献《しちこん》の饗宴が行われ、義晴は天皇より天盃《てんはい》を得た。さらに多くの進物が献上された。それが終わると直廬にて将軍と公家衆による三献《さんこん》が行われた（『二水記』同日条）。

　この参内始に参会したのは、先の衣紋役で将軍家の家司《けいし》高倉永家をはじめ、武家伝奏広橋守光、三条西公条、東坊城和長、中山康親《なかやまやすちか》、甘露寺伊長《かんろじこれなが》、上冷泉為和《ためかず》、山科言綱《やましなときつな》、日野内光、雅業王《まさなりおう》（白川）、庭田重親、飛鳥井雅綱《まさつな》、葉室頼継《はむろよりつぐ》、勧修寺尹豊《かじゅうじただとよ》、広橋兼秀《かねひで》、白川孝顕《しらかわたかあき》であった。

　この参会者のほとんどは、武家昵近公家衆と呼ばれる、将軍家を主人とし、奉仕する公家衆であった（瀧澤：一九九七、拙稿：二〇一四）。もとは大臣となった義満時代の「室町殿家司《むろまちどのけいし》」を発端とするものである。葉室頼継は、義稙の側近公家衆で明応の政変の要因にもなった葉室光忠《みつただ》の子であるが、当時は昵近公家衆という扱いではなかったため、常御所での七献には参会できなかった。日野内光は義澄の側近公家衆であった澄光のことで、義澄の没落にも供奉したが、のちに義稙政権に帰参して「内光」に改名していた。

　また、この参会では上冷泉為和の処遇も問題となった。為和は義澄の側近公家衆であった上冷泉為広の子であったが、為広はかつて義澄の執奏により将軍の参内に参会できることとなっていた。しかし、義澄が没落し、義稙が将軍となると上冷泉家は参会することがなくなっていたため、今回の参内始に為和が参会するかどうかが問題となったのである。義晴は義澄時代の先例によって為和の常御所への参会を執奏し、許可された。しかし、為和は直廬での三献の参会も希望したものの、これは伝奏の守光が制止したという。

さらに、雅業王（神祇伯《じんぎはく》在職中は王号を使用）は義稙の側近公家衆であったが、義稙の出奔には同道せず京都に残っていた。白川家も本来は外様《とざま》で、幕府では節朔衆《せっさくしゅう》という家格であったが、直廬での三献に召される家格ではないものの、義稙の執奏により直廬での三献に召される資格を得ていた。彼は将軍が義晴に代わってもその権利を行使し、参会したのであった。

父義澄時代に近侍した公家衆だけではなく、義稙時代の側近公家衆も同じように処遇することで、公家衆からの求心力を維持しようとしたのであろう。参内始に参会した和長は、「これまで三献に召される「三献の衆」は数が限られていたのに、昨今では将軍に懇望することで参会が認められるものが増えている」と、現状について批判的に述べている（『和長』同日条）。直廬での三献に召されるのは一つの特権であり、将軍と自家との特別な関係を確認しあう意味もあった。もちろんこれは、公家衆に対して求心力を高める効力もあったが、同時に和長が指摘するように、参会者が増加すれば、自家が特別であるという意識を減じかねないものであった。

参内始が終わった直後の三月三日、義晴にとって今後の人生を左右する重要な出会いがあった。近江の六角定頼《さだより》が上洛し、その申し入れにより、翌月三日に本能寺《ほんのうじ》（京都市中京区）で饗応が行われたのである（『二水記』同日条）。のちに義晴政権を支えることとなる定頼と義晴との、おそらく初めての出会いでもあった。このときの義晴は、まさか定頼とこれほど深く長い付き合いになるとは思わなかったであろう。

同年六月七日に三条御所に渡御したうえで、父義澄が再興した祇園会《ぎおんえ》を見物したほかは、大きな出来事もなく安穏に過ぎた。さらに翌三年四月、義稙が没落先の阿波国撫養《むや》（徳島県鳴門市）で死去した。五十八歳であった。これにより、完全に将軍家が義晴一人に統一され、政権が憂慮する存在がいなくなった。続いて、六月には伊勢貞忠《さだただ》邸に御成、八月十四には相国寺法住院《ほうじゅういん》にて父義澄の十三回忌法要を行った（『二水記』同日条ほか）。父の記憶のない義晴は、このとき何を思っていたのだろうか。

将軍就任より数年は、義晴の周辺は平静であった。

第三章　初期義晴政権とその崩壊

幼い義晴を支えた人々

将軍に就任したとはいえ、まだ幼年であった義晴が執務を行える状態になく、大人が後見、もしくは代行していたことは容易に想定できる。本来、管領が補佐するが、当時は管領はいなかった。父義澄のときの日野富子のような存在もなかった。では、誰がその役割にあったのであろうか。

まず理解しておくことは、当時の主たる室町幕府内の組織や評議機関としては御前沙汰《ごぜんさた》（雑訴方《ざっそかた》）・政所・侍所・地方《じかた》などが存在していたことである。幕府創設当初には評定《ひょうじょう》や引付《ひきつけ》などもあったが、ともに室町の中期には活動しておらず、戦国時代にも活動はない（ただし、評定衆・引付衆などの役職名、幕府内での格としては残る）。

特に将軍権力に直結するのが、将軍主催の御前沙汰である。これは所領問題などを中心に審議する評議であり、最終的な決裁者も将軍である。決裁されれば、御前奉行による幕府奉行人奉書（通常は連署）が訴訟に勝訴した側の当事者に発給されることとなっていた。審議のうえ、問題が複雑で正否の判断がつかない場合は、法の専門家でもある奉行衆に「意見」を尋ねたうえで、その意見を参考にして判決されることもあった（あくまでも最終判断は将軍）。

この御前沙汰で幼い義晴の政務を支えた人物、いわゆる側近と呼べる人々がいた。そのなかでも重要なのが大舘常興と佐子局《さこのつぼね》の二名である。彼らの履歴や活動については設楽薫氏の研究に詳しい（設楽：一九八九、二〇〇〇）。その成果を踏まえたうえで、まずは義晴を支えるこの両者を、履歴を含めて紹介しよう。

【大舘常興（尚氏）】常興は、奉公衆大舘氏の庶流大舘兵庫頭教氏《のりうじ》の子で俗名尚氏《ひさうじ》（はじめ重信《しげのぶ》）、法号が宝秀軒《ほうしゅうけん》常興。享徳三年（一四五四）生まれ（「大舘伊予守尚氏入道常興筆記」）。官途・受領《ずりょう》は治部少輔、兵庫頭、弾正少弼、左衛門佐を経て伊予守。父教氏は大舘持房《もちふさ》の二男で寛正四年（一四六三）に没している。叔母には足利義政の乳母で、「三魔《さんま》」としても知られる今参局《いままいりのつぼね》がいる。

常興は、文明元年（一四六九）ころより義尚の御方衆《おかたしゅう》（御方とは主人の子供のこと）となり、以後、義尚の側近筆頭格として活躍し、義尚の側近集団である「評定衆」の一員にもなった人物である。義尚死後も義稙の殿中申次《でんちゅうもうしつぎ》をつとめ、明応の政変後は義稙より離脱し、新たに擁立された義澄のもとに出仕した。しかし、永正五年（一五〇八）に義稙が将軍に復帰すると不遇になり、同十二年正月以前に入道し、宝秀軒常興と名乗った。その後、若狭に在国していたらしいが、前述のように義稙の出奔後は義晴の擁立に関与した。

常興の生年からみれば、義晴の上洛当時すでに七十歳に近い年齢であり、応仁・文明の乱前後を知る、長老ともいえる存在であった。義晴よりたびたび義政・義尚時代の記憶や故実《こじつ》が求められることになった際にはそれに応えており、まさに生き字引きであった。現代における常興の一番の功績は、何よりも『大館常興日記』をはじめとした日記や、数多い故実書などの史料の存在であろう。これにより義晴政権の内実、意志決定とその過程、さらに大名などの地方勢力との関係などが詳しく判明するからである。常興には光重《みつしげ》（元重《もとしげ》とも）・高信・晴光《はるみつ》などの男子がいたが（後述）、嫡男光重は文亀二年（一五〇二）七月一日に義澄の命により自害している（『後法興院』同日条）。光重は、自身が廃嫡されることを恐れて弟らを殺害しようとしていたという（『時元記《ときもとき》』同日条）。その弟であった高信と晴光は、後述するように義晴側近として幕府内で父同様に活躍することとなる。常興の没年は不詳だが、天文年間後期（一五四五～一五五〇）まで生存していたと思しいため、当時としてはかなり長寿であった。

【佐子局（清光院）】佐子局は義晴側近女房《にょうぼう》の筆頭であり、幕府女房衆としての﨟次《ろうじ》（序列）は上﨟《じょうろう》（﨟次は中﨟《ちゅうろう》、下﨟《げろう》と続く）、おそらく義晴の乳人でもあったという。さらに、彼女は義晴の嫡男義輝の乳人もつとめたらしい。生年は不詳であるが、義晴の側近となる実弟三淵晴員《みつぶちはるかず》が明応九年（一五〇〇）の誕生とされるから、およそそれ以前の明応年間初頭ころの誕生と思われる。義晴擁立のころはおそらく三十歳過ぎとされる。晴員は和泉守護細川元有《もとあり》の子とされるから（『綿考輯録《めんこうしゅうろく》』など）、父は同じ元有で、和泉守護家の出身となろう。しかし、出自をめぐって問題もある。佐子局の局名は、代々大館氏出身の女性が名乗っていることから（大館持房の娘で義政の側室「佐子局」など）、大館氏の縁者であることが想定される。

ところが、佐子局の血縁者として確定されるのは弟の晴員とその兄孫三郎である。三淵氏は幕府の奉公衆であり、晴員は義晴の側近の一人である（家格・役職は御部屋衆《おへやしゅう》・申次《もうしつぎ》）。晴員は細川藤孝《ふじたか》（長岡幽斎《ながおかゆうさい》）の実父として知られているが、晴員自身が和泉守護元有の息子とされるため、この佐子局は和泉細川氏出身で大館氏（おそらく常興）の猶子となったのだろう。

彼女は義晴よりの絶対的な信頼があり、以後、義晴政権を支える女性として、義晴の奉書の発給や諸々の取次、さらには幕府の裁許にも影響を与えたという。天文七年二月に落飾して、「清光院《せいこういん》」と号した。没年は不詳だが、天文十九年五月の義晴の葬儀の際に佐子局が進上した狩野元信《かのうもとのぶ》筆による金屏風が出てくる（『鹿苑』同七日条）。この金屏風が佐子局より葬儀のために贈られたものであるのであれば、天文末期（一五五〇年代前半）までは生存していたことになる。当時六十歳代であれば、充分ありえよう。

また、彼女がいつ義晴の乳人となったのは不明だが、義晴よりの信頼を見れば、幼少より近侍していたと思われ、赤松氏のもとにいた永正十年代ころには義晴の側にいたのではないか。義晴の赤松氏養育時代の史料がほぼ存在しないため、推測の域はでないが、おそらく兄であろう和泉守護細川元常（元有子）は義澄・澄元与党としてあったから、その関係で義晴の養育に携わったのであろう。

初期の政務運営と側近衆

初期の幕府運営について、政治協議の場は将軍御所（岩栖院）であったとみられている。将軍御所において、義晴への披露や諮問、下達、各奉行への通達・指示、協議が行われたという（浜口：二〇一四）。軽微な案件については、御所ではなく、大館常興などの側近の邸宅で処理されていた。佐子局は義晴の側にあって、側近らとの取次などを行うことで、政務内容を把握していたのである。

義晴特有の側近集団である内談衆（詳細は後述）は天文五年（一五三六）に成立するが、幼少のころにもそれに近い活動を担う存在がいた。それが大館常興と飯川国弘（もと国資）、海老名高助である。国弘と高助は義澄期以来、義澄・義晴に近侍していた人物であり、彼ら三人が中心となって幼少の義晴の政務を支えていた。彼らは「毎事（義晴の）仰せがあったら申し合わせていた」と、諸事を談合していたのである（『常興』天文九年三月十四日条）。

そのなかでも常興が中心人物とみられている（設楽：二〇〇二）。残念ながら具体的な活動内容や権限は不明だが、相論審議の際に申状を義晴に披露するなど（『実隆』大永五年八月二十五日条）、基本的には御前沙汰での審議運営に関与していたのであろう。

さて、もう一人の重要人物佐子局はどのような立ち位置であっただろうか。後年の天文九年、幕府御料所若狭国三宅荘《みやけのしょう》をかつて若狭武田氏に給付した経緯について幕府内で話題になった際、常興は「そのころ（大永年間か）は、何事も清光院（佐子局）へ申しあげて御下知（奉行人奉書）なども出

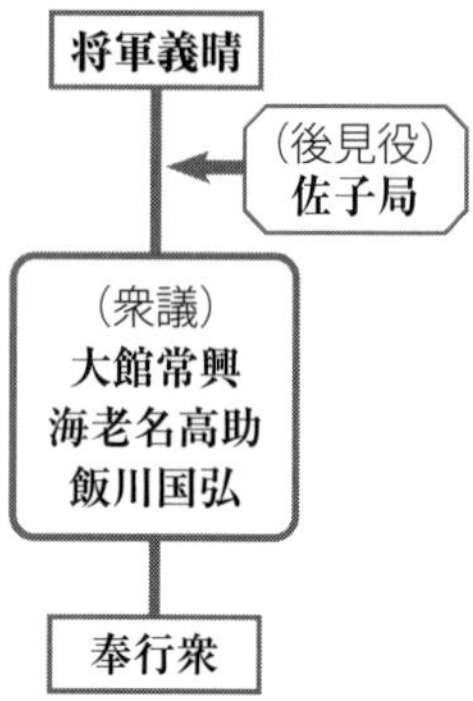

図1　初期御前沙汰での政務運営

されていた」と、佐子局が下知の発給を差配していたことが示されている。それだけでなく、「まして、御内書をもって武田元光《もとみつ》へ遣わされたのであれば、（知らないはずがないので）清光院にたしかにお尋ねすべきである」と述べ、義晴発給の御内書についても佐子局が後見していたことをうかがわせる。

『常興』の紙背文書には、大永四・五年の奉行人による「伺事」の記録が残されており、義晴自身が相論の決裁を行っていたことが判明する。また、これらを常興が所有していたことから、常興の御前沙汰での関与が裏付けられる。つまり、通常の政務の決裁については、「常興・国弘・高助（側近）—佐子局（女房）—義晴」ラインで処理されていたのであった。

限定的な高国の影響力

政権運営と高国の関係をみると、在京する大名である彼は幕府の重要事項について、幕府儀礼の場などで直接義晴や側近らと協議を行うほか、訴訟へ関与することもあった。天文期には「右京兆《（細川高国）》後見」とされたように（「伺事記録」）、義晴の後見という位置づけであった。しかし、幕府運営に高国の主導性があったことは間違いないが、次のように義晴に自律性がなかったわけではない。

大永五年に公家衆の西園寺《さいおんじ》家と久我《こが》家が山城国の塔森《とうのもり》をめぐって幕府（御前沙汰）に提訴し審議

した際、当初西園寺側に理運（道理）があったとされた。しかし、これに対して高国が裁判に介入し、西園寺家に塔森を中分《ちゅうぶん》（半分に分けること）するように説得工作し、その結果、西園寺家は高国の仲介を受け入れるところまでいった。これだけを見れば、高国は幕府裁定に影響力を持っているとみられるが、この直後、高国の意向とは反対の結果となった。義晴が高国の介入を無視して、最終的に久我家勝訴の判決を下したのである。西園寺家側は高国に対して義晴への仲介を求めたが、高国は「思案」のすえに手を引いたのであった（『実隆』大永五年七月二十七日条・八月二十五日条・九月十三日条ほか）。高国の「思案」が何だったのかはわからないが、もしかしたら義晴の将軍権力を否定しかねないため、自重したのかもしれない。

この一件から、高国が幕府内の訴訟審議過程で当事者に対して介入することはあっても、審議や結審そのものに関与していないことがわかるだろう。裁判では、高国にその過程すべての情報が伝わっていたわけでない。当時、十五歳となっていた義晴は、高国の影響をうけることなく、自律して御前沙汰での審議を結審することが可能になりはじめたのであろう。この一件のみで高国の影響力は否定されないが、この時期にはすでに義晴は自律した意志を持っていたのである。

将軍家伝家の重宝「御小袖」の帰還

大永四年（一五二四）には、将軍家に関係する一つの出来事があった。将軍家伝家の重宝であった甲冑「御小袖《おんこそで》」が、六月ころに近江の九里伊賀入道宗忍《そうにん》によって進上されたのである（「御内書引付」『義晴』一四）。「御小袖」は将軍家家督の象徴ともいうべき重宝であり、将軍家家督の正統性を意味する（天皇家における三種の神器のようなもの）。かつて、義尚や義稙が親征した際も将軍が持参したように、将軍の側に置かれるものであった。さらに、次期将軍継承が内定していた義稙は、当時将軍家の後家として「御小袖」を保管していた日野富子より、新たな将軍家家督の証しとしてそれを受けとっているように（『蔭凉軒日録』延徳二年四月二十八日条）、所有者が将軍家を代表するのである。

「御小袖」は、義澄が永正五年（一五〇八）に近江に没落した際に持参したのであろう。それをかつて義澄を保護していた九里氏が、義澄の死後にそのまま保管していたのである。言い換えれば、義晴が将軍に就任した時点では「御小袖」は所持していなかったこととなる（将軍に復帰した義稙のときも）。将軍家の正統性という点で、「御小袖」を実際に所有する意味は大きい。

これによって、義晴の将軍家家督としての正統性が保証されることとなったのである。義晴の将軍としての自己の確立に大きく寄与したことは間違いない。義晴は宗忍に対して感状や恩賞として太刀などを遣わして、その功績をねぎらった。

新御所の造営と高国の出家

前述のように、義晴は上洛直後、高国と所縁のある岩栖院に入り、元服・将軍宣下の一時期を除きしばらく同所にあったが、大永四・五年ころより独自の将軍御所である「柳の御所（または柳原御所）」の造営を始める。先ほどの西園寺家と久我家との相論もそうだが、この時期に将軍としての自我が芽生えてきたのであろう。

新御所の造営は、大永四年ころより話題となった（『大館記』所収「御作事方《おんさくじかた》日記」）。それまでの仮寓状態から新たに将軍御所を造営することは、義晴の自立の意味合いもあろう。義晴の政治的な主体性がどの時点から求められるのか、むずかしいところであるが、十四歳となったこの年の造営は一つの転機と見られる。新御所移転については、高国の発案を義晴が承認することで決定した（末柄：二〇一一・浜口：二〇一四）。その後、作事奉行が伊勢貞遠《さだとお》・結城《ゆうき》国縁《くにより》・金山《かなやま》孝実《たかざね》・松田晴秀《はるひで》・松田頼《より》康《やす》・飯《いいの》尾《お》貞広《さだひろ》の六人に定められた（のち、飯尾貞運《さだもち》と杉原《すぎはら》孝盛《たかもり》も加わる）。貞遠が奉行の取りまとめ役であったという、国役《くにやく》や棟別銭《むなべちせん》が賦課されるが、これらの一連のやりとりは発案者の高国をはじめ、常興、佐子局、さらに将軍家の家宰伊勢貞忠が中心となって行っている。

これは、義晴が行う大規模な幕府事業としては最初のものとなった。そのため、各地の守護・大名らに対して、造営奉行らによる次のような奉行人奉書が発給され、それぞれ国役が賦課されている（「古文書『後鑑』所収）。

来年御所御造作要脚の事、越前国役として、先規のごとく千貫文、来る十月以前、その沙汰いたさらば、神妙たるべきの由、仰せ下さるるところなり、よって執達件のごとし、

大永四年四月十九日
前近江守（飯尾貞運）判
散位　判
豊前守（松田頼康）判
丹後守（松田晴秀）判
朝倉（孝景）弾正左衛門尉殿

このように、越前の国主であった朝倉孝景《たかかげ》には一千貫文が賦課されているが、諸寺社には人足の供出が命じられた（『壬生家文書』）。

候補地をめぐっては、翌五年になって話題となった。義稙時代の三条御所では禁裏（当時は土御門《つちみかど》東洞院殿《ひがしのとういんどの》）や細川邸とも離れており、地理的に不便でもあった。そこで、室町殿（花の御所）跡地か、義政時代の高倉御所《たかくらごしょ》跡地、または貞忠邸の近辺という案が出るが、造営の発案者である高国は高倉御所跡地を推した。義晴周辺では室町殿跡を推すなど、それぞれの思惑が交差してなかなか決まらなかったが、最終的には高国の内衆《うちしゅう》である秋庭《あきば》・香川《かがわ》・長塩《ながしお》らの四・五人の屋敷地に決定した。

御所の「御地は京兆の北、香川・安富・秋庭・上野殿以下の地」とあるように（神余昌綱書状『上杉』三一六号）、細川邸の北側であった。細川邸の位置は十五世紀以来移転はなく、現在の上立売通《かみだちうりどおり》を南限、寺之内通《てらのうちどおり》を北限、かつて小川《こかわ》があったところを西限とする場所にあったため（小谷：二〇二〇）、現在の妙顕寺《みょうけんじ》周辺が柳の御所の位置となる。この土地は細川邸のほか、細川典厩家の屋敷、内衆の屋敷など細川氏関係者の邸宅が集中するエリアであった。

普請始《ふしんはじめ》は同年四月二十六日と決定したが、その直前の二十一日に高国が出家したため、延引する可能性も出たが、結局同日となった。高国は出家によって以後「道永《どうえい》」の法号を名乗ることとなる（本書では以後、道永）。さらに道永は京兆家家督を嫡男稙国《たねくに》に譲り、隠居の立場となった。しかし、道永は実際に隠居したわけではなく、稙国への権力移譲のための一段階というものであっただろう。ところが、稙国は同年十月二十三日に父に先んじて没してしまう。

八月一日には立柱が行われたが、これは三条御所の柱を曳いたものであったように（『二水記』同日条）、三条御所の用材が再利用された。同二十八日には常御所の上棟が行われ、廷臣らが参礼した。義晴はまず方違《かたたがえ》のため、閏十一月二十八日に相国寺《しょうこくじ》万松軒《ばんしょうけん》に移徙《わたまし》し、次いで十二月十三日に岩栖院より柳の御所に移徙し、同十九日には諸家が参賀を行っている（『実隆』同日条）。こうして、義晴の新生活がはじまるのである。

造営の実務は、幕府女房衆の代理役の細川尹賢《ただかた》、作事奉行や大館常興、地方頭人の摂津元造、日程方角に関わる陰陽師《おんみょうじ》らの合議により進み、義晴や高国が直接指揮したわけではないという。この造営は「将軍権力と細川京兆家が連携して実施した政策だった」が、義晴の主導ではなく、道永が「幕臣と連携して政策を決定し、時には自ら指揮して執行にあたった」という。つまり、基本的には道永主導で進んだ政策であり、ここからも、初期義晴政権は道永が主導するものであったとされる（浜口：

二〇一四)。大永四・五年より義晴独自の政治性が見えはじめるも、政治的自律性はなお途上であったといえよう。このように造営された新御所も、実際に義晴が使用したのはこの後の桂川《かつらがわ》合戦に敗北する大永七年二月までであり、その歴史はわずか二年にも満たなかった。

歴博甲本洛中洛外図屏風

さて、この柳の御所を描いたものとして、国立歴史民俗博物館所蔵の甲本洛中洛外図屏風《こうほんらくちゅうらくがいずびょうぶ》(以下、屏風)が知られる。この屏風は転法輪三条《てぼりさんじょう》家に伝来し、その後、町田《まちだ》家の所有となっていたもので、同博物館で三条本、町田本とも呼ばれるものである。

ここで描かれた将軍御所は正門である四足門《よつあしもん》を屏風正面(東)とし、北に御所の建物、南側が庭園、北東角には鎮守社がある。庭(馬場か)には番衆《ばんしゅう》らしき武士が詰め、画面奥の建物には女房衆、中央部の会所《かいしょ》には折烏帽子《おりえぼし》に直垂姿の御供衆か申次と思われる人物が縁側に控えている。義晴は描かれていないが、会所の庇で隠れた人物が義晴という指摘もある(小島：二〇〇九)

この屏風について、制作時期、依頼者、絵師についてさまざまな見解が示されてきた。これまでは基本的には小島道裕氏の説が一番説得力があると思われる。つまり、この制作事情については、大永五年(一五二五)の高国より稙国への京兆家の家督交代、将軍御所の細川邸付近への移転を契機として、高国ないしはその周辺から狩野元信に発注されたものというものである。しかし、最近の小谷量子氏の研究によれば、道永の辞世が描かれていることなどから、発注者は義晴で、制作年代も天文十二年（一五四三）という（小谷：二〇二〇）。著者は絵画史料については専門家ではないので、深入りするほどの知見はないが、関連する書籍は多いため、それらを参照されたい。

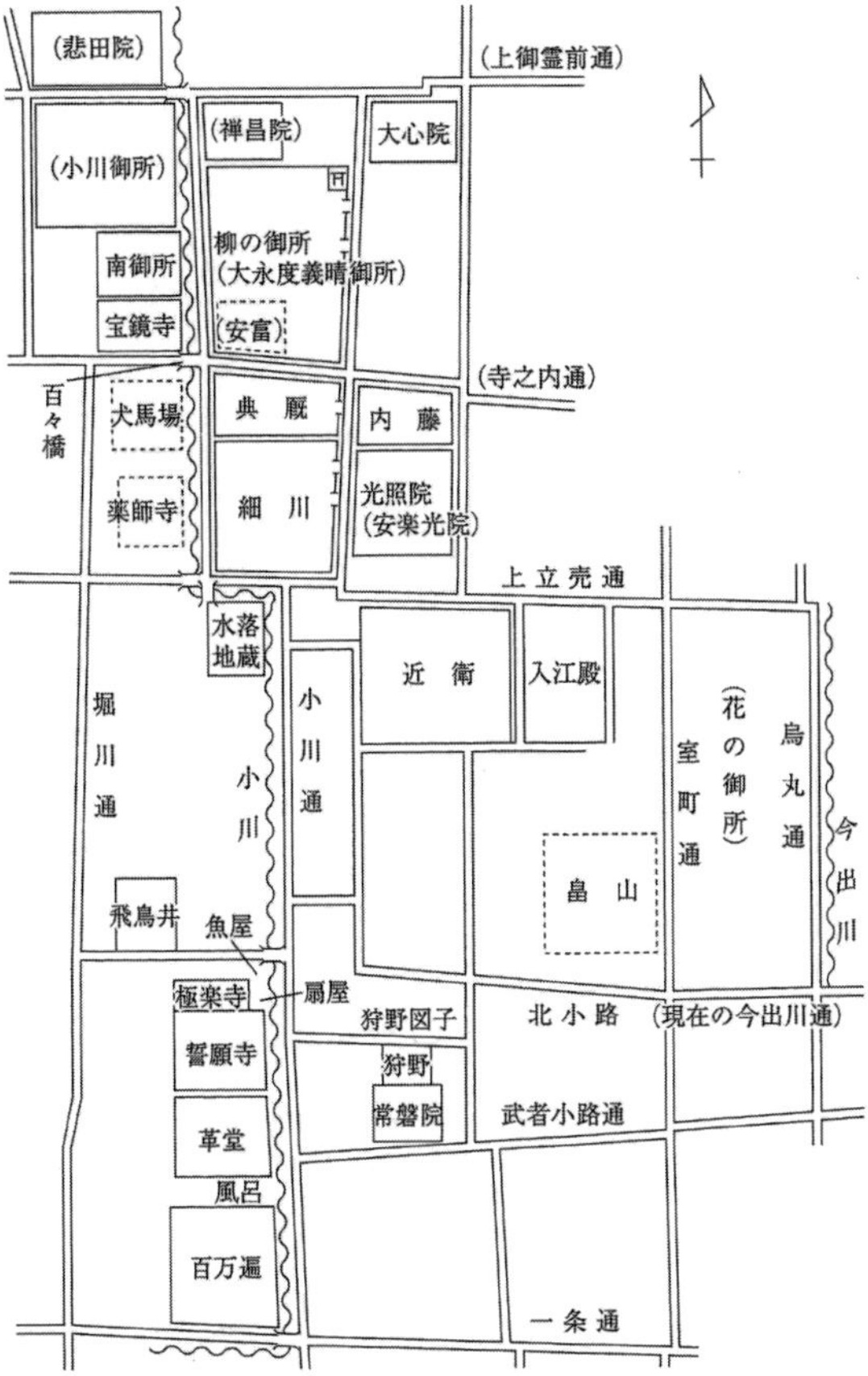

図２　「歴博甲本」左隻市街地の復原　小島道裕『洛中洛外図屏風』（吉川弘文館、2016年）より転載

柳の御所造営の直後には、転法輪三条実香《さねか》の息女が幕府女房衆の上臈となっている（一《いっ》対《たい》〈一台〉局）。一対局は当初朝廷に出仕する予定であったが、当時の幕府の女房衆に上臈が欠けているとの理由で、朝廷への出仕を止めてま

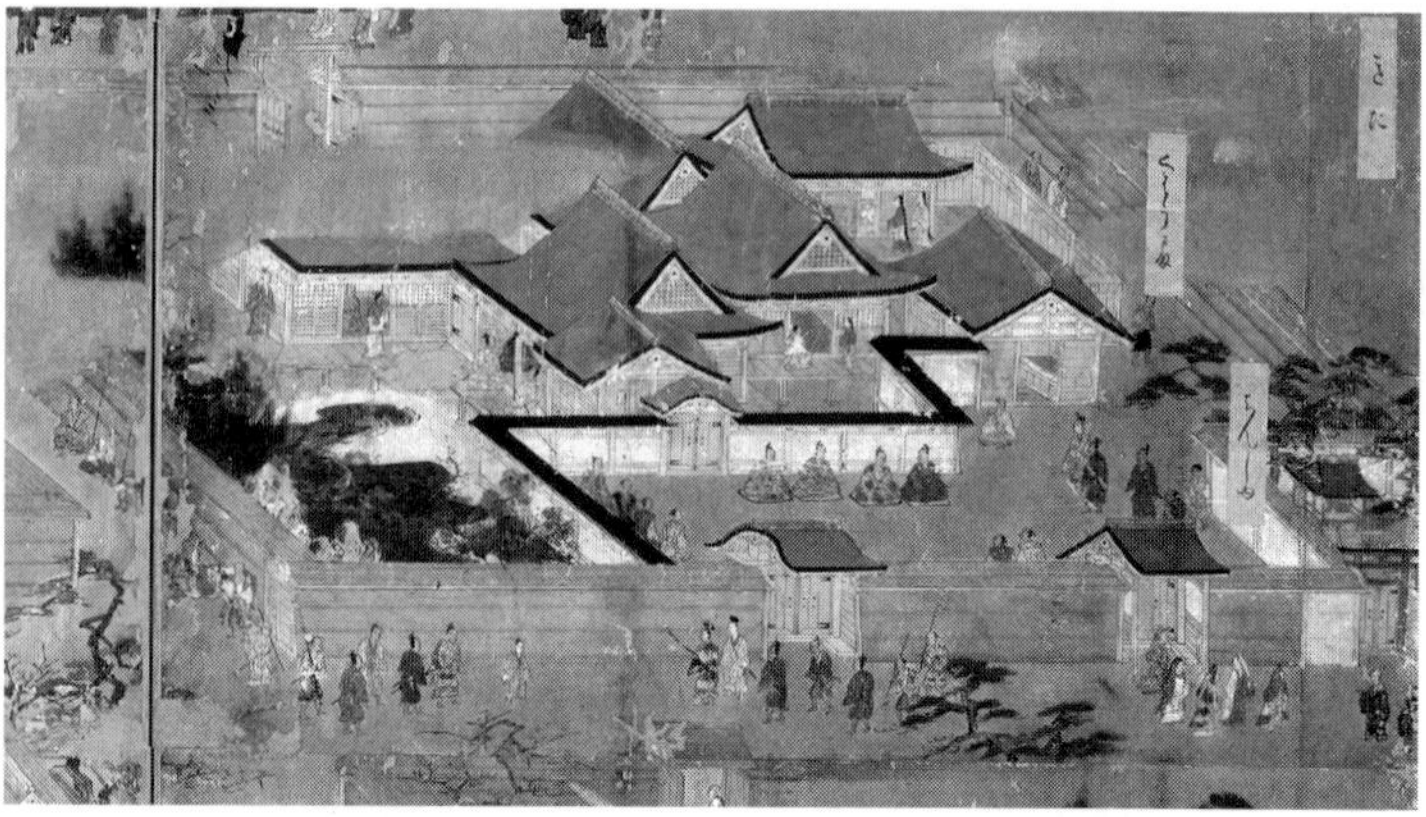

「洛中洛外図屏風（歴博甲本）」に描かれた柳の御所　国立歴史民俗博物館蔵

で幕府に出仕させたのであった（『実隆』八月二十一日条ほか）。そのため、新御所造営とともに幕府女房となった上臈一対局が屏風を実家の三条家に持ち込んだことで、三条家に伝来したともいう（小島：二〇〇九）。一対局はこの後の桂川合戦の後、義晴が帰京するまで一時的に実家に戻るため（義晴の帰京後には再び出仕）、そのときに持ち込まれたのであろう。

香川元盛の暗殺と義晴の対応

新御所の造営により新しい時代がはじまろうとしたが、早速翌大永六年（一五二六）に政権が動揺する出来事が起こった。発端は、道永が七月に重臣香西元盛《こうざいもともり》を殺害したことである。京兆家の補佐役ともいえる細川尹賢が讒言《ざんげん》をしたためという。その詳細は一次史料からはうかがえず、「細川両家《ほそかわりょうけ》記《き》」などの軍記史料より確認できるのみである。

尹賢が元盛を讒言した発端は、当時道永のもとで権勢を誇った元盛の人夫らが、「尼崎《あまがさき》ノ城《じょう》（大物城）」（兵庫県尼崎市）

築城の最中に尹賢の人夫らと騒動を起こしたことで、日頃より傲慢な元盛を高国に讒言することを決意したという(「両家記」「季世記」)。尹賢は元盛が文盲《もんもう》であったことにつけこみ、阿波細川・三好勢(澄元派)と同心したとの文書を偽造して道永に示し、その結果、七月十三日に道永の屋敷に呼ばれた元盛が討たれたという。尹賢の讒言がこの騒動がきっかけであったかは定かではないが、家中の権力抗争が背景にあったのであろう。

兄波多野元清《はたのもときよ》らは、元盛が敵方に与同したことが上意討ちの原因であったことでこの件については納得していたが、その後、尹賢の讒言が理由であったことに激怒して、弟柳本賢治《やなぎもとかたはる》と同心して道永に反旗を翻したのである。元清は丹波八上城《やかみじょう》(兵庫県丹波篠山市)に、賢治は神尾山城《かんのおさんじょう》(京都府亀岡市)に籠もった。これ以降、騒乱の中心的人物となる賢治は、初めは僧籍に、次いで岩崎《いわさき》家の養子となり、のち道永の命により還俗し、永正十七年(一五二〇)に京兆家の近習であった柳本家の養子となり継承した人物であった(馬部：二〇一八)。さらに彼らは、道永との対立に備えて四国勢と連携したのであった(「季世記」)。

道永は、十一月四日に尹賢を大将とし、池田・長塩・奈良・薬師寺・波々伯部各氏ら道永の馬廻八十余騎を副えて、両城に派遣し包囲させた。しかし、丹波の赤井《あかい》氏らが賢治らの援軍に駆けつけたこともあり、道永勢による包囲戦は失敗した。京都では、道永方であった内藤国貞《ないとうくにさだ》が敗北したとの風聞もあり、それが事実であれば「京都難儀」と認識された(『二水記』十一月五日条)。そのため、京都周辺が動揺し始めたが、「南方牢人・四国衆等が蜂起しなければ、大したことにはならない」として、阿波勢の援軍がなければ、大きな問題にはならないのではとも認識された（同）。

だが、賢治等の反旗の動きに、阿波細川氏の被官三好元長《もとなが》らが連動し、足利義澄の遺児義維と細川澄元の子六郎（のちの晴元《はるもと》）を擁立して畿内へ進軍したのである。六郎は永正十一年に澄元の嫡男として阿波で誕生したが、父澄元が永正十七年に病没したため、わずか七歳で家督を継承し、大永六年の時点でまだ十三歳であった。阿波よりは細川元常・三好元長・同政長《まさなが》ら澄元派の牢人衆が集結したという（「季世記」）。

道永勢は多勢であったものの、丹波での合戦は不利に進み、京都の人々は道永方を弱すぎると非難していたほか、四国勢の蜂起の噂も伝わっている。結局、道永方は丹波で敗北し、むざむざと京都に戻ってきたのだった。京都では、いつ丹波勢が京都に攻め上ってくるのか不安のなかにあったが、十二月十四日には、四国勢や義稙の側近であった畠山順光《のぶみつ》、河内の畠山義堯《よしあき》（義就系）ら数千騎が渡海してきたとの風聞が伝わり、京都中がさらに恐怖に陥った（『二水記』十一月二十六日条・十二月四日条ほか）。

丹波での合戦が京都に波及する影響に備えてか、年末には徳政令《とくせいれい》も発布された（『二水記』十二月二日条）。さらに、義晴が比叡山《ひえいざん》に避難するとの沙汰があったという（『二水記』十二月十八日条）。義晴は、この危機に対応するため、若狭の武田元光《もとみつ》をはじめ、各地の大名勢力に軍事要請を行ったが、実際に派兵し、当主も上洛したのは武田氏のみであった（『二水記』十二月二十九日条）。

近江の六角定頼は出陣を求められたのにもかかわらず、被官人を派遣したのみであり、本人が上洛することはなかった（『二水記』大永七年二月十二日条）。その理由として、定頼はこのとき六郎との縁談を進めていたためであったという（馬部：二〇一八）。そのため、道永が援軍として期待できるのは武田氏のみであった。

ところで、このころの義晴の立場をみると、彼は中立的な立場で道永家中の内紛を調停するような気配を見せておらず、道永勢に対して無条件に支持する立場をとっていた。畿内周辺の大名に積極的に援軍を要請することで、軍事的な解決を期待したのである。もちろん、これは道永の要請がその前提にあろうが、これにより、義晴は紛争の調停者ではなく、当事者の一人となってしまう。

この時期に義晴は、三人の直臣（一色稙充《いっしきたねみつ》・伊勢貞辰《さだたつ》・種村《たねむら》刑部少輔）に宛てて御内書を発給している（「室町家御内書案」『義晴』三三二）。一色稙充と種村刑部少輔はともにもともとは義稙の近臣であったが、義稙の出奔後は京都に残って義稙から離反し、新しい将軍義晴のもとに出仕していたのである。彼らは京都周辺の情勢が不安定になるに及び、誓紙《せいし》を提出して義晴への忠節を示そうとしたのであろう（しかし、種村刑部少輔はのちに足利義維方に離反する）。義晴はそれに対して「神妙」との御内書を出したのである。京兆家内部のみならず、将軍直臣間にも分裂の気配があったのである。

一方、六郎方は道永勢との決戦を前に、周辺に周到な工作や情報収集を行い、道永勢の勢力を削減しようと調略に努めていた（馬部：二〇一八）。

在京大名と若狭武田氏

道永を除いて義晴の軍事要請を唯一受け入れた若狭守護武田元光の父元信は、前述したようにもともと義澄期の主要在京大名であり、義澄からの信頼も厚かった。元信は義晴の上洛した大永元年（一五二一）に没したが、その縁もあってその子元光も義晴政権を支援していたのである。

元光は大永元年の四月の時点で高国より参洛を求められており、新政権を支える在京大名として当初より期待されていた存在であった（細川高国書状写『後鑑』所収「伊勢貞助記」）。特に元光は、将軍家や道永の軍事力を補完する存在として期待されていたという（笹木：二〇一二）。

大永年間、元光は実際に幕府の要請で数度上洛したが（『二水記』大永元年九月三日条ほか）、道永のように常に在京していたわけではない。とはいえ、武田氏を除けば、初期の義晴政権において実際に在京した大名や上洛した大名は他にいない点から見れば、幕政への参加の有無にかかわらず、同氏の存在は特別であったといえる。義晴からみれば、父義澄以来の信頼できる大名家ということになるだろう。

このほか、陪臣であるが、義晴擁立に功績のあった赤松氏重臣浦上村宗も大永三年には上洛して、義晴を招き、道永邸にて猿楽《さるがく》を興行している（『後法成寺』同十二月十四日条）。陪臣である村宗が幕政に参加することはないが、実際に上洛して義晴や道永を支持する姿勢を示したことだけでも意味があろう。彼と道永の関係は、道永のこの後の運命にも影響することとなる。

武田氏のたびたびの上洛を除けば、常態的に在京する大名が道永にほとんど限定されたことは、幕府運営において、道永（京兆家）にほぼ依存する結果ともなった。これは父義澄が幕府運営において、ほとんど政元に依存せざるえなかったことと同じ状態であった。一大名への過度な依存は、幕府のさらなる危機を招くこととなる。

桂川合戦と将軍の敵の「格」

翌大永七年（一五二七）二月十三日に、義晴・道永・元光の幕府連合軍と丹波勢（柳本ら）・阿波勢（三好ら）の合同軍が桂川（京都市の南西部）周辺で激突した（桂川合戦）。軍勢の規模は細川尹賢・上野《うえの》一雲《いちうん》（元治《もとはる》）勢が二千四五百、道永勢が八千余、武田勢が一千三、四百ほどで、総勢約一万二千弱であったという（『二水記』二月十二日条）。もちろんこれは正確な数字ではなく、おおよその目算であり（または各軍の自称）、実際の兵力は不明であるが、かなりの大軍であったことは間違いないだろう。

具体的な合戦の様子については一次史料には見えないため、以下、合戦の流れを「季世記」の記述から見てみると、二月三日に賢治は丹波より京都へ進軍し、翌日には道永方の薬師寺国長《くになが》・国盛《くにもり》兄弟の籠もる山崎城《やまさきじょう》（京都府大山崎町）を攻め落として堺の三好勢に連絡した。三好方は同九日に堺を出立し、同十一日に山崎で軍評定を行ったという。十二日は両軍桂川を隔てて矢戦を行っただけで日没となり、翌日に義晴が六条《ろくじょう》に動座し、道永も妙本寺《みょうほんじ》に出張して鳥羽《とば》・鵁《さぎ》（鷺）森《もり》に陣を取ったという。

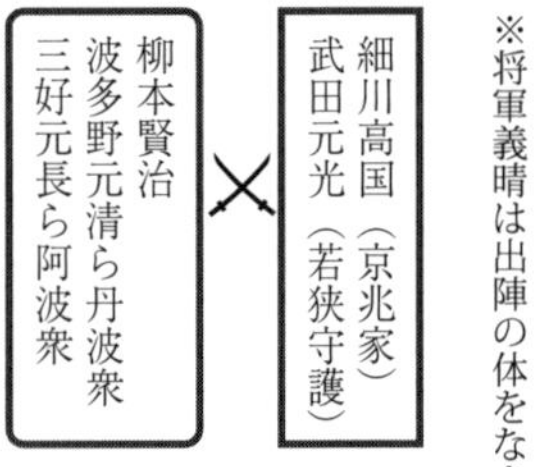

図３　桂川合戦の対立構図

その後、三好政長らが桂川を渡って武田勢を攻めたことで、逸見《へんみ》ら八十余勢が討ち取られて敗北、高国勢も奈良元吉《もとよし》父子をはじめ馬廻衆や雑兵三百人が討ち取られて敗北した。さらに、道永の従兄弟で昵近公家衆であった日野内光も援軍に駆けつけた際に討ち死にした。この合戦を見物した公家衆山科言継《ときつぐ》によれば、武田方の死者として「粟屋《あわや》周防守、同掃部、同薩摩守、そのほか粟屋名字の者九人、中村修理《しゅり》、内藤佐渡守父子、同名新九郎、くまかへ《（熊谷）》監物、以上四十六人打ち死」し、さらに若狭勢は百人余りが討ち取られ、手負いの者の数が知れない状態であったという（『言継卿記《ときつぐきょうき》』同日条）。

　この桂川合戦のなかで、異質ともいえるのが義晴の陣であった。実は、義晴にとって今回の合戦は初陣であった。ところが、この出陣はとうてい将軍の初陣と呼べるような華々しいものではなかった。この出陣について記した『二水記』の二月十二日条より見ていこう。義晴は午の刻になって出陣（動座）したが、これは「密々の儀」に準じるものであったという。そのため、その風貌は鷹狩りへ出かける体で、義晴は風折《かざおり》烏帽子に直垂姿で乗馬し、大館高信・伊勢貞忠ら御供のものは肩衣《かたぎぬ》小袴《こばかま》の服装であったという。しばらく離れて伊勢氏被官を中心とする四・五百の軍兵（一部雑々の奉公衆も）が続き、六条堀川の本国寺《ほんこくじ》に陣したという。義晴が甲冑ではなく、平時の姿であったのは、柳本賢治と対戦するための動座では、「余りに聊爾《りょうじ》（不都合）である」ためであったという。そのため、奉公衆（おそらく常興らの側近たち）が談合を加えた結果、甲冑も着けず、鷹狩りのような体で出陣することになったという。

ようするに、将軍がわざわざ親征して対戦する相手として、大名家の一家臣でしかない柳本賢治・三好元長らではあまりにも「格」が低すぎるということであろう。将軍が直接出陣する相手は、義尚期における六角高頼や、義稙期における畠山基家《もといえ》、細川澄元など、基本的に守護・大名クラスの勢力であった。それが今回は守護・大名でなく、京兆家や阿波細川氏の被官、つまりただの陪臣でしかない。そのため、あくまでも鷹狩りの次いでに寄る（または傍観者）という体裁にしたのである。そのため、今回の出陣は仰々しい将軍の親征という扱いではなく、地味なものでだった。

ただ、記主の鷲尾隆康が聞いた噂では、「義晴と道永の間に隙があり、それを打ち消す」ことも今回出陣した目的にあったという。昨年より丹波勢に連敗する道永を、義晴が見捨てる可能性もあったと周囲に見られていたのであろう。かつて義稙が澄元と対戦していた道永を、彼が劣勢になったことで見限り澄元に付くということがあったが、これと同じことがイメージされたのだろうか。もしかしたら、成長し自律しはじめた義晴は、道永を疎ましく思いはじめるようになったのかもしれない。そのため、おそらく常興・貞忠らの義晴側近が道永との連携を誇示するためにも、この出陣を演出したのであろう。

初めての京都没落

義晴やその周辺は、今回の合戦にまさか敗れる、もしくは巻き込まれると思っていなかったにちがいない。なぜなら、義晴が甲冑も着けずに直垂姿でいたこと、軍勢も直轄軍である奉公衆が動員されたわけではなく、伊勢貞忠の被官人が主で、しかも総勢四・五百という少数であったためである。しかも、陣所とした当時の本国寺は道永本陣よりやや後方に位置していた。今回の合戦はあくまでも京兆家内の内紛であり、基本的に戦闘は総勢一万超の道永・武田勢で行い、義晴らはそれを見守る、またば、道永方であるとのアピールをするために出陣しただけだった（むしろ物見のほうが正しいか）。それが、想定外に道永方が大敗しただけでなく、義晴自身も三好長家《ながいえ》に肉薄され陣営が崩壊するなど惨敗に終わった。義晴としては、まさか将軍である自分に向かって攻めてくるとは思ってもおらず、今回の敗北は屈辱的なものであったに違いない。

しかし、すでに道永支援を打ち出し、調停者ではなくこの動乱の当事者の一人となった義晴が戦闘に関係しないということはありえなかったのだ。相手側も対戦相手に将軍が含まれていたからといって、自らの命運のかかる合戦でわざと敗北するようなことはしないだろう。戦闘に巻き込まれること、これは将軍であろうとも、騒乱の当事者となったことの必然であった。ただ、前述のようにこの出陣は義晴の判断ではなく、側近たちの談合の結果であったということから、義晴はおそらく今回の参加は不本意であったに違いない。

道永としては、自身に対して一定の距離を持とうとする義晴との関係を維持するためにも負けられない戦いであったろう。しかし、十三日の決戦では晩頭になって六角勢の援軍もあったものの惨敗しただけではなく、義晴を危険な目に遭わせてしまった。さらにこの結果、十七日には柳本・波多野・三好ら丹波・四国勢の入洛を許すことになってしまったのである。

一方、丹波・四国勢は義晴らのいなくなった京都の治安に気を遣ったようで、「洛中では物忩《ぶっそう》になることは一切ない、成敗は厳重である」という状況であった（『二水記』同日条）。

義晴・道永は、敗れた翌十四日に近江坂本に逃れ、十八日には守山《もりやま》（滋賀県守山市）に移ったという（『二水記』二月十四日条・十八日条）。近江に逃れたのは、丹波・摂津方面は敵方であること、道永の連携相手である六角定頼の領内であること、京都よりの交通上の利便性が考慮されたからであった。

ところで、この敗戦によって京都には大きな影響があったのであろうか。鷲尾隆康などは義晴・道永方の敗戦の報に衝撃を受けながらも、連歌や囲碁に明け暮れたほか、近所の人々とともに、主人のいなくなった細川邸の庭園（名所でもあった）の見学に訪れている（『二水記』二月二十日条ほか）。直接戦闘に関わらない彼らにとって、武士同士の争いはどこか他人事なのであろう。

第四章　宿命のライバル・足利義維

足利義維の登場

将軍の京都没落という大事件のなか、義晴に対抗するもう一人の男が歴史の表舞台に現れた。それが足利義維である。義晴が播磨の赤松氏に養育されていたのに対して、義維は細川澄元の実家阿波細川氏が養育していたため、永正十年（一五一三）の義稙と義晴との和睦の際には、澄元が保護する義維は当然対象外であった。永正十七年の澄元死後も義維は阿波にいたが、義晴の没落を契機として歴史の表舞台に初めて現れたのである。

京都の公家衆の日記に初めて義維が現れるのは、桂川合戦後に記された『二水記』大永七年（一五二七）三月十三日条である。「四国若公《わかぎみ》の上洛がいまだ治定していないこと、それは三好元長と同じ阿波細川氏の被官海部《かいふ》之親《ゆきちか》との和睦がいまだ成立していないため」というものである。同二十四日になって、一昨日（二十二日）に法住院殿《ほうじゅういんでん》（義澄）息の「四国若公」が堺に着岸したとの噂があったという。この「四国若公」こそが、義維である。おそらく、実際に京都の人々や義晴方が義維の存在を初めて知ったのはこのころであろう。でなければ、義晴が合戦を傍観する体裁は取らなかっただろう。

幼年期の義維について、詳細にはわからない。一次史料では確認できないが、『系図纂要《けいずさんよう》』や義維の直系の孫である阿波公方家の平島《ひらしま》（足利）義種《よしたね》による「阿波《あわ》平島《ひらしま》家《け》記録《きろく》」（『群書類従《ぐんしょるいじゅう》』）によれば、幼名は義晴と同じ「亀王丸」であったという。兄弟で同じ幼名となるが、同記録の内容には矛盾が多く見られるため、信憑性は高くない。義晴と混同された可能性もあるが、実際は定かではない。

義維の履歴は、『二水記』の大永七年七月十三日条に詳しい。それによれば、義維は「三月二十四日に和泉の堺に到着したものの、まだ上洛していないこと。義澄の息子で母は武衛《ぶえい》、義晴の舎弟であること。元服は堺で密かに行われ、実名は和長が撰進《せんしん》した「義維」となったこと。それまでは「義《よし》賢《かた》」であったということ」などである。情報源は不明だが、記主の鷲尾隆康は義維を義晴の「舎弟」としている。一次史料で両者の兄弟関係を述べた唯一のものである。

前述のように、義維は同年三月二十四日に和泉国堺に上陸したが、その後、朝廷へ使者を派遣して存在をアピールした。もちろん、自身の将軍就任に向けた準備であろう。さらに、義維は任官を望んだが、それ

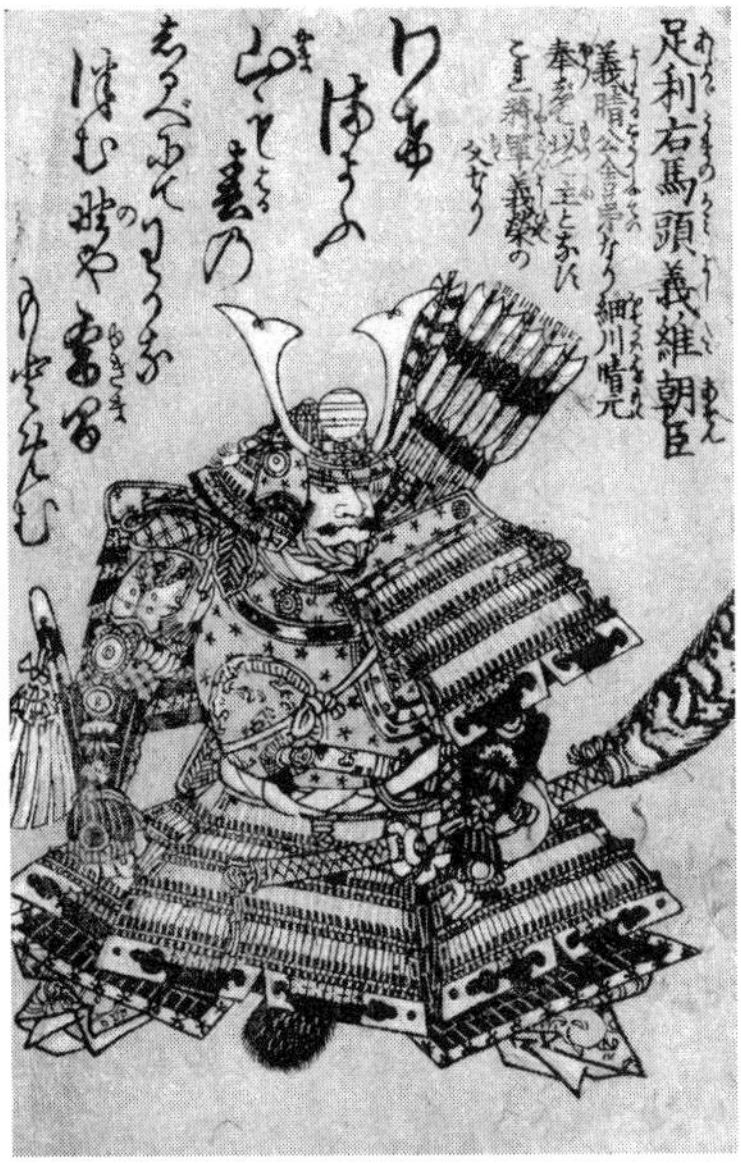

「英雄三十六歌仙」に描かれた足利義維　当社蔵

に対して朝廷からは義維に上洛を命じられた。朝廷としては、義維が上洛したのちに任官を行おうとしたのである。朝廷が義維に上洛を望んだのは、義晴が京都より没落して将軍が不在となったことで、政情不安となった京都の安定を期待したためであろう。

しかし、義維は上洛しないまま左馬頭に任官し従五位下に叙された。左馬頭は将軍家にとって特別な官職である。通常、将軍ないしは将軍家の後継者となる人物が任官するものであり、義維が左馬頭に任官したということは、堺にいながらも将軍後継者であると、朝廷より一応承認されたことと同義であった。

義晴の兄か弟か

『二水記』の記主鷲尾隆康は、義維の母を「武衛」出身とする。武衛とは左右兵衛府の唐名であるが、室町期では通常、左兵衛佐に代々任官する管領家斯波氏を指す。であれば、義維の母は名門斯波氏出身といえ、下層身分である御末者を母とする義晴と比較すれば、血統的には優れており、嫡男扱いでも不思議ではない。ところが、「季世記」では母は阿波細川氏の出身とする。義維が阿波細川氏によって養育されていたことを考えれば、これも否定しきれない。義維が阿波に預けられた理由を母親の出自に求めることも可能であるからである。斯波氏は当時すでに尾張に在国しており、ほとんど畿内と縁がなくなっていたから、義維の後ろ盾としてはほぼ期待できない存在である。

さらに、一番の問題は同時代史料に義維の年齢が記されたものが発見されていないため、義維の生年が判然としないことである。義維の生年は義晴との兄弟関係を見るうえで、その正統性とも絡んで重要な問題であるが、史料によって兄弟関係が異なる。先ほどの隆康の日記には「御舎弟」と見えるから、これにしたがえば義晴の弟である。一次史料による記載という点では重要なものであるが、その情報がどこまで正確であるのか確証はない。

「阿波平島家記録」によれば、義維は義澄の長子で天正元年（一五七三）に六十五歳で没したという。逆算すれば永正六年（一五〇九）の誕生となり、義晴の兄ということになる。直系子孫による編纂として、その記載を信用するむきもある（長江：一九六八）。

しかし、「季世記」では義晴と義維は同年（永正八年）生まれ、「両家記」には「同三（大永七年）月廿二日、阿州より若御所様〈義澄（維）〉十七歳」と見え、逆算すれば「季世記」と同じ永正八年生まれとなる。『系図纂要』では永正四年に京都で誕生と、義維に関しては、義晴の兄、弟、同年というそれぞれ異なる年齢設定がされている。しかし、永正四年誕生説については、父義澄が当時まだ将軍として京都にあったから、長子の男子が誕生したのであれば、当時の公家衆の日記にそのことが記されているだろうから、永正四年誕生説は可能性が低く、除外できるだろう。

永正六年生か永正八年生のどちらかが有力となるが、現状ではどちらかは判断できない。また、享禄二年（一五二九）の「講堂仁王経《こうどうにんのうきょう》読経《どきょう》請定《しょうじょう》」（『教王護国寺《きょうおうごこくじ》文書』二四二五）は義維のために執行された祈祷の史料とされるが、この御読経は対象者の誕生日の日に行われるという（三月五日生まれの義晴であれば五日）。同史料では「来十六日」と見えるから、義維の誕生日は某月十六日であった可能性が指摘されている（野田：一九九七）。だが、残念ながらそれ以上の年月について特定することはできない。新史料の発見を待つばかりである。

義維は年齢・母親など未確定な点があり、同時代の史料から裏付けることはできない。そのためか、上冷泉為和は義維に対して、「今京都にいる公方と名乗るものは、誰の息子か、誰もこれを知らない」（『群書類従』和歌部所収「為和卿集《ためかずきょうしゅう》」）という認識もあった。突然現れた義維は、京都の人々にとっては、「自称将軍兄弟」であり、胡散臭さを感じていたのであろう。

義維は義稙の後継者か

義維について、先の『二水記』には義稙の「御猶子の分であろうか」とあり、義維が義稙の猶子であった可能性があるとする。実際に義稙が義維を後継者指名したかどうかは定かではないが、義維の近臣の構成から、両者の関係は推測できる。

後述する奉行人を除いて、義維自身の直臣として一次史料から確認できるのは、荒川維国《つなくに》、伊勢盛《もり》度《ただ》、下津屋重信《しもつやしげのぶ》、清貞信《せいさだのぶ》、種村刑部少輔、西郡光忠《にしごりみつただ》、畠山維広《つなひろ》（もと維光《つなみつ》か）、大和晴統《はるむね》などわずか七名である。二次史料でも上杉兵庫らであり、全体の数は多くない。このうち、義維より偏諱を受けたと思しい維広と維国を除けば、もともとは義晴の直臣であったのが、義維方に転身したものたちである。のちに第十四代将軍となる義維の子息義栄《よしひで》時代も側近としてあった畠山維広（出家して安枕斎《あんちんさい》）は義稙の側近畠山順光の子息と目されているほか（拙稿：二〇一四）、義稙の奉行人斎藤時基《ときもと》・斎藤基速《もとすみ》らも堺政権に現れるように、義維は義稙の側近集団をほぼそのまま継承していたのであった。このことは、義維が義稙の後継者であるとの印象を強くさせるであろう。大永三年（一五二三）の義稙死後、主君を失った側近らが、同じく阿波にいた義維を新たな後継者として擁立した可能性が高い。

一方の義晴には、海老名・飯川など義澄側近につらなるものが多く近侍していた（義晴上洛後はそのまま義晴側近に）。つまり、義澄の近臣の多くは義維ではなく、義晴に附属させられていた。この点から見れば、義澄は自身の側近らを付けた義晴を後継者と意識していた可能性が高い。義維には義澄側近に連なるものが皆無で、対称的である点は注目される。当初より義晴は義澄の後継者、義維はのちに義稙の後継者になるなど、兄弟でありながら別々の立場となっていたといえよう（すると『二水記』のいうように義維が弟という可能性も高いか）。

避難場所として定着した坂本

さて、話を義晴に戻そう。大永七年（一五二七）二月十三日の桂川合戦に敗北した義晴は近江へ逃れた。翌十四日には坂本へ移り、再起をうかがっていた。当時、義晴が逃れた坂本は、現滋賀県大津

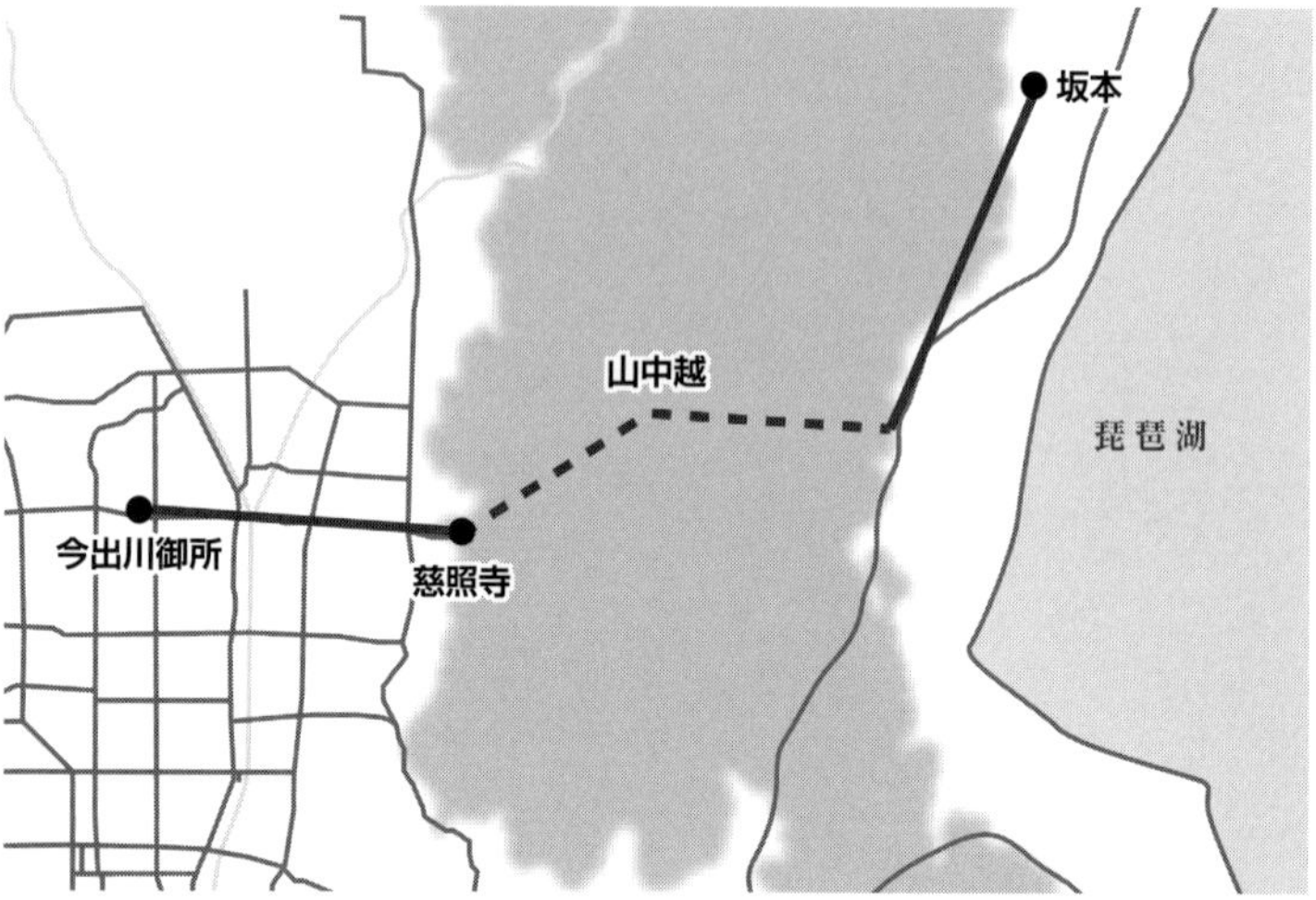

図４　義晴の避難ルート

市の北部にあたり、比叡山延暦寺や日吉大社《ひよしたいしゃ》の門前として栄えた場所で、数千件の在家数を誇り、多くの里坊《さとぼう》も存在していた。何よりも交通上の利便性があり、当時は京都七口の一つである荒神口《こうじんぐち》を起点とする山中越《やまなかごえ》（志賀の山越、今道越とも）にて大津・坂本に移動できたのである（『日本歴史地名大系27　京都市の地名』平凡社参照）。現在でも、東山の慈照寺《じしょうじ》（銀閣寺）から程近い下鴨大津線とよばれる道を通り山を越えると大津の市街地に出て、それより少し北上すると坂本に着く。京都から坂本への避難は、父義澄が永正五年（一五〇八）の義稙上洛に伴い避難した先であり、義晴も父と同じ道をたどったのである。

また、戦国時代に限らず、南北朝時代には後醍醐《ごだいご》天皇や足利義詮《よしあきら》が京都より避難している。十五世紀末には六角氏征伐のため親征を行った足利義尚も、京都よりまず坂本に着陣したこともあった。むろん、商人などの往来は日常的であり、京都からみて坂本は近江の入り口であった。

ところで、大永七年以降、義晴は有事の際に京都より坂本にたびたび移座することになるが、その場合、まず荒神口に近い東山の慈照寺に移ったうえで、この道を通って坂本に下向した。慈照寺はいうまでもなく第八代将軍足利義政が造営した東山殿《ひがしやまどの》であり、将軍家にゆかりの深い寺院である。慈照寺の裏手の斜面からは現在でも吉田山や京都御苑も見渡せるように、京都を展望できる場所であった。有事の際の義晴の避難は、「将軍御所→慈照寺→山中越→坂本」が定番ルートとなる。

このように、坂本は義晴の避難先として定着するが、坂本以外に避難することはなかった。この地は延暦寺の影響下にあり、外部からの侵略をうけることがほぼなく、その意味では安全な場所であったこと、これより義晴の庇護者となる六角定頼の居城観音寺城《かんのんじじょう》（滋賀県近江八幡市）からも近かったことも、この地に逃れる大きな要因であったろう。

ところで、義晴は坂本のどこを御座所としたのか。醍醐寺理性院厳助《りしょういんげんじょ》の日記「厳助往年記《げんじょおうねんき》」や「万松院殿穴太記《ばんしょういんでんあのうき》」などには東坂本の常在寺《じょうざいじ》が御座所として現れるため、常在寺が坂本での御座所であった可能性はあろう。また、大館常興をはじめとした直臣も坂本の里坊を宿所として使用しており、多人数での亡命生活に対応できる場所でもあった（常興は金光寺《きんこうじ》を定宿に）。なお、交通の利便性もあり、直臣や公家衆は有事の際でも京都と坂本を行き来することも可能性であった。

「御牢人」義晴

五月には義晴の上洛の可能性が話題になったものの、実現されなかった（『二水記』五月一日条）。義晴が近江に、義維もいまだ堺にあって上洛しないなかで、京都市中の治安はかなり悪化し、強盗が集結し、盗人らが市中にはびこっていたようである（『二水記』五月六日条）。このような治安悪化は「将軍が京都にいないこと」が原因と考えられていたようで、戦国時代とはいえ、京都の住人にとって将軍（または幕府）は京都の治安維持の装置として機能していたと思われていたのだった。

六月に入ると、義晴と義維との和睦が噂されるが（『二水記』六月一日条）、実際は進展せず、そのなかで七月十三日には義維の左馬頭任官が決定された。義晴にとって、義維の左馬頭任官は自身の地位を脅かす衝撃的なものと映ったであろう。朝廷が義維の将軍就任を段取りしたのである。あとは義維が上洛してしまえば、将軍職を失いかねない。義維任官の報を受けてか、義晴は守山（滋賀県守山市）に陣を構えて、帰洛にむけた準備を進めた（『二水記』七月二十七日条）。

その時期の様子について、「為和卿集」によれば、義晴は高倉永家ら昵近公家衆などもしたがえながら、「御牢人」として七月二十五日には近江国長光寺《ちょうこうじ》（滋賀県近江八幡市）、同二十七日には守山に御座を移していた。九月十九日には六角定頼と同道のうえ東坂本へ移動し、十月六日には越前朝倉《あさくら》氏の軍勢と合流したという。

ところで、上冷泉為和がここで義晴を「御牢人」と呼んでいることは注目される。「牢人」の意味は『日本国語大辞典』（小学館）の「浪人・牢人」の項目によれば、①郷土を離れて諸国を流浪する人、②主家を失って封禄を失った人。③職業を失うこと。④牢に入れられている人。などという。当然、今回の主役は将軍であるから、②の主家の話とは関係ない。③でもないし、④の牢に入れられているわけでもない。イエズス会によって編纂された、室町から織豊期にかけての日本語辞書である『日葡《にっぽ》辞書《じしょ》』では「追放された人」という。それらを踏まえれば、為和のいう「御牢人」の意味は、追放されて郷土を離れ流浪する人となろう。将軍の郷土（かえるべき場所）とは、尊氏以来の幕府所在地である京都にほかならない。京都という郷土を離れた将軍は「牢人」なのである。

さて、八月二十九日に義晴勢の一部が坂本に到着したほか、足軽衆は義晴らに先だって入洛した。丹波・四国勢はすでに京都を退去しており、京中は無人であったという（『二水記』同日）。そして九月十九日になって、義晴は定頼と同伴のうえ、道永とともに坂本に到着し、着々と上洛への準備を進めている（『二水記』同日条）。十月六日には六角勢数千、朝倉教景《のりかげ》（宗滴《そうてき》）を中心とする越前朝倉勢も坂本に集結した（「為和卿集」）。

今回は、桂川合戦で幕府軍としてあった若狭武田氏の軍勢はない。義晴は先の合戦で被害が大きかった武田氏に代わり、特に越前の朝倉氏に期待したようだ。義晴の軍勢催促をうけた国主の孝景は、一門の教景や景紀《かげのり》などを派遣した。教景は、十月には三好方であった河内の畠山義堯《よしあき》の援軍に対して一軍で応戦し、道永より感状を得ている（「季世記」）。このように朝倉勢が活躍したこともあって、当主の孝景は翌年五月二十三日には義晴より恩賞として御供衆に加えられている。

軍事動員のため盛んに発給された御内書

義晴は大永六年（一五二六）の末より、帰洛するまで、積極的に各地の勢力に「参洛せよ」「忠節を果たせ」などと軍事支援を求めた次の御内書を発給した。

忩劇につき不日忠節を抽んぜば、神妙に候、そのため重ねて少□和尚を差し下し候、なお頼り思し食され候、

（大永六年）十一月十三日　御判在り

武田伊豆守とのへ

播磨の赤松氏や山陰の山名《やまな》氏、伊勢の北畠《きたばたけ》氏や同国の国人、若狭の武田氏、越前の朝倉氏、美濃の土岐《とき》氏など比較的京都に近い近畿周辺の大名勢力はもちろん、遠くは甲斐武田氏や父義澄以来音信のある豊後の大友氏など広範囲に及んでいる。特に、実際に上洛した若狭武田氏宛ての前の文書は右筆《ゆうひつ》が書いたものでなく自筆であり、武田氏への期待がうかがえる（「室町家御内書案」『義晴』二〇）。これを受けて武田元光は上洛し、朝倉氏ものちに上洛した。さらに、山名氏も山陰より丹波に牽制に動くなど、実効性もあった（「室町家御内書案」『義晴』四三ほか）

将軍は武士ら武門の棟梁として、守護をはじめとする武士たちに対して軍事動員権を持っていたが、

戦国時代の義晴も同様であった。幕府自体が武家による軍事政権であることから、義晴は武家の棟梁として各地の守護、大名勢力に軍事動員権を行使したのである。対する守護・大名勢力にとって、軍事支援は将軍への奉公に相当するが、動員の際には具体的な動員数や上洛時期が指示されていたわけではなく、その点は大名任せであった（使者が口頭で伝えたかもしれないが）。

しかし、畿内周辺の大名と異なり、甲斐の武田信虎《のぶとら》などが実際に京都周辺まで兵を進めるのは、当時の社会情勢からみて現実的に不可能であろう。そもそも、なぜ武田信虎に上洛を求める御内書を発給したのかわからないが、義晴は実際に上洛することを期待したようにみえる。なぜなら、信虎の上洛を支援するために、関東管領《かんとうかんれい》上杉憲寛《のりひろ》、諏方上社《すわかみしゃ》大祝《おおいほり》の諏方頼満《すわよりみつ》、木曽義元《きそよしもと》らにも信虎の上洛を支援するように御内書を発給しているからである（「室町家御内書案」『義晴』六八）。結局、信虎の上洛は叶わなかったが、義晴が遠方（東国）の大名と通じていること、積極的でないにしろ彼らの支持を得ていることをアピールすることにはなろう。

義晴にとって何より重要なことは、将軍として御内書を発給する行為そのものにあったといってよいだろう。特に義晴の息子である第十五代将軍義昭が数多くの御内書を各地の大名勢力に発給し続けたことは、これまでよく知られていたことであるが、これも父義晴と同様に実効性よりも発給したという行為自体が一番の目的であったと思われる。義晴が将軍の権限として軍事動員権を行使するために御内書を発給し続けることは、地方の大名らに自身が幕府の首長（武家の棟梁）であることを喧伝するための重要な宣伝戦略でもあった。

いったんの帰洛と将軍直属軍

諸勢が集結するなかで、桂川合戦の敗北より約八ヶ月後の大永七年（一五二七）十月十三日、義晴は帰洛した。まず、道永の被官薬師寺国長・国盛兄弟が数百人を率いて上洛し、次いで細川尹賢が勢二千人を率いて上洛、朝倉勢も数千人規模で上洛して建仁寺《けんにんじ》の門前に陣を構え、六角勢は一万五千人で上洛し東福寺を陣所とした。道永は東山の瓜生山《うりうやま》（勝軍地蔵山《しょうぐんじぞうやま》）から上洛し、神護寺《じんごじ》に陣を構えた。義晴は奉公衆や昵近公家衆からなる直属軍を率いて帰洛し、若王子《にゃくおうじ》を御座所とした。総勢五、六万人ほどであったという（『二水記』同日条）。一方で、道永勢は約一万、朝倉勢も一万、六角勢は三万で、総勢で七、八万ほどの軍勢であったという記録もある（『言継』十四日条）。最少で五万、最大で八万ほどと誤差はあるが、相当な大軍であったことは間違いないであろう。なお、若狭武田勢はこれに遅れて約八百人ほどで十一月三日に上洛した（『二水記』同日条）。義晴の帰洛を受けて早々に、天皇の御使として武家伝奏の勧修寺尚顕《ひさあき》が義晴のもとを訪れている（『二水記』十三日条）。

同二十四日には陣替えで東寺に陣を敷いた。陣所は東寺の遍照心院《へんしょうしんいん》で、道永は唐橋里であった。陣替えの際の義晴の軍勢を見ると御供衆が大館高信、畠山次郎、伊勢貞泰《さだやす》、同貞辰、一色稙充らで、その後に昵近公家衆高倉永家が兵四百人ほど、同じく烏丸光康《からすまみつやす》が兵五十人、前陰陽頭勘解由小路在冨も兵五十人、そのほか側近の飯川国弘、進士賢充《かたみつ》が多数の兵を率い、その後にさらに伊勢貞忠・貞能兄弟が兵千四五百人ほど、侍所開闔《かいこう》の松田左衛門大夫《さえもんのたいふ》（頼興《よりおき》か）は兵二百人ほどを率い、総勢で四、五千人ほどの軍勢であったという（『言継』同日条、『二水記』では三千ほどとする）。桂川合戦の際が伊勢被官四、五百人程度であったのと比較して約八倍ほどの軍勢であり、将軍が直接率いる最大規模の人数であった。

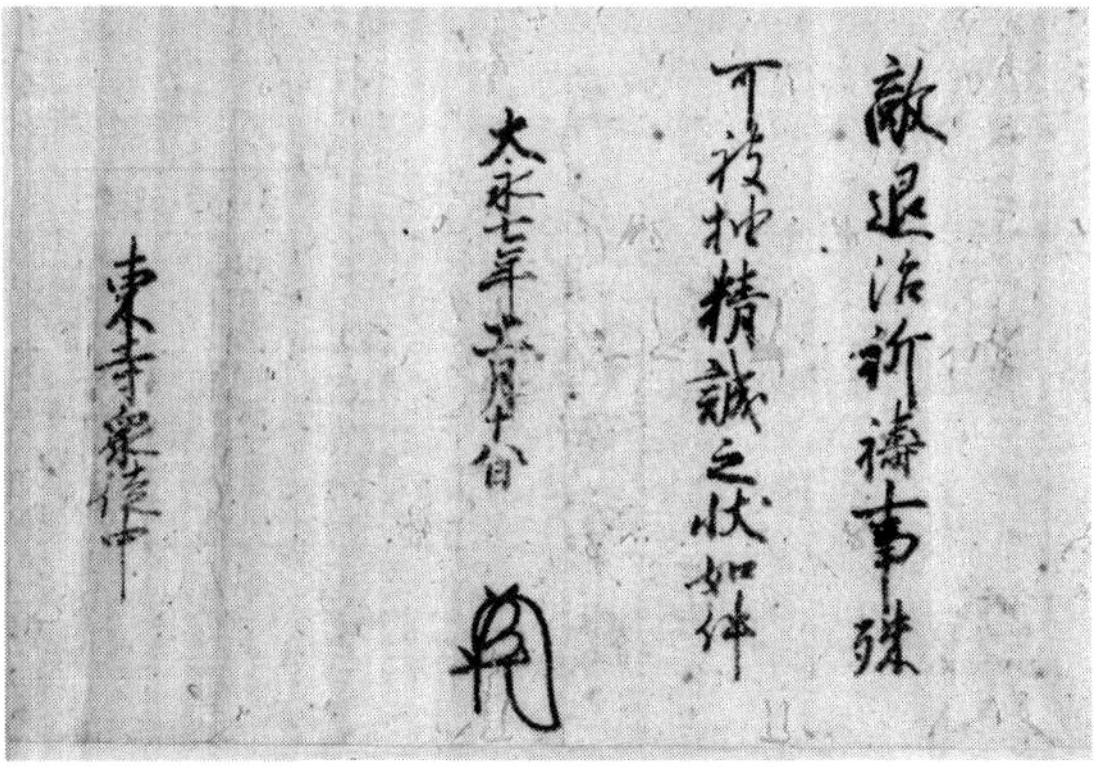
敵退治祈祷事、殊可致抽精誠之状如件
大永七年十一月十八日
東寺衆徒中

大永７年11月18日付け足利義晴御判御教書　義晴は東寺に対して祈祷を依頼している　「東寺百合文書」　京都府立京都学・歴彩館蔵

　今回は将軍としての出陣であり、桂川合戦での惨めな敗退を踏まえて、将軍として最大限の「本気」を見せたのであろう。しかも、今回の敵の背後には義晴政権の根底を覆す存在で自分の兄弟を名乗る義維がおり、将軍が対峙する相手として不足もない。なお、援軍の大名勢と比較すれば、将軍直属軍三〜五千という兵力は少なくも見えるが、これは将軍が直属動員できる軍事力としては最大規模であった。

　この大軍を見た鷲尾隆康は、「義晴方の勝利は疑いようがない」と感想を述べている（『二水記』同日条）。ところが、翌日に堺方の鶏冠井城《かいでじょう》（京都府向日市）を包囲するもろくに攻めることもなく（『二水記』二十五日条）、その後も大規模な合戦を行わなかった。そのため、「大軍を擁しながら、なにゆえ敵方が無勢なうちに勝負を決しないのか、不審である」と感想を述べている（『二水記』十一月三日条）。

難航する和睦交渉

柳本賢治らの丹波勢や三好元長らの四国勢、畠山義堯らが京都に進軍してきた（『二水記』十一月十六日条・十八日条ほか）。彼らは義晴の陣所である東寺の東北を包囲したものの、すぐに攻撃することはなく、義晴方を心理的に圧迫した。数度攻撃があったものの、義晴の陣を包囲するばかりで大きな合戦はほとんど行われなかったのである（『二水記』二十三日条、二十六日条他）。そうしたなか、朝倉勢の第二軍が十一月二十九日に到着した。総勢五、六千人ほどであったという（『二水記』同日条）。その後も合戦が散発的にあったものの、決着はつかなかった。そのなかで、幕府方の援軍として大和衆の越智《おち》・筒井《つつい》氏や河内の畠山稙長も参陣して軍勢はふくれあがり（『厳助』十一月二十七日条ほか）、年末の時点で敵方は二万ほどであったのに対して、味方は十万人ほどになっていたという。義晴の軍事動員は成功したといえよう。

義晴方が支援を求めた大名勢力が加勢し、軍事的に優勢と見られたなかで、京都では再び和睦の噂が流れた。幕府方は圧倒的大軍をもって、丹波・四国勢を威圧し、和睦交渉を選択せざるえない状況にもっていこうとしたのであろう。翌年正月には、朝倉教景と三好元長らが和睦交渉を進め、道永・六郎の両者も同意し、互いに人質も交換した（「季世記」）。実際にはさらに六角定頼もその交渉に加わっている（『二水記』大永八年五月十四日条）。翌八年正月十七日には、和睦の条件である「十六カ条も悉く落居し、和睦が成立した」という情報が流れている（『実隆』同日条）。

ところが、この和睦は順調に進まなかった。一番の要因は、丹波・四国勢にあった。和睦を推し進めたのは三好元長であったが、柳本賢治は三好政長とともに和睦交渉に反対し、京都の本国寺内にあった陣所を自焼したうえで逐電してしまった（『二水記』正月二十八日条ほか）。彼らは堺の六郎のもとで元長を讒言したという（「両家記」）。この事態をうけて、弁明のためか元長は東寺の義晴陣所を訪れ、「和睦は相違ない」ことを申し述べている。しかし、おそらく和睦の条件であった、義晴陣所の開陣が二月九日に予定されていたのであろうが、同じく和睦の条件であったと思われる六郎の上洛も未定となったため、開陣が延期されることとなったという（『二水記』同日条）。

和睦の実施は難航するが、和睦の条件である「十六カ条」の具体的な内容は伝わらない。しかし、前述のようにその一部は二月九日の義晴陣の開陣と、六郎の上洛であったことは間違いない。それに関わる義維と道永の処遇についても含まれていたであろう。もちろん、義維・元長や賢治をはじめ、それぞれの処遇もあったであろう。ただし、賢治や政長の反対・反発があったように、おそらく堺方の交渉内容は元長がほとんど独断で決めたものであったのだろう。六郎の上洛もなかったことから、六郎にとって承諾しえない内容が含まれていたと思われる。

当時、道永は嫡男稙国を亡くしており、正式な後継者が不在であったから、六郎が道永の養子となる案であった可能性は高い。これが正しければ、道永の排除を主眼とする賢治や六郎がこれを認めないことは当然であろう。元長は、この当時は京兆家の合同には比較的前向きであったという（馬部：二〇一八）。しかし、むずかしいのは義維の処遇である。義晴が同意した以上、義維への処遇はあくまでも将軍職継承と関係ないはずで、義維は将軍連枝としての処遇が認められるもの（御料所の分配、任官など）であったと思われる。元長は義維を将軍候補して擁立していたとされるが、義晴との交渉が進展したことからみて、この時点では義晴を主とする方針であったと思われる。賢治らが元長の方針に反対した理由は、和睦交渉を自分でなく、元長が主導しているということそのものへの反発もあったのではないか。なぜなら後述するように、賢治は義晴を将軍として基本的に支持しているからであり、その点ではこのときの元長と同じであったからである。

和睦条件の実施が事実上膠着したことで、時間だけが無駄に過ぎていく。そのなかで、義晴にとって不測の事態が起こる。義晴方の主力であった朝倉勢が、三月六日になって突如帰国したのである。軍勢を統率していた教景は義晴に暇乞いもせず、無断で帰国したのであった（『二水記』同日条）。教景は和睦交渉を進めていたとされるから（「季世記」）、和睦が進展しない状況に面目を失ったこともあろう。堺の六郎も元長の思惑に反して和睦に同意しなかったため、一向に上洛しなかった（数千人が和睦に反対したという)。堺方としては、元長のみが和睦交渉に執着していたのである。そのため、義晴方が元長に合力して堺に進軍するのではないかとの噂も出たが、結局、元長は主君六郎を裏切ることなく、四国に下向した(『二水記』三月十八・十九日条)。

交渉決裂と六郎方の「崇敬」

和睦推進者であった三好元長の四国下向によって、義晴方と堺の細川六郎方との和睦交渉は事実上破綻した。この決裂を知った鷲尾隆康は、「ただ天魔の所行だ。乱逆は止むことがない」「天下は零落した。また、公家(=天皇・朝廷)の儀は滅亡の時刻が到来した」と悲観している。彼は何より、大永六年(一五二六)に後柏原天皇が崩御したことにより践祚した後奈良《ごなら》天皇の即位式がいつ行えるか悲観したのであろう。北朝以来、幕府が天皇の即位式を支援してきたためである。

堺方が京都を離れたことで、ひとまず軍事的脅威はなくなったため、義晴は在京を続けることになる。三月二十四日には清涼殿《せいりょうでん》で行われた御楽の習礼に参加するなど一見平穏に過ごしていたが、四月二日に陣替えを行い、東寺より相国寺万松軒に移った(『言継』同日条)。

和睦交渉はなおも継続されてはいたが、五月になって完全に決裂した。それをうけて、道永勢であった摂津衆はことごとく堺方に付き、在京していたものたちもその多くが道永を見限って下国してしまった。そのなかで、堺方(四国衆)は「当代(義晴)」への「崇敬」を止めないことを約束したという。そのため、道永一人が孤立した状態になったという（『二水記』同日条）。

この結果、十四日になって進退窮まった道永と一党の細川尹賢はともに京都を没落し、近江坂本に逃れた。従うものは千人ほどであったという。鷲尾隆康は、当初は十万を超える大軍を擁しながらこのような結果となった道永を見て、「東寺に在陣したときに、勝敗を決すればよかったのに、合戦をせず和睦交渉を進めた結果、むざむざとこのようなことになった」と感想を述べている（『二水記』五月十四日条）。道永は和睦交渉などせず、堺方を攻めて落としていればこんな結果にならなかった、せっかくのチャンスを逃したのだ、というのが京都の人々の意見であったのであろう。道永はせっかくの大軍を有効に活用することができずに、自滅したようなかたちになったのである。京都の人々は道永に強く失望したことだろう。

一方、義晴の状況は、道永一党が没落したことで、義晴の警固を六角氏の被官・下笠《しもかさ》氏や後藤《ごとう》氏が行ったほか、備前衆も二、三百人ほど義晴に供奉していた。敵対するはずの四国衆は、義維が存在するにもかかわらず、義晴に対して明確に敵対意識を表すことはなかった。そのため、近日中に六郎が義晴のもとに御礼をするのではという噂もたった。これは、堺方による義晴と道永との一種の離反政策だったかもしれない。もし、義晴が六郎との連携を選択すれば、状況は大きく変化しただろうが、義晴は結局道永との関係を選んだ。これは常興ら近臣の意見もあったかもしれない。

同二十八日、義晴は定頼とともに道永らのいる近江坂本に退去した。これを聞いた鷲尾隆康は、将軍が再び京都よりいなくなることを、「天下が滅亡するしわざだ」と悲観した。義晴としては、六郎方が義晴に対して「崇敬」を示し和睦交渉をしながらも、なお堺に義維を擁している実状に強い不信を抱いたのである。六郎は義晴へ御礼のために上洛もせず、義維を見限ることなく義晴とも交渉を進めたが、義晴はこのような態度に不信の念を持ったとしても不思議ではない。六郎方の動向を見極めるためにも、義晴はいったん京都を離れることにしたという（『二水記』五月二十八日）。

義晴はこの前日、水無瀬神宮《みなせじんぐう》（大阪府三島郡島本町）に対して願文を納めている。ここで自分が正統な将軍であることを強調しているが（「水無瀬宮文書」『義晴』八二）、和睦交渉が決裂しそうな状況のなかで、現職の正統な将軍という自己のアイデンティティーを示したかったのであろう。

しかし、両者の関係は一気に決裂したわけではなかった。なぜなら、七月十二日になって、京都中の地子銭《じしせん》をめぐって、義晴方より伊勢貞忠と六角被官永原重隆《ながはらしげたか》ら、堺方より細川元常の代官らが相談のために上洛したのである（『二水記』七月十四日条）。もちろんそれだけではなく、和睦の交渉も進められたが、結局交渉は再び暗礁に乗り上げた。義晴は一向に進まない和睦交渉のため、帰洛する予定を延期し、最終的に九月八日になって、坂本より同国高嶋郡朽木谷《くつきだに》（滋賀県高島市）に移座することにしたのである（『二水記』同日条）。これより天文三年（一五三四）九月まで、義晴は約六年の間、京都の土を踏むことができなかった。この間、義晴は現職の将軍のままであったが、現職の将軍による京都不在化が頻発化する画期となる出来事であった。

堺政権の構造

ここで少し義晴から離れ、義維を首長とする堺政権について見てみよう。政権の基本構造としては、義維を政権の首長たる「将軍」、六郎（のち晴元）を京兆家当主として「管領」に擬し、阿波細川氏と義就系河内畠山氏の義堯らを政権を構成する大名とした。義維は、当時堺の「公方」・「大樹」・「武家」・「室町殿」など、将軍と同じ呼称が用いられており、事実上、将軍と同格の扱いをうけていた。

また、高国より離反した丹波衆の柳本賢治らと、三好元長らの六郎被官層が京都支配などを行う体制にあった。元長は大永八年（一五二八）七月には山城下五郡守護代になっているが（三好元長書状写『阿波国文書』所収「東寺文書」、今谷：一九七五）、守護はもちろん六郎であろう。この他、義維には先ほど述べた義稙から引き継いだ直臣たちが随っていた。この政権は擬似的幕府といってもよい。そのため、堺政権の基礎的研究をまとめ紹介した今谷明氏によって、かつて「堺幕府」と呼称されることもあった。しかし、義維が正式な将軍でないことなどから、「幕府」の呼称に対しては奥野高廣氏らの批判もあり（奥野：一九七五）、現在は、「堺政権」「堺公方府」などと呼称されることが多い。そのため、本書でも「堺政権」という呼称を使用する（後述）。

政権の活動時期としては、桂川合戦勝利後の大永七年（一五二七）～享禄五年（＝天文元年、一五三二）までのおよそ五年間であった。しかし、将軍義晴のいない京都やその周辺を実効支配しながら、「堺政権」の名前のごとく、義維と六郎は上洛することはなく、堺から離れることはなかった

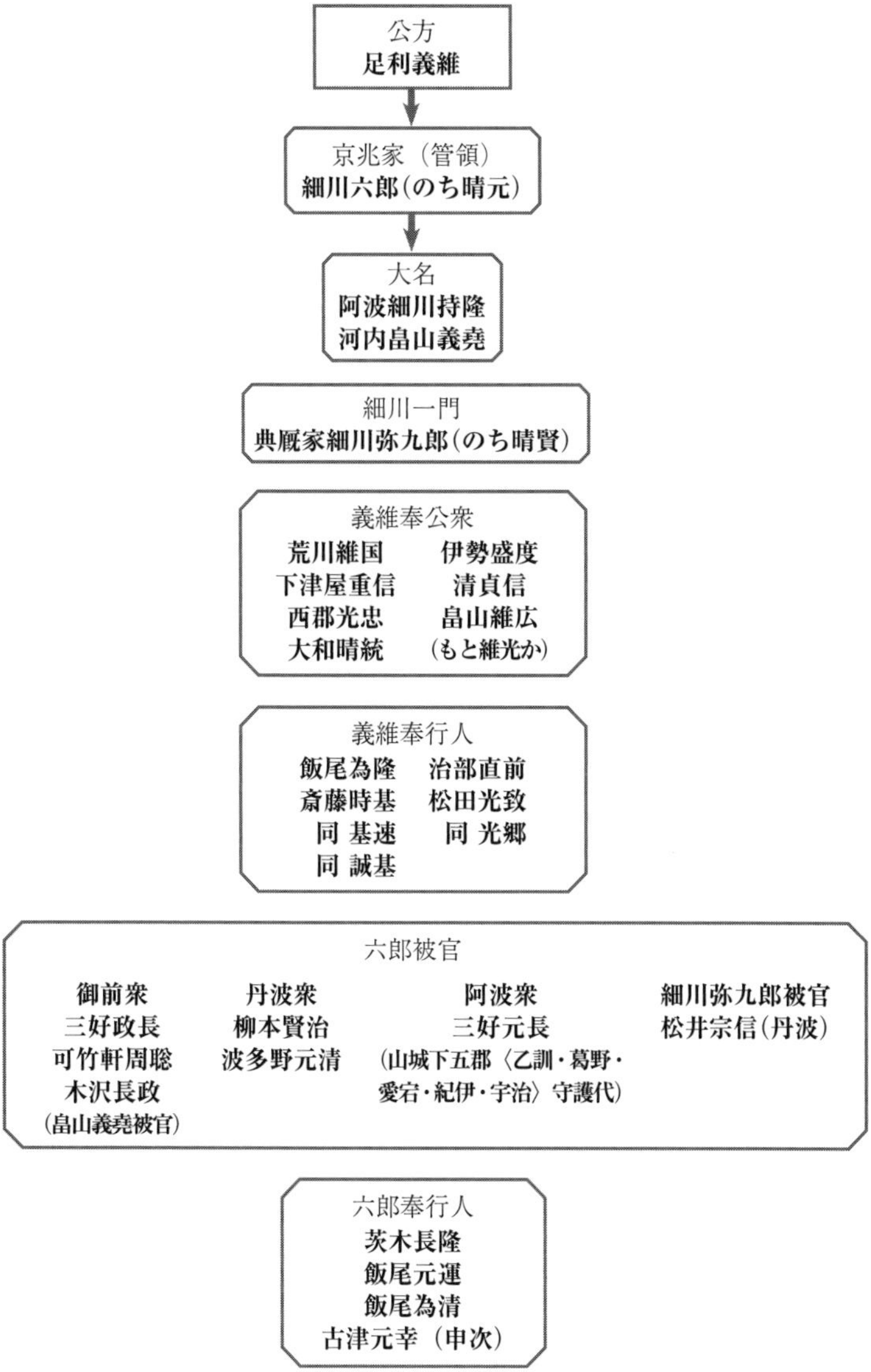
公方
足利義維
京兆家（管領）
細川六郎（のち晴元）
大名
阿波細川持隆
河内畠山義堯
細川一門
典厩家細川弥九郎（のち晴賢）
義維奉公衆
荒川維国
下津屋重信
西郡光忠
大和晴統
伊勢盛度
清貞信
畠山維広
（もと維光か）
義維奉行人
飯尾為隆
斎藤時基
同 基速
同 誠基
治部直前
松田光致
同 光郷
六郎被官
御前衆
三好政長
可竹軒周聡
木沢長政
（畠山義堯被官）
丹波衆
柳本賢治
波多野元清
阿波衆
三好元長
（山城下五郡〈乙訓・葛野・愛宕・紀伊・宇治〉守護代）
細川弥九郎被官
松井宗信（丹波）
六郎奉行人
茨木長隆
飯尾元運
飯尾為清
古津元幸（申次）

図５　堺政権の構造

点が特徴である。今谷氏は当時の京都を「無政府状態」と評価して、六郎の代官である賢治らが横行するのみであったという（今谷：一九七三、一九八五）。

なお、享禄二年四月八日に、曇華院《どんげいん》にて義稙の七回忌法要が行われたが（当時曇華院には義稙の姉聖《せい》珠文琳《しゅぶんりん》がいた）、義維は仏事料として堺より一万疋（現在の貨幣価値で一千万円ほど）を進上した（『実隆』同日条）。義稙の後継者としてアピールしようとしたのであろう。

堺政権では各種の訴訟・申請に対応するため、義維奉行人による奉行人奉書や六郎奉行人による奉行人奉書などが多く発給された。堺政権や義維の奉行人奉書について基本的な研究成果をあげられた今谷氏によれば、義維奉行人奉書は確認されるだけでもおよそ五十通以上存在し、様式の面からも幕府奉行人奉書と差違はない（今谷明・高橋康夫編『室町幕府文書集成奉行人奉書篇』下巻参照）。もちろん、現存しないものも含めれば相当数発給されたと思しい。奉書は大永六年十二月二十一日付の禁制《きんぜい》を初見とし、享禄四年十月五日付を終見とする。受給対象は京都および山城国内の諸権門が中心であり、堺政権の所在地である和泉や河内などにはない。

義維の奉行人たちは、前述のように義稙の奉行人であった斎藤時基・同基速のほか、同族と思しい斎藤誠基、義晴の幕府より転身した飯尾為隆《ためたか》、他に治部《じぶ》直前《ただざき》・松田光致《みつむね》・同光郷《みつさと》ら八名ほどが確認される。このうち、治部直前はのち義晴に帰参し、基速はのち三好氏の奉行人となる（今谷：一九八五、佐藤：二〇一九）。

通常、幕府の奉行人奉書とは申請があってはじめて作成・発給されるものであるから、京都近郊の権門より頻繁に訴訟が持ち込まれたのであろう。京都の権門のなかには、「堺下知」をもって押領《おうりょう》に及ぶものもいたという（今谷：一九七五）。

むろん、すべての諸権門がわざわざ堺まで直接申請のために出向かったというわけではない。義維の奉行人のうち、斎藤基速は義晴に供奉して近江に下向した幕府奉行人飯尾貞運の屋敷に居住していた（『実隆』大永七年六月五日条）。奉行人たちは堺ではなく、京都にも寄宿しながら各種相論にあたっていたのであろう。ただし、京都よりいちいち堺の義維に裁許を求めるのは難儀であろうから、奉行人にはある程度奉書発給の権限が与えられていた可能性もある。当時は申請者が請文《うけぶみ》（上申書）をもって申請すれば、奉書は比較的簡単に発給されていたことから（『常興』天文九年二月八日条ほか）、義維が直接把握していない奉書も多くあったであろう。

義維の奉行人奉書が多く発給されていたことに対して、堺政権の首長である義維自身の発給文書はほぼ現存しておらず、その存在は近年までほとんど知られていなかった。もちろんその花押も不明であった。「小寺家《こでらけ》文書」に残る一通のみ、義維の御内書である可能性が指摘されてきたが（本多：二〇〇四）、近年、岡田謙一氏が義維の発給文書について改めて検討した結果、現在義維の発給文書として確認されるものが三通確認できることが判明した（岡田：二〇一二）。早稲田大学図書館所蔵『武家書状集』に、「足利義昭御教書写」として分類されているものがその一つである。これは数少ない

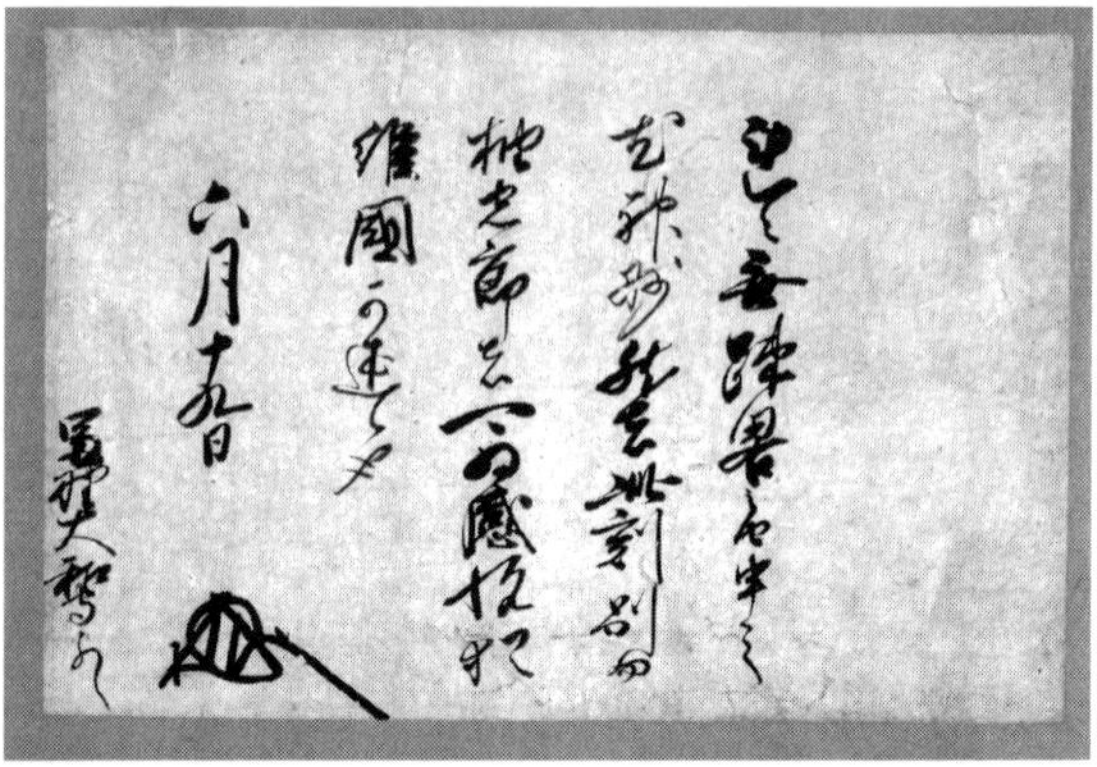

（年未詳）６月９日付け足利義維御内書　早稲田大学図書館蔵

義維文書（正文）として貴重なものである。

連々疎略なきの由申す、もっとも神妙、然らばこの刻別して忠節を抽んぜば、感悦たるべし、なお維国《（荒川）》述べく候なり、

六月十九日　（花押）

冨野大和守とのへ

発給年次は不明であるが、奏者である荒川維国による副状も同時に残る。義維の発給文書は三通とも御内書の形式であり、右の冨野大和守と小寺藤次、本能寺宛のもののみで、いわゆる大名に宛てたものはない。実際、義維が御内書をどの程度発給していたかは不明である。ただ、将軍発給の公験《くげん》（公的な証書）である御判御教書《ごはんのみぎょうしょ》は残っていない。御内書の年次も比定できないが、どれも堺政権活動期のころであろう。同時期の義晴の御内書などが多く確認できるのと比較すれば、義維の発給文書は極めて少なかったといえよう。もちろん、発給数＝残存数ではなく、また、最終的に義維が没落し義晴が京都に復帰したことで、受給者側にとって義維の文書が不要となり、破棄されたことも考えられる。しかしそれならば、義維の奉行人奉書が破棄されず五十通以上も残っている理由と合わない。

やはり、義維自身の発給文書は極めて限定されていたのであろう。この点から見れば、幼少ならばいざしらず、すでに成人しているはずの義維個人の立場、権力、もしくは主体性がさほど大きくない状況であったことがうかがえる。

また、興味深いのは義維の花押である。将軍家の使用する足利様の武家様花押とも公家様花押とも分類しがたい形であり、独自のものとなっている。どちらかといえば公家様の花押に近いだろうか（将軍家の花押形についてはさらに後述する）。

第五章　朽木で行われた政治

朽木への移座と直臣

義晴はその生涯で、畿内の動乱によりたびたび京都を離れざるをえなくなるが、帰洛までの数年間、近江国朽木谷（滋賀県高島市朽木）を御座所とした。朽木谷は、室町幕府奉公衆朽木氏の本所領であり、琵琶湖の湖西にあたる近江国高島郡に所在する土地で、当時の領主は朽木稙綱《たねつな》であった。

朽木氏は近江源氏佐々木氏の庶流で、鎌倉初期に活躍した佐々木信綱《のぶつな》の子高島高信《たかしまたかのぶ》に始まる高島氏のさらに庶流である。高信の孫義綱《よしつな》が朽木荘を領したことで朽木を名字とするようになり、室町時代には外様衆の家格であった（木下聡：二〇一八）。義晴を迎え入れた朽木稙綱はその後、大永八年（一五二八）十月六日には御供衆に加えられたほか（朽木稙綱御供衆留書『朽木文書』一〇〇号）、のち義晴の帰京後には内談衆に加えられる。このときの功績が考慮されたためであろう。

義晴は、朽木谷の岩神館《いわがみやかた》（現在興聖寺《こうしょうじ》）に御座所を構えた。現興聖寺山間にある場所であり、現在は往年の半分程度の広さとなっているが、同寺には道永の作庭とされる庭園が残る（国指定名勝旧秀隣寺《しゅうりんじ》庭園）。さらに筆者が現地を訪れた際、ご住職のお話によれば、現在の本堂の南西側に当時の会所跡といわれる場所や、義晴滞在当時にすでにあったという樹齢五百年ほどのご神木も残る。周囲

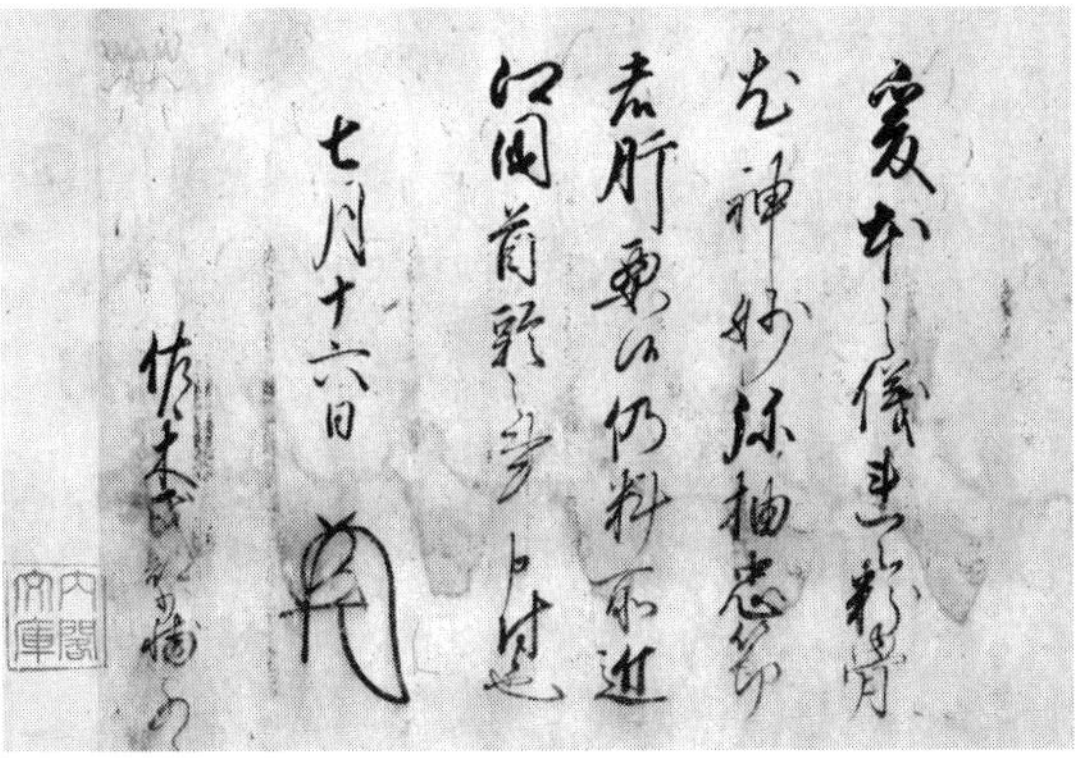

（年未詳）７月16日付け足利義晴御内書　「朽木家文書」　国立公文書館内閣文庫蔵

旧秀隣寺庭園　足利義晴が朽木滞在中に作庭されたと伝わる　滋賀県高島市

の風景は現在も義晴の時代も大きな違いはないであろうから、往年の義晴を偲ぶことも可能である。

朽木谷へは義晴が個人で移座したわけではなく、多くの奉公衆・奉行衆らも移っている。当時の記録から随伴者をまとめた西島太郎氏によれば、判明する主な滞在者として、昵近公家衆では高倉永家、烏丸光康、上冷泉為和、阿野季時、女房衆では佐子局、宮内《くない》卿局《きょうのつぼね》、側近としては大館常興・高信・晴光父子、飯川国弘、摂津元造らのほか、奉行衆も松田晴秀、飯尾貞運、諏方長俊《ながとし》、治部貞《さだ》兼《かね》など、幕府の実務に長けた奉行衆もいた（西島：二〇〇六）。当然、このほかにも史料に表れないものも多くいたと考えられる。彼らは岩神館周辺に居住していたと思われる。義維方を支持しなかった直臣が多かったことは、義晴にとって大きな利点であったであろう。

実際、朽木谷では京都の諸権門からの各種申請や相論を扱っており、実質上、幕府機能は朽木谷に移ったといえる（直臣の人員から見れば、堺政権にある義維の近臣らの数とは比較にならないほど多い）。義晴はただ現地で逼塞していたわけではなかった。

土地柄に注目すると、朽木谷は京都と若狭を繋ぐ若狭街道（通称鯖街道）筋に存在しており、現在も京都から山間の一本道で往復が可能な土地でもある。現在は国道三六七号にあたるが、当時とは道筋が異なり、大見尾根《おおみおね》という山道を通る道筋であった。京都より朽木谷まで一本道であることは、義晴にとって朽木谷滞在の大きな利点であったといえよう。実際、当時の日記には公家衆や奉公衆らが京都と朽木谷とを往復している記事が散見でき、京都とのつながりを維持するうえで、地理的に好都合な土地であったといえる。

もちろん、幕府関係者のすべてが朽木谷に随ったわけではない。昵近公家衆であった上冷泉為和は、義晴への随伴について、「飛鳥井雅綱卿は、東寺まで御伴したが、今度坂下〔本〕へ御伴しなかった。言語道断である」（「為和卿集」）と、昵近公家衆でありながら義晴に供奉しなかった飛鳥井雅綱を非難している。そのような朽木谷での生活のなかで、義晴は移座直後、次のような御内書を義晴に近侍する御部屋衆の一色晴具《はるとも》に発給した（「古簡」『義晴』八七）。

今度江州以来の参勲、もっとも神妙、いよいよ忠節を抽んずべき事肝要に候なり、

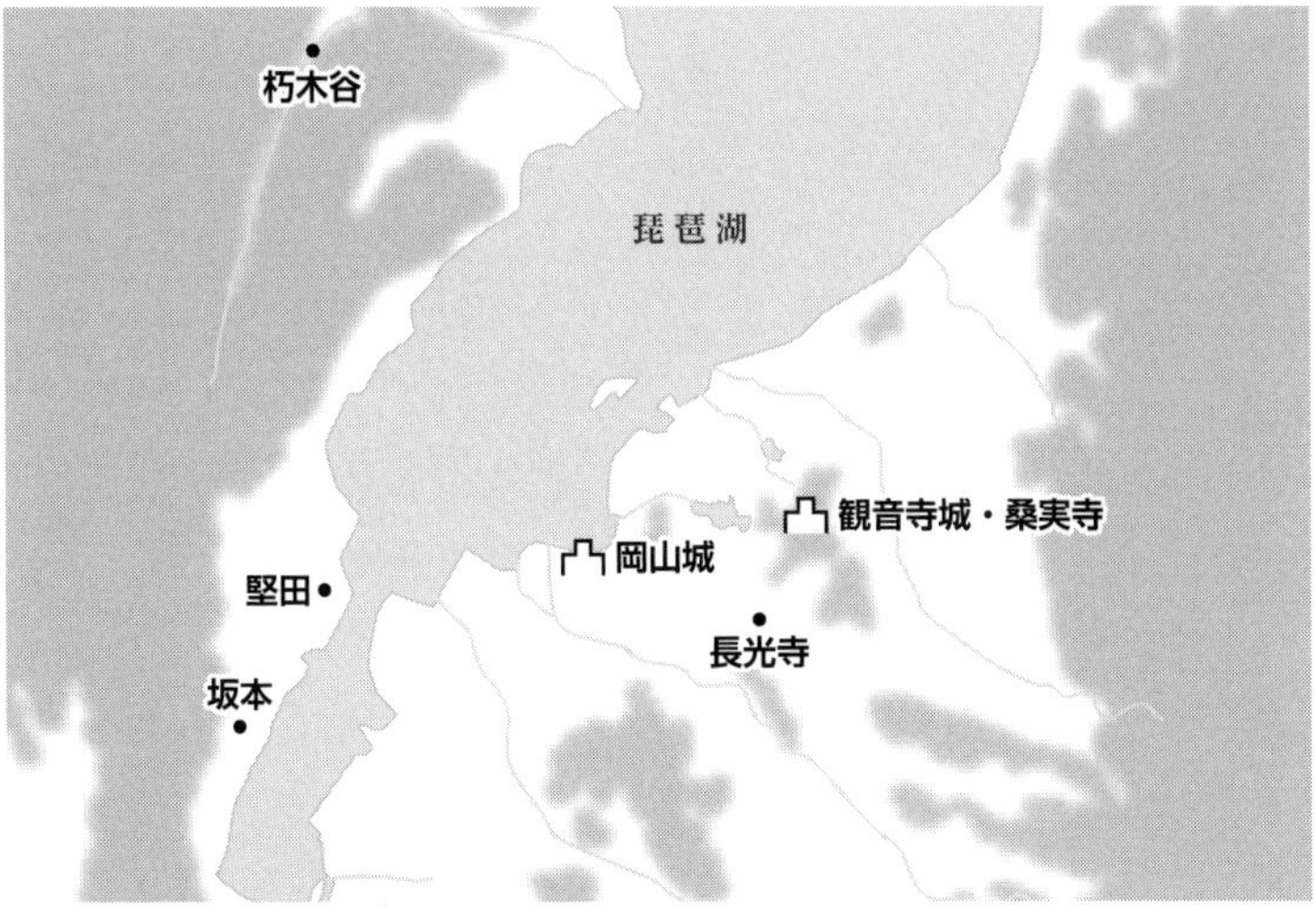

図６　近江における義晴関連場所図

九月九日　（花押）

一色七郎（晴具）とのへ

これは、京都没落以来、義晴に随ってきた直臣の忠節を賞した感状であるが、同日に公家衆、外様衆、御供衆、御部屋衆、申次、番方、奉行衆、同朋《どうぼう》衆、御末衆以下将軍直臣に宛てて大量に発給したという（「室町家御内書案」『義晴』九〇）。御内書の宛所から見れば、幕府の諸階層が義晴に供奉したといえる。没落する将軍に供奉する少数の側近というイメージではなく、いわば幕府構成員がそのまま京都より朽木谷に移ったと理解したほうがよい。そのなかで、おそらく義晴は、随伴した直臣にこのような感状を与えることで、離反者が現れることを防ぎたかったのであろう。

しかし、実際は義晴の京都不在が長引くほど、それに扈従した直臣らとの主従関係に動揺もあった。なぜなら、享禄二年（一五二九）八月には朽木谷より義晴の直臣十七名が離反したからである（「厳助往年記」同月条）。享禄二年六月二十某日付で六角定頼が朽木稙綱に宛てた書状に、「奉公衆のうち、五六人が各別の覚悟をもって」おり、「できる限り（義晴の周辺を）堅固にして御用心することが肝要である」とあり（六角定頼書状『朽木文書』二二六号）、義晴に供奉していた直臣に不穏な動きがあったのである。実はこの時期、義晴と細川六郎方との和睦交渉があり、一時的に協調体制にあった（後述）。高国を支持し、六郎との関係改善に不満を持った直臣が反発し離反したのであろう。さらに定頼は、谷での御番にしかるべき人を選ぶこと、余計な人物を入れないことなどを述べ、義晴の身辺警護に気を遣っている。朽木谷は緊迫な情勢にもあった。

京都に将軍がいること

享禄二年（一五二九）より翌三年五月までは、義晴方と細川六郎方との和睦交渉のもと協調体制にあったことで、義晴の京都支配は若干回復した（後述）。しかし、直接支配というよりはあくまでも六郎家中、特に柳本賢治らが遵行《じゅんぎょう》（上位者＝義晴の命令を履行）するかたちであり、義晴や供奉する面々が一斉に帰京することはなかった。これについて、義晴を支えた六角定頼が朽木稙綱に宛てた先の書状に興味深い文言がある。それは、「公方様が御入洛しても、御平静でなければ、いよいよ面目を失ってしまう」と述べている点である。つまり、定頼は義晴がもし現状のまま帰洛したとしても、御平静にならなければ、自分（定頼）の面目を失うことになると心配していたのである。ここで「御平静」とあることから、義晴が安定して京都にいる状態が期待されたのであろう。

定頼のこの書状は、将軍と京都、大名（定頼）をめぐる当時のさまざまな意識が垣間見られる。まず、将軍が京都にいる以上、「御平静」でなければならないこと。将軍を支援する大名はそのために尽力しなければならないこと。平静が保てなければその大名は世間より面目を失うことになることである。義晴が京都に戻ること自体、物理的・地理的に問題はないが、義晴が京都にて平静でいられるかどうか、その状況が保てるかどうかが問題であった。見方を変えれば、京都に将軍がいるということは、世間（京都）が平静であることを示す象徴であったともいえる。これは対立する義維にもいえることであろう。

少なくとも、定頼は義晴を京都に戻すのであれば、自分がその安全保障たらねばならないという義務意識にあったのである。義晴が桂川合戦で敗北し、近江に避難して以来、定頼は義晴を擁護する姿勢を示し続けたが、坂本や長光寺、守山など定頼の足元まで避難し、直接頼ってきた将軍を見捨てることができなかったのであろう。これより後、最後の将軍義昭が織田信長との対立のすえ、京都を没落し、次いで備後国鞆《とも》の浦（広島県福山市）に移座して、直接毛利氏を頼った。これにより毛利氏が対織田戦に巻き込まれることとなった。これも将軍（主君）に直接頼られたら、それを断ることができない（してはいけない）という心理があったためと思われるが（そのため、当初毛利氏は義昭の下向を阻止したかった）、定頼の場合も同じ心理であったのではないだろうか。

前に述べたように、義晴が桂川合戦ののち京都を離れたことで、京都の治安が悪化したことを鷲尾隆康が述べていたが、将軍は京都平静のための安全保障として機能していたと見なしていた。つまり、在京する将軍は、京都の治安維持、軍事的な安定の象徴であった。帰京後の義晴は意識的に在京にこだわるが、それは世間が将軍に求めた役割をはたそうと強く意識していたためといえよう。

「享禄」改元と公武関係

桂川合戦の前年四月七日に後柏原天皇が崩御し、その後二十九日に知仁《ともひと》親王が践祚《せんそ》した。後奈良天皇である。後柏原天皇の崩御直後、義晴は践祚要脚について朝廷に問い合わせを行い（『後法成寺』四月七日条）、知仁親王は「吉凶」の費用として六万疋の進上を義晴に命じた（同十四日条）。そこで義晴はまず践祚分として三千疋を進上し、残りは六月に進上するとした（二十四日条）。しかし、七月に道永が香西元盛を殺害したことで、幕府の資金援助は事実上停止することとなった。

朝廷としては、新天皇の即位式挙行が一番の関心事項であったことは間違いない。即位式では幕府は資金援助だけではなく、掃除役、警固役といった役割もあり、幕府の存在は即位式挙行の一部をなしていた。義晴の京都没落以降、朝廷は京都を実効支配する堺政権に対して、その援助を期待したであろう。朝廷は桂川合戦後の六月十七日に義維が朝廷に太刀を進上した際、義維方に対応したのは公的な公武間交渉の担当である武家伝奏広橋兼秀であり（『二水記』同日条）、義維にも通常の将軍と同じような手続きをとっていた。そして七月十三日に義維を左馬頭に任官させるなど、義維を将軍候補として処遇していたのもこの問題があったからであろう。かつて、幕府創生期には北朝、南朝、さらに北朝でも崇光《すこう》流と後光厳《ごこうごん》流に天皇家の系統が分裂し、そこに幕府が対応してきたが、今度は将軍家の分裂という事態に対して、どちらを承認するか、当時すでに統一された天皇家が対応せざるをえなかったのである。

ところが、堺政権方が積極的に天皇の即位式挙行に動いた形跡はない。これに対して義晴は京都を没落し、朽木に移座して以降も朝廷との音信を欠かさず、桂川合戦後の四月七日には後柏原天皇の一周忌のため、香典料一万疋を近江より進上している（『二水記』同日条）。天皇は、いつまでも上洛しないだけでなく、即位式挙行に積極的でない義維に対して、近江にありながらも朝廷との関係を継続する現職の将軍義晴の帰洛に期待するようになったことだろう。

このような義維方に対して、義晴は朽木に移座する直前の大永八年（一五二八）六月三十日、坂本に滞在していた自分が正統な将軍であることを示す行動をとった。改元の執奏である。これは後奈良天皇の代始改元《だいはじめかいげん》であった（通常、践祚の翌年に行う）。「このたび（の改元）は、すべて義晴よりの申沙汰である」とあることからも間違いない（『お湯殿』大永八年八月六日条）。

室町時代は、将軍（「室町殿」）よりの執奏を経て改元を行うことが通例となっていたため（久水：二〇一一）、改元執奏を行うこと、さらにそれを受けて改元を行うことは、執奏者が「室町殿（将軍家督）」であることが朝廷より承認されていたことと同義であった。義晴の改元執奏が承認されたことは、義晴こそが正統な将軍であると朝廷が認識していると世間が理解することになる。
費用は義晴が負担し、当初は七月二十三日とされたものの触穢《しょくえ》などで延引し、八月二十日に実効された。年号は難陳《なんちん》（年号選定の際の吉凶の協議）のすえ、『周易《しゅうえき》』からとって「享禄」とされた（「資定卿改元定記」）。

一方、義維方はその気になれば、坂本の義晴より先に執奏することもできたかもしれないが、行わなかったことは、義維方が義晴方と比較して朝廷との関係が希薄（または代始改元を理解していない）であったことを示している。義維からすれば、先手を取られたと思ったかもしれない。この出来事に対して、義維方は自分の存在が否定されたとみなして改元を認めず、その後しばらく堺政権の発給文書にはそれ以前の「大永」が十一月ころまで使用されることになる（大永八年十一月四日付義維奉行人連署奉書『高山寺遺文抄　東寺文書』三九）。義維の改元拒否について、今谷氏は「義晴の権威が徹底的に破壊された一表徴」と評価したが（今谷：一九七五）、改元した年号を使用しないと、申請者側としては将来公験としての効力に疑問がつきかねないためか、年内には堺方は「享禄」の年号を使用することとなる。実際のところは、義維の方が義晴の先手に屈服せざるえなかったのである。

道永（常桓）の動き

先ほどの六角定頼の書状には道永について、決して朽木谷に入れてはいけないと念を押していることとが確認できる。これは、定頼が道永を義晴と細川六郎との和睦交渉の障害と見做していたからであるという（村井：二〇一九）。では、このときの道永はどうしていたのであろうか。

道永は大永八年（一五二八）の和睦交渉決裂の後、坂本に下り、その後義晴と同道して朽木谷に至ったが、この地では計略が図りがたいということで（「重編応仁記《ちょうへん》」）、十一月二十日ころには伊賀に移った（『二水記』同日条）。そのころに道永は心機一転のためか、法号を「常桓《じょうかん》」に改めている（以下、常桓）。翌二年正月には北畠氏を頼り、次いで朝倉氏を、さらに赤松氏（と浦上氏）を頼った。その後常桓は、備前国の有力国人・松田氏のもとに移り、出雲尼子《あまご》氏なども頼ったという（『実隆』正月二十六日条・九月二十日条ほか）。このような各地の大名勢力のもとを精力的に廻り、援軍要請を行っているが、朝倉方からは要請を拒絶されているように、味方を集めることに難儀していた。朝倉から支援を拒絶されたのは、以前の和睦交渉で面目をつぶされたことも関係しているだろう。

定頼が入谷を阻止したかったタイミングは、定頼の書状が六月下旬のものであるから、常桓が越前に行ったあと、援軍を拒否されたあとのものである。各地を流浪したあげく、朝倉氏からも援軍を拒否された常桓に未来はないと考えたのであろうか。常桓はこの以前に伊勢より越前に向かう道中に一度朽木谷に寄っていたのかもしれない。そのため、常桓が義晴と六郎との協調体制に不満を述べ、義晴に対して連携を妨害するような言動を行うことを恐れていたのであろう。結局、常桓は朽木を訪問しなかった（できなかった）ようで、義晴と六郎の協調体制はもうしばらく継続する。

常桓は義晴が六郎との関係改善を進めるなかで、現状を打破するためには六郎をはじめとした堺勢に対して、軍事的に優位に立つしかない。その努力もあって常桓はこの後、播磨の赤松政村、特にその重臣浦上村宗との連携に成功し、再起をうかがうようになる。

第二次和睦交渉と協調体制

大永八年（一五二八、八月に享禄に改元）の和睦交渉は堺方の柳本賢治らの反対により決裂したが、翌享禄二年（一五二九）に、義晴方との和睦が再び進められるようになった。今回はかつて和睦に反対した賢治と細川典厩家（政賢―澄賢―晴賢系）の被官であった松井宗信《まついむねのぶ》らが主体となって、義晴方の伊勢貞忠らと和睦交渉を進めたのであった（『二水記』享禄三年五月十日条ほか）。和睦の条件について、何度も使用した先の享禄二年六月の朽木稙綱宛の六角定頼書状によれば、御料所と諸奉公方の知行の確保もあったらしい。宗信が六郎と交渉して、富田庄以外は了承させたという。

ところが、賢治と宗信らが交渉を進めるなか、以前の和睦交渉を担当した三好元長が今度はこの交渉に反対したのである。義晴との和睦交渉をめぐって堺政権内は必ずしも一枚岩ではなく、これにはとりわけ、細川六郎家中内部の対立問題が大きい。特に、元長と賢治は家中においてライバル関係にあった。さらに、常桓より離反した賢治を中心とした京兆家の被官たちが、同時に反義晴であったかどうかは不明で、彼らがどこまで本気で義維を将軍候補として支持していたかどうかわからない。

なぜ今回、賢治はいったん決裂した義晴方との和睦交渉を再開したのであろうか。また、なぜ当初和睦推進派であった元長は反対したのか。賢治の場合、当初より反常桓であっても、反義晴ではなかったことに注意しなければならない。むしろ、前回の交渉は元長が主導していたこと、一部自身の意見が交渉に反映されていない状態に反発したと捉えるべきで、義晴との和睦自体は否定せず、常に賢治の念頭にあったと考えたほうが自然である。馬部氏によれば、元長と賢治の権力構想に違いがあったという。つまり、元長は将軍を義維とし、京兆家を六郎・常桓に和睦統一させる構想であったのに対して、賢治は義維を将軍義晴とのもとに統合し、そのもとで京兆家当主を六郎に確立させようとしていたという。今回の和睦交渉では賢治の構想通りに進んでいったことで、義維を「将軍」としたい元長は四国に下国してしまったという（馬部：二〇一八）。

しかし、当初元長は義晴との和睦に積極的であり、その和睦も成立に近づいていた点を踏まえれば、元長も当初は義晴を将軍として承認していたものと思われる（少なくとも否定していない）。元長は、和睦交渉の主導権が自分ではなく家中でのライバルである賢治らに移ったことで、彼らに抵抗するためにも義維の擁立を推し進め、和睦交渉に反対していったのではないか。和睦の主導権を誰が握るかは、その後想定される新しい体制のなかでの政治的地位・権力に直結するものであり、元長も賢治もそれを見据えていたといえるだろう。また、山城国下五郡（乙訓《おとくに》・葛野《かどの》・愛宕《あたご》・紀伊《きい》・宇治《うじ》）の守護代となっていた元長と賢治・宗信が支配をめぐり対立を深めていったこともある（馬部：二〇一八）。

交渉が進むなかで、義晴方と堺政権側とが実際に一時的に協調体制を結んでいた。享禄二年十一月二日付け賢治宛ての幕府奉行人連署奉書（『久我家文書』）は、このことをよく示している。この奉書の内容は東寺領をめぐり、山東三郎左衛門の競望を停止させ、東寺に所務をまっとうさせるようにその執行を賢治に命じるといったものである。連署した奉行人は義晴に近侍していた奉行人であり、発給主体は義晴であった。つまり、形式上は奉行人を介して義晴より賢治に遵行が命じられたものとなっている。むろん、当時は自力救済が原則であるため、一連の手続きとしては申請者の東寺が義晴方に賢治宛ての奉書の発給を依頼し、奉書発給ののち東寺方が奉書を持って賢治と交渉するのであるが、これは義晴方と六郎・賢治方との協調体制が前提になければ成立しない。当時、京都支配を担っていた賢治は、義晴より遵行の命令を受ける立場であり、「義晴─（六郎）─賢治」の遵行体制が存在していたことは間違いない。

このような事例は、これだけに留まらない。同年七月に近衛家による下京の地子銭徴収をめぐっては、朽木谷にいる佐子局より地子銭については賢治に申し付けるように指示があるなど（『後法成寺』七月十二日条ほか）、義晴方と賢治方が共同で京都の支配にあたっていた様子がうかがえるのである。同じく十月には近衛家領をめぐって、朽木の義晴よりの命を請けて、六郎が賢治や宗信に折紙の発給を命じ、両者による折紙も発給されている（『後法成寺』十月十六日条）。つまり、この時点での京都支配は、基本的には「義晴（朽木）─六郎（堺）─賢治・宗信（京都）」ラインで行われていたのである。

では、この協調体制がいつの時点から始まっていたのであろうか。同二年三月には義晴方の伊勢貞忠よりの申請により、御料所丹波国桐野河内《きりのごうち》村の供御料進納について、干損《かんそん》分を洛中洛外の米屋が進納するように命じる六郎の奉行人奉書が同年三月十三日付けで発給されている（細川晴元奉行人奉書案『蜷川』五〇一号）。その三日後の十六日には、賢治による上下京中の米屋宛てに供御米進納を強く命じる書状が出されている（柳本賢治書状案『蜷川』五〇二号）。六郎の奉書は堺にいる可竹軒周聡《かちくけんしゅうそう》が決定権を持っていたことが指摘されていることから（馬部：二〇一八）、貞忠は堺方にこの一件を申請し、そしてそれが受理されたものと思われ、この時期には協調下にあったのだ。

これ以前の大永八年八月にも、同じく六郎の奉行人奉書により貞忠に対して桐野河内の進退が承認されていたことから（細川晴元奉行人奉書『蜷川』五〇〇）、おそらく貞忠は大永八年七月以降、継続して義晴方の和睦交渉担当者として六郎方との交渉を行っており、六郎方も実際には義晴方との交渉自体を打ち切ったわけではなく、水面下では交渉自体は行われていたことが考えられる（和睦自体は常に念頭にあったのだろう）。その一端として、この供御米進納の話につながるのであろう。なお、貞忠は将軍家の家政のほか、京都市中の動産関係を扱う政所の責任者であったから、貞忠が賢治らの京都支配を補完していたと考えられる。

当初は賢治の構想通り義晴を首班、六郎を京兆家の当主という形で進んでいた。あとは義晴が六郎らの支持によって帰洛するだけである。

官位昇進と公家様花押

この時期、義晴の官位が昇進した。義晴の官位は大永二年（一五二二）以降、参議兼左近衛権中将、従四位下であったが、享禄二年（一五二九）に武家伝奏広橋兼秀に内奏《ないそう》させたうえで（『実隆』十月二十四日）、天皇の「御推任」（『業賢記』享禄二年十二月二十九日条ほか）という形で享禄三年正月、朽木滞在中に二十歳で権大納言、従三位に昇進した。参議から中納言を経ずに大納言へと昇進する、通常の将軍家の官位昇進に倣ったものであるが、注目されるのはその理由である。それは、「近年京都を出ているため京都の守りがない。だから昇進させられた」（『高代寺日記《こうだいじ》』）とされたのである。つまり、京都の守護者として帰洛することを期待して昇進させたということになる（拙稿：二〇一七）。

これに対して、享禄二年末ころに発給されたと思われる月日未詳の徳大寺実淳書状（『実隆』紙背文書）によれば、天皇は義晴の昇進は可としながら、それに一定の条件を課している。それは、「公家衆の知行に対して当知行安堵をするか、他者より訴訟があっても、天下が静謐するまで、審議を停止する旨の御内書が発給されれば、それを期に推任する」というものであった。この背景には、当時義晴の直臣らが公家衆の所領を競望していたことがあった。義晴がその後推任されたことから見て、義晴はこの叡慮を受け入れたと思われる。

天皇は一定の条件を義晴に課しながら、京都の守護を名目に義晴を推任したのであろう。さらにこの昇進の時期は、義晴方と細川六郎方（柳本賢治ら）とが協調関係にあった時期であり、義晴の帰洛が間近に迫っていると判断したのかもしれない。

このような官位昇進は、義維方へは見られない。義維は左馬頭任官以降、昇進はない。また、「享禄」への改元も義晴方が執奏したことで行われたように、義晴と義維への朝廷側の対応には明らかな差があったのである（むろん、義維方からの昇進要請がなかったこともあろう）。堺政権、特に六郎方内部には義維でなく、義晴を優先する意識があったのだろう。堺政権内での義維の不遇が垣間見られる。

このように、義晴は朽木谷にありながらも朝廷との関係を継続維持し、朝廷も義晴からの執奏を受け入れるなど、その関係維持に努めていた。京兆家での内紛が発生する直前には、義晴は在京公家衆の加賀国内の知行分について課役免除を行うなど（『後法成寺』大永六年二月一日条）、公家衆の保護も行っていたことも、朝廷・公家衆が義晴に好感を持つ要因となったかもしれない。

当然、公家衆は義維方を無視したわけではない。享禄二年時点での義晴と六郎（賢治ら）との協調体制のなかでも、公家衆は義維方の存在を忘れていたわけではなかった。前述の近衛家領の事例では、近衛尚通《ひさみち》（のちに義晴の岳父）は、義晴、六郎方との交渉と同時に、義維からも下知（奉書）を得るなど、両者との間で現実的に柔軟な対応を取ろうとしたのである。

義晴は権大納言昇進の後、三月二十六日に花押をそれまでの武家様《ぶけよう》花押から公家様《くげよう》花押（公家様①に改めた（足利義晴吉書下文『慶元諸大名直判集』）。花押の変更について、越後上杉氏の京都《きょうと》雑掌《ざっしょう》神《かな》余《まり》実綱《さねつな》に大館常興が宛てた書状に、「公方様が御昇進され、去春に（権）大納言に任ぜられました。

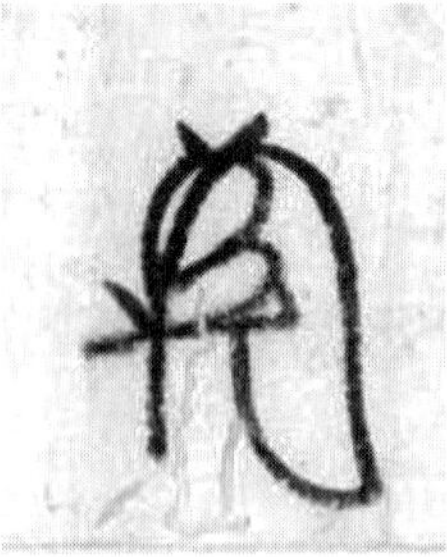

左：足利義晴公家様花押①　右：足利義晴武家様花押

その後武家の御判を改められたので、公家様の花押を下しました。このようなこと、お心得いただくように申しました。御代々の（武家様から公家様への変更の）儀はこのようです」（大館常興書状『上杉』三九六号）とある。つまり、義晴が権大納言に任官したことでそれまでの武家様花押を改めて、公家様の花押で御内書を下したことがわかる。

足利将軍家の場合、当初は尊氏以来の足利様と呼ばれる武家様花押を用いるが、第三代義満以降、官位が昇進すると武家様花押に代わり、公家様と呼ばれる形の花押に変更するようになっていた（義持と義尚は当初より公家様花押）。多くは大納言昇進が機会となっている。このことを常興は上杉・長尾《ながお》方に報告したのだが（花押の変更を連絡しなければ、偽文書扱いになりかねない）、義晴もこの先例に沿って公家様の花押に改めたのである。その形状については義晴の院殿号である「万松院殿」の「万（萬）」の字に似せたものとの指摘がある（上島：二〇〇四）。当然、死後の院殿号である「万松院殿」とは関係ないだろう。

なお、参議止まりであった子の義輝の場合は生涯、武家様の花押を用いている（ただし、武家様花押のなかでも変更あり）。また、同じ参議止まりであった父義澄は参議在職中の永正三年（一五〇六）二月九日に花押を公家様に改めている（『宣胤』同日条）。生涯左馬頭止まりであった義維は、公卿にならなかったこともあってか、花押は一種類しか知られない（三通しか事例はないが）。

越後長尾氏と京都雑掌

朽木谷に移座して京都より離れた義晴のもとには、地方の大名勢力からの音信が継続してあった。そのなかでも越後守護代であった長尾為景《ためかげ》は、朽木谷の義晴と積極的に音信を続け、支援した地域権力であった。当時、越後には守護上杉定実《さだざね》がいたが、守護代為景が実権を握っていた。長尾氏の場合、越後守護上杉氏の京都（在京）雑掌である神余氏がいた。彼ら京都雑掌の役割の一つは、京都周辺の情報を収集し、それを本国越後に報告することであった（小林：二〇一五）。つまり、彼らが幕府や朝廷との交渉パイプを持っていたため、為景はそれを利用したのである。

そこで、神余氏（父昌綱《まさつな》と子実綱）が享禄三年（一五三〇）に本国越後に宛てた二種類の書状を見ると、彼らが朽木谷に赴き直接義晴方と交渉していたこと、「義晴より越後への上意伝達を命じられた」ことのほか、京都の情勢や、柳本賢治の動向、賢治は鷹狩りが趣味との情報、「近日中に義晴と常桓が上洛するのでその御礼が必要となる」ことなどが報告されている（神余実綱書状『上杉』三七六号、神余昌綱書状・三九九号）。

この二通の書状はともに義晴と細川六郎が協調体制下にあった時期のものであるが、神余氏は京都を拠点としながらも、朽木谷にある義晴側近の大館常興らとつながっていた。義晴の周辺は彼ら京都雑掌とつながり、各地方の大名勢力に対して義晴方に有利なさまざまな情報を流したことで、義維に対して対大名交渉でリードしたのであった。渉外力の勝利ともいえるだろう。もちろん、公家衆ともパイプを持つ彼らは天皇の義晴への態度を見て、義晴に正統性を見ていたこともあるだろう。

当然、越後にある為景が実際に上洛することや、援軍を派遣することはなかったものの、義晴方とのみ音信や進物を行い、最後まで義維陣営とは音信しなかったことは注目される。それは、本国の為景自身の政治判断だけではなく、その職務上、京都の公家衆とのコネクションを持つ神余氏の意見・情報が前提にあったと考えられる。

為景は京都よりの情報を収集したうえで（神余実綱書状『上杉』三六七号）、いずれ義晴と六郎との和睦が成立することを想定しながら、京都を没落し朽木谷に滞在する義晴を唯一の将軍として支持し、その関係を継続することを判断したものと思われる。京都雑掌は越後上杉氏に限定されたものではなく、大内氏や大友氏、若狭武田氏などにもあった。多くの大名たちは、彼ら京都雑掌などからの情報収集に基づいて、越後長尾氏と同じように義晴支持を判断したのであろう。

一方、義維にはほとんどそれが見られない（単に残存していない可能性もあるが）。堺政権を構成する大名は阿波細川氏と河内畠山氏（義就系）のみであるが、義維がこれ以外の遠方の大名勢力に対して支援を求めた形跡がない。ここにも義維の主体性のなさが見て取れるし、六郎陣営も各地の大名勢力へ義維の正統性をアピールするような外交を行っていない。もちろん、地方にいる大名側が義晴と異なり、堺にいる義維への音信ルートを持たなかったこともあるかもしれない。この時期の協調体制により、地方から見ても、義維の存在がより希薄になっていた。

しかし、京都周辺の寺社に目を向ければ、その動向は必ずしも天皇・公家衆や大名たちの意識と同じではなかったようである。『教王護国寺文書』（二四二五）に収録される享禄二年の「講堂仁王経読経請定」から、東寺は享禄二年時点では義維を「室町殿」と認識していたと指摘される（野田：一九九七）。特に寺領を侵害する義維方との関係は、寺の運営の面でも重要であり、巻数《かんず》進上などによって義維方と誼を通じていたという。だが、野田氏も指摘するように、東寺は義維に接近しながらも義晴方との関係を断絶したわけではなく、義晴・義維の対立のなか、いわば両天秤にかけていたのであった。京都周辺の寺領の確保・維持のためには支持・不支持に関係なく、実効支配者よりの下知は必須であった。

交渉決裂と義維の存在感

順調かにみえていた協調体制は、享禄三年（一五三〇）五月に破綻へと進んでしまう。柳本賢治は義晴の上洛を松井宗信と義晴方の伊勢貞忠と談合していたものの、和睦に反対したのか、単なる手続き上のトラブルか不明であるが、細川六郎の側近可竹軒周聡がそれに対応しなかったのである。そのため、六郎が朽木谷の義晴を京都に迎え入れる話も消えた。賢治と宗信は周聡に抗議する形で出家してしまうのである（『二水記』五月十二日条）。

六月になって賢治は、浦上村宗に与党する依藤《よりふじ》氏の依藤城（兵庫県加東市）を攻める別所《べっしょ》氏の援軍のために播磨に出陣した。ところが、六月二十九日に賢治は陣中で、高国の刺客とされる大和の山伏《やまぶし》浄春《じょうしゅん》によって酒に酔っているさなかに暗殺されたという。この話を聞いた鷲尾隆康は、この事件について「天命より遁れがたいためか」とし、合戦での討ち死にでないことに同情しつつも、「悪逆の者はみなこのような死に様なのであろう」と述べている（『二水記』同日条）。このように、賢治自身は京都の公家衆より支持された存在とは言い難かったが、彼の死が京都に伝わると騒動したという。

賢治の死によって、義晴方で和睦交渉の担当であった貞忠も同年七月に京都を没落する（『二水記』七月三日条）。彼は交渉の決裂によって義晴に対しての面目を失ったためであろう。貞忠の没落に対して見物していた京都の衆は、あまりに「未練」であると言っていたというから、貞忠は京都市政の一翼として賢治らいわば外部の武士ではなく、市政に慣れた吏僚として信頼されていたのだろう。

いずれにしても、和睦推進派の賢治の死によって、義晴と六郎との和睦は事実上消滅してしまう。義晴にとっては大きな誤算であったであろう。六郎方との和睦が成立さえすれば、義晴は帰洛できるはずだった。

一方の常桓からすれば、自分にとって不利でしかない義晴と六郎の和睦を進める賢治がいなくなり安堵したことであろう。六郎家中の混乱をうけてか、翌七月に常桓勢は摂津を経て京都に向かい、六条において両者の兵が合戦している。しかし、このときも常桓勢は敗北し、香川某・安富又二郎・麻植某らが討ち死にした（『後法成寺』同十四日条）。翌年にかけてしばらく、常桓勢と六郎勢との合戦が洛中洛外で継続することとなる。

二度の和睦交渉では、ともに堺政権の「将軍」であるはずの義維の存在が極めて希薄であることは注目される。義晴と六郎との和睦成立は、将軍就任を目指す義維にとって何ら利点はない。そもそも、義晴が将軍職を義維に譲ることを条件として六郎と和睦することはないだろう。義維にとって、自分を素通りして進む和睦交渉に強い不満があっただろう。しかし、六郎家中内部で、義晴を廃して義維の将軍就任に積極的であったものはいなかった。

これについては、次のようなことがいえる。本来、この抗争は高国（常桓）系と澄元系の京兆家内部の抗争であり、堺方（特に六郎や賢治）が敵とするのは義晴ではなく常桓であった。その常桓が将軍である義晴を擁したため、自動的に義晴も抗争の当事者となり、対立関係となったのである。そのため、将軍義晴との対抗上、それに代わりうる「将軍」義維を擁立したのであって、義維はあくまでも常桓とセットとなる義晴との対抗上、必要な存在であった。

仮に和睦によって義晴との対立が解消されれば、義維は必要なくなるのである。基本的には六郎が将軍になれるわけでも、なろうとしたわけでもないから、将軍から京兆家家督の承認さえ得られれば、将軍は義晴・義維どちらでもよかったとの考えが根底にはあったのだろう。でなければ、義晴と和睦交渉を行う余地はない。

さらに、六郎方の和睦交渉を見る限り、むしろ義晴こそが将軍との意識が強かったように見える。義維本人の発給文書（御内書）が極めて少ないのも、堺での不安定な義維の立場を象徴していよう。六郎たちにとって義維は、義晴との一つの交渉材料でしかなかった。

義維は六郎らに擁立されながらも、実際は政治的な主体性を持つことができず、二度の交渉でも何ら役割を果たすことはなかった。義維の直臣も同様であった。前述のように義維には義稙以来の直臣のほか、義晴方から義維方に転身したものもいた。しかし、義晴離反組の伊勢盛度などは、享禄三年の八月時点で再び義晴方に帰参している。堺政権内での将軍直臣層の帰趨も安定しておらず、義維より離反するものもおり、義維の求心力のなさがみてとれるだろう。

義晴、朽木を離れる

義晴は協調体制が崩壊したことで、翌享禄四年（一五三一）二月一日にそれまでの朽木谷より近江国滋賀郡の葛川《かつらがわ》（大津市）に御座を移した。これは北郡の国人で小谷城《おだに》（滋賀県長浜市）主であった浅井亮政《あざいすけまさ》が高島郡に軍事侵攻したことに対応したものであったが（『二水記』同日条）、もともと六角定頼と対峙していた亮政は、細川六郎方とも連携をとっていたのであろう。その直後、摂津にて常桓勢と六郎勢が合戦を行っている。伊丹城《いたみ》（兵庫県伊丹市）を守る堺方の高畠長直《たかはたながなお》を常桓と浦上村宗の軍勢約一万五千が攻め、それに対して六郎勢は約四、五千の軍勢で対応した。ところが、ここでも常桓の采配が悪かったのか、六郎勢の約四倍の兵力がありながらも、勝敗を決することができずにいた。そのなかで義晴は、七日に葛川よりさらに坂本の北の堅田《かたた》に、十七日には坂本まで御座を移すなど（『二水記』同日条）、次第に京都に近づいている。義晴のほうも進軍する常桓勢との動きと連動したのであろう。三月六日には六郎方の池田《いけだ》城（大阪府池田市）が落城した。この合戦では、四国勢の三百人ほどが捕虜となり、死者についてはその数がわからず、「四国名誉侍共」がことごとく討ち死にし、摂津が一国平均との噂も流れた。翌七日には六郎方の木沢長政《きざわながまさ》も没落した。この時期、常桓勢が一時的に軍事的優勢となっていたのである。しかし、三月十日には常桓勢は反撃にでた三好元長らに敗れ、摂津国の天王寺《てんのうじ》（大阪市天王寺区）に後退した。

このような情勢をうけてか、これまで義晴に供奉していた昵近公家衆の上冷泉為和や阿野季時《あのすえとき》らが一足先に帰京している。しかし、彼らの帰京は義晴の許可を受けたものではなかったらしく、四月二十一日に宮中で行われた内侍所《ないしどころ》法楽千首和歌御会《ほうらくせんしゅわかみえ》への出席を、「上意に違い」上洛したため辞退している（『二水記』同日条）。この時期に義晴の周辺でも、より近い存在のはずの人々の離反的行為が行われるようになっていたのである。

義晴の移座など大きな変化があったものの、幕府として諸々の審議は継続されていた。御前沙汰の記録である「享禄四年披露事条々《ひろうごとじょうじょう》」では、洛中の諸権門よりの訴訟の審議が行われていたことが確認できるからである。この史料は同年閏五月部分しか残らないが、この前後も同様に審議が行われていたことは、奉行人奉書の発給が継続していたことからも間違いない。ここで三問三答《さんもんさんとう》という訴訟審議の手続きも行われており、享禄四年の時点でも、裁判機構としての面も一定度維持されていた。ただし、相論審議の途中で当事者両名が敵方（堺政権方）に付いたことで、審議自体が停止することもあったようだが（提訴先を変更したか）。

第六章　高国の死と堺政権の崩壊

大物崩れ

享禄四年（一五三一）二月、播磨勢の支援をうけ、摂津で軍事的優位に立った常桓勢は、洛中で散発的に細川六郎勢と競り合ったのち、三月八日には洛中にあった木沢長政や柳本甚次郎《じんじろう》（賢治息）らを没落させることに成功した。京都の公家衆との音信も継続しつつ、摂津の天王寺へ進んだが、五月二十三日には六郎勢が丹波より京都を目指して進軍したことで、常桓方の内藤彦七が討ち死にし再び劣勢となった。そして、六月四日になって大物《だいもつ》（兵庫県尼崎市）で両軍が衝突した結果、常桓勢は大敗したのであった。いわゆる「大物崩れ」である。常桓勢数千人が討ち死にしたという。

大物崩れの碑　兵庫県尼崎市

敗北の子細について詳しく記した鷲尾隆康の日記『二水記』によれば、常桓方であった播磨の赤松政村が六郎方と内通し、「親敵」である浦上村宗を討つ計画を立てた。しかし、この計画が事前に露顕したため、常桓の陣営は混乱したという。そのなかで三好元長らの六郎勢が襲撃し、赤松政村らもそれに与同して常桓・村宗を攻めた結果、大敗したという。政村らの裏切りによって村宗が討ち取られたほか、常桓方では「和泉守護殿（細川晴宣）、伊丹兵庫助国扶、河原林日向守、薬師寺三郎（国盛）左衛、波々伯部兵庫介」らも討ち死にしたという（「季世記」）。これを受けて、京都では足軽衆が聖《しょう》護院《ごいん》や岡崎などの在家を焼き払い、六角方の籠もる勝軍地蔵山城や東山新城なども放火された。

常桓はこの敗北をうけ、八日に尼崎の京屋において切腹した。享年四十八歳。「両家記」によれば、常桓は敗北後、尼崎の町京屋（「季世記」では紺屋）に隠れていたが、三好方に通告するものがいたために捕らえられ、堺方が協議のすえ常桓を切腹させることに決したという。それをうけて常桓は、八日の寅の刻に尼崎大物の広徳寺《こうとくじ》にて切腹した。常桓が腹を十文字に切り、三好一秀《かずひで》が介錯を行い、その様は「強性奇特」であったという（『二水記』同日条）。

常桓の死、高まる定頼への期待

常桓は、切腹に際して辞世の句を関係者に送っている（「両家記」・『後法成寺』）。そのうちわけは、縁戚にある徳大寺実淳や交流のあった三条西実隆、能登に嫁いだ姉、珊侍者《さんじしゃ》、連歌師宗碩《そうせき》、そして義晴らである（「季世記」では「院御所様、伊勢国司（北畠晴具）」にも）。これらの句は常桓の願いによって三好一秀が各人へ届けたという。常桓から義晴に送った辞世は、「絵に写し石をつくりし海山を後の世までもめかれすそ見ん」であった。これに対する義晴の反応は残っていない。

実際、義晴は常桓の死について何を感じていたのであろうか。義晴は七月に大内義隆《よしたか》や長尾為景、大友義鑑《よしあき》などの遠方の大名らに御内書を発給したが、そこには「今度摂津での不慮の儀は是非に及ばない」と述べているのみである（「御内書并私書状以下案文」『義晴』一一四・一一五・一二〇他）。義晴にとって恩人ともいうべき将軍擁立の立役者であり、幼い自分に代わり幕府政治を主導してきた常桓の死にしては、あっさりとした気もする。すでに常桓と別れて数年を経た義晴にとって、常桓は過去の人だったのかもしれない。

義晴のもとに常桓の死は伝わったものの、同じく自分の将軍就任の立役者であった浦上村宗の敗死についての正確な情報は届かなかったようで、七月二十四日付で村宗に宛てた御内書には、「（村宗の）進退の事について、無事に逃れたということを、（義晴が）聞き入れた」と音信している（「往古御内書案・秘々書状案・往古触折紙案」『義晴』一一八）。

ところで、鷲尾隆康によれば、常桓の本願は京兆家の物領に返り咲くことではなく、寺社本所領をもとのように回復することにあったという。隆康は「末世の武士でこのような心中は誠にもってありがたい」ことであるが、「神明仏陀冥助を得」なかった。そして、常桓の死は「公家・門跡また断絶するもと」で、「嘆くべし悲しむべし」と同情を含めて述べている（『二水記』六月八日条）。「季世記」では、高国について、弓馬の道を糺し、和歌の奥義を知り、慈悲があり、上下を嫌わず賞翫するところが多いと評価している。義晴が天皇や公家衆の支持を得ていた理由の一つが、常桓という人物がこのように評価されていたことも影響していよう。軍事的能力には大いに疑問符が付けられたりはしたが、寺社本所領回復を大願とする旨を宣伝しているように、常桓は公家衆からの支持を得ることを欠かさなかった。常桓が擁立する義晴にも、公家衆らの期待が集まっていたことは容易に想像できるだろう。一方、細川六郎が特に公家衆より支持を受けていた様子はうかがえない。もともと六郎は、この時点で京都の公家衆との交流がほとんどなかったから、六郎の人格はほとんど知られていなかったこともあったのだろう。

常桓の死後、そもそもの動乱のもととなった細川尹賢が同年七月二十四日に、摂津において木沢長政によって討ち取られた（『二水記』同日条）。これにより、当初の事件の中心人物である常桓と尹賢の二人がいなくなった。

義晴は常桓と浦上村宗の死、赤松氏の離反により、軍事的により劣勢となった。そもそも、義晴単独で堺政権に軍事的行動をとることは不可能であったため、支援する大名の存在は不可欠であった。七月には大内義隆へ支援を求めるため、側近細川晴広《はるひろ》を下向させたほか、大友氏には義隆への与同を命じている（「往古御内書案・秘々書状案・往古触折紙案」『義晴』一一七・一二四）。しかし、これだけでは軍事的に劣勢である厳しい現状を覆せない。

今現在、義晴を軍事的に直接支援しえるのはほとんど六角定頼だけとなった（常桓の弟晴国《はるくに》はまだ健在ではあるが）。他の大名は義晴を支持していたものの、軍事的な支援については消極的であったのである。かつて常桓とともに在京しながら義晴を軍事的にも支えた武田元光は、桂川合戦の大敗によって若狭に退いたことで、かつてほどの幕府への影響力を失ったという（笹木：二〇一二）。各地を流浪していた常桓や元光らに代わって義晴の庇護者として行動したのは定頼であった。

六角氏は義尚や義稙の時代に二度にわたって将軍から討伐の対象となるなど、かつては将軍家に仇をなす存在であった。それが今や、将軍家を支える（命運を左右する）大名となったのである。

桑実寺と観音寺城跡を望む　滋賀県近江八幡市

定頼は常桓与党であり、援軍の派兵もしていたものの六郎との関係も重視し、世間的には六郎につき、常桓を裏切った結果、常桓が敗北したとみられていたという（村井：二〇一九）。常桓の死によって、義晴と六郎の和睦における一番の障害がなくなったことは間違いないだろう。

このように、定頼は常桓とは微妙な協調関係であったが、義晴に対しては忠実であった。定頼はあくまでも将軍義晴を頂点とする権力秩序を第一に考えていたのだろう。義晴にとって定頼のこの忠誠だけが最後の希望であった。そのため、義晴が常桓の死を受けて、七月に坂本より定頼の本拠地観音寺城に近い長光寺に、次いで観音寺城に隣接する桑実寺《くわのみでら》に御座を移したのである。

堺政権の崩壊

常桓とは疎遠となっていたものの、その死は帰洛を目指す義晴にとって大きな痛手であったことであろう。しかし、常桓と異なり、運は義晴を見放さなかった。翌享禄五年（一五三二）になって大きな転機が訪れたのである。堺政権の事実上の崩壊である。これは、細川六郎家中の内紛によるものであった。内部についてはほとんど一次史料に見えないので、その経緯を「両家記」を中心に見てみよう。

享禄三年に柳本賢治が戦死したことで、家中で勢力を拡大させた三好元長であったが、畠山義堯の被官であった木沢長政が新たに六郎家中で台頭しはじめたことで彼と対立関係になった。長政は畠山氏被官という立場にありながらも、六郎家中での勢力拡大を狙っていたのである。長政は六郎の側近である御前衆の周聡と三好政長と談合のうえで、元長を六郎に讒言したという。その結果、元長は六郎より勘気をうけるが、弟の細川持隆《もちたか》が元長を支援したことで事なきを得たという。

一方、賢治が死去したのち、柳本家の家督を継いだのが甚次郎であった。長政の台頭により立場が不安定なものとなっていた元長は、同五年正月二十二日に三好一秀ら三千余騎を派兵し、三条城に籠もる甚次郎を攻め、討ち死にさせた（『後法成寺』同日条）。さらに、元長は長政の主君である畠山義堯に通じた。義堯は元長と連携して、長政の居城飯盛城《いいもりじょう》（大阪府大東市・四條畷市）を包囲したのである。元長は一族の三好遠江守らを援軍として派遣したものの、六郎が長政の援軍のために、摂津国中嶋の三宝寺《さんぽうじ》（大阪市東淀川区）まで出馬すると、包囲軍は散々になったという。六郎はこのまま富田《とんだ》（大阪府高槻市）へ向かおうとするも持隆に制止され、堺に戻ったという。元長は持隆を介して六郎への忠節に誤りのないことを言上するものの、六郎は聞き入れず、この対立を仲裁した持隆も晴元と絶って阿波に帰国してしまった。「両家記」では譜代でたびたび忠節を果たす元長ではなく、新参の長政を贔屓することは「只事ならず」と記している。こうして元長は、六郎家中において完全に孤立してしまった。

六郎は瓦林《かわらばやし》帯刀左衛門尉に宛てて、三月五日付で元長討伐を命じる書状を発給しているが（細川晴元書状「末吉文書」『戦国遺文三好氏編』参考一三）、このような討伐指令は六郎方の多くの将に対して出されたことだろう。その後、六郎は政長と周聡と談合のうえ、飯盛城への援軍を本願寺に依頼し、本願寺側はそれに応えて一向一揆《いっこういっき》勢を派遣し、六月十五日に飯盛城を包囲していた軍勢を逃走させたのである。本願寺勢はその勢いのまま同日に高屋城《たかやじょう》（大阪府羽曳野市）を落とし畠山義堯を敗死させ、次いで堺へ進んでいった。本願寺勢は和泉・河内・摂津国で総勢十万ほどになり、元長の陣所南庄《みなみのしょう》に取り懸かったという。元長は堺の顕本寺《けんぽんじ》（堺市堺区）に籠もるも、多勢に無勢、同二十日に同名山城守、塩田若狭守、同息二人、加地《かぢ》丹波守父子ほか二十名とともに切腹して果てたのであった。享年三十二歳。元長は自害する前日の十九日に妻子を呼び、嫡男千熊丸《せんくままる》（のちの長慶《ながよし》）ら子息を阿波に逃れさせたため、彼らは難を逃れた。

この出来事にもっとも影響を受けたのは義維であった。義維は本願寺勢に包囲されるなか、御座所としていた四条道場より顕本寺の元長のもとに移り、元長とともに自害しようとしたという。義維が六郎ではなく、元長と連携していたのは、義晴との連携を否定しない六郎らがいるなかで、元長だけが自身の身体保障をしてくれる存在であったためであろう。このとき御所侍であった上杉某（系譜未詳、「季世記」では上杉兵庫）ら八名は腹を切ったが、六郎の命をうけたものに制止され、もとの四条道場に移されたという。仮にもまだ主君である義維が自害することは避けたかったのだった。

結局、義維は同年に阿波に逃れることになったが、ここに義維を首長とする堺政権は崩壊したのである。しかし、このときに義維の活動が終わったわけではない。同じ年の冬（十月～十二月）に、前関白近衛尚通は家領山城国西院庄《さいのしょう》よりの年貢について義維方と交渉している。そして、翌年正月に義維方からの返答を得ているが、この際「堺典厩」と表記しているから、義維はまだこの時点で堺に滞在していたのかもしれない。尚通は義維からの返答に対して、書状と双紙《そうし》を遣わすなど（『後法成寺天文二年正月七日条）、関係を断絶したわけではない。もちろんこれは、家領維持のために義維方と交渉する必要があったためで、積極的に義維を支持していることにはつながらない。

堺政権の崩壊の報告は、義晴のもとにも届いていたのだろう。義晴は朽木にあって、「武家伝奏広橋兼秀を通して改元のことを申」した（『お湯殿』享禄五年七月十二日条）。『二水記』には「連年の兵乱により義晴より申請された」とあり（七月二十九日条）、堺政権の崩壊を好機として自身の環境を改元により一新するのと同時に、自分こそが正統な将軍であることを世間にアピールする目的があったのかもしれない。義晴が費用を負担したこともあって、改元は実効された。「指したる問題はない」として（『お湯殿』同日条）、新しい年号は「天文」が選ばれた。義晴は「享禄」「天文」と二度にわたる改元を執奏したことで、対立する義維らをはじめ、広く世間に自身の正統性を示すことができたのである。

幻の将軍

義維は、細川六郎家中の内部分裂による堺政権の崩壊により、将軍候補としての役割を終えた。

義維が将軍に就任できなかった理由としては、まず第一に上洛しなかった点にある。左馬頭任官は堺でも可能性があったが、足利尊氏以来、在京せずの将軍就任はこれまで先例がない。先例を重視する朝廷側が堺滞在のまま、先例にない在京しない義維を将軍とすることに躊躇したことは容易に想像できる。京都の治安維持のためにも、義維の上洛は欠かせなかったであろう。さらに、京都の治安維持を期待するうえで、当人が京都にいない状態での就任は問題外であろう。もちろん、実際に上洛したのであれば、京都を維持しなければならない。それには軍事的な後ろ盾が必要となるが、若狭・越前・近江・伊勢など義晴を支持する勢力もおり、それが足かせになった可能性も高い（六角定頼が述べたように、京都にいる以上、「御平静」でなければいけない）。

二点目としては、義維を擁するはずの六郎陣営自体が、義晴と比較して義維を優遇する（どうしても将軍に就任させたい）という意識や行動がみられないことである。大永八年（一五二八）の和睦交渉やその後の享禄二・三年（一五二九・三〇）の協調関係と和睦交渉にみられるように、六郎陣営は明らかに義晴を将軍として意識している。義維は、常桓とそれに擁立される現職将軍の義晴と対立するために擁立されたにすぎなかった。六郎陣営にとって、義維は義晴との交渉材料にすぎなかったのである。結局、義維が上洛することがなかったのは、六郎（もしくは家中）の消極性、和睦推進派を中心とする義晴への支持もその根底にあったのだろう。結局、上洛しなかったのも、このような意志の統一されない堺方内部の問題もあっただろう。

また、上冷泉為和が「今京都にいる公方と名乗るものは、誰の息子か、誰もこれを知らない」と述べたように（「為和卿集」）、公家衆や周囲がそもそも義維の出自に疑念を持っていた可能性がある。義維は大永七年まで阿波におり、京都と縁がなかっただけではなく、存在そのものも知られていなかったことで、義維が本当に義澄の子なのか、そもそも将軍家の血を引く人物なのかという疑念があったと思われる。それが、朝廷のみならず地方の大名勢力が義維ではなく義晴を正統な将軍として支持していたことにつながるのではないだろうか。この数年に及ぶ畿内の動乱にもっとも翻弄されたのは義晴ではなく、実は義維のほうだったのかもしれない。

堺政権崩壊後の義維はどうしたのであろうか。近世に記された「阿州《あしゅう》将裔記《しょうえいき》」によれば、天文三年（一五三四）に義維は阿波に戻り、阿波守護細川持隆の庇護のもと、平島《ひらしま》（徳島県阿南市）に居住したという。しかし、天文二十二年に持隆が三好実休《じっきゅう》に殺害されたため、弘治元年（一五五五）より永禄六年（一五六三）まで妻の実家である大内氏（義維室は義興娘）を頼り、山口に移ったという。

しかし、弘治三年には大内氏（当主は義長《よしなが》）そのものが毛利氏によって滅ぼされたため、義維は続けて毛利氏の庇護をうけたのだろうか。一次史料からはこれらの事実は確認できず、真偽は明らかでない。また、義維が大内義興娘と婚姻したのがいつであるのかは明白でない。だが、嫡男義栄（のちの第十四代将軍）が天文七年（九年とも）に誕生したとされるから、天文年間の初期とみられる。なお、持隆の正室も同じ大内義興娘であるから、義維と持隆は義兄弟であった。

三好実休画像　大阪府堺市・妙国寺蔵

一次史料から実際に確認される義維の動向は、極めて少ない。没落後、「義冬《よしふゆ》」に改名したともされるが、それがいつか、また実際に使用した形跡もなく不明で

足利義維（義冬）の墓　徳島県阿南市・西光寺

ある。天文十六年には畿内の動乱を好機として本願寺に音信をするなどして復権を図るも、義晴との関係を重視した本願寺からは多少の資金援助を受けるに留まった（『天文』天文十六年二月十五日条ほか）。なお、義維の側近であった畠山維広（安枕斎）は堺との関係を継続するなど、義維方と堺との関係は維持されたようである（「宗達他会記」ほか）。

義維が再び歴史の表舞台に復帰するのは、永禄八年に将軍義輝が殺害されたのち、三好三人衆らによって翌年、次期将軍候補として息子義栄が擁立されたときであった。それにともなって義栄の後見役「大御所《おおごしょ》」として摂津国富田の普門寺《ふもんじ》（大阪府高槻市）に滞在し再び上洛をうかがったが、このときも結局息子共々上洛できず、阿波に戻り、最後の将軍足利義昭が織田信長に京都を追放される天正元年（一五七三）に没した。

堺政権は「幕府」だったのか

さて、本書ではこれまで義維を首長とする政権を「堺政権」と呼称して使ってきた。「堺公方府」

でもかまわない。むろん、擬似的な将軍と管領、大名として阿波細川氏・河内畠山氏（義就系）、義維の直臣として奉公衆や奉行衆がおり、奉行衆は訴訟などの審議を行っていた。呼称も将軍と同じ「武家」・「大樹」・「公方」などである。なるほど、「幕府」に擬する存在である。今谷氏は当時の幕府奉行人奉書と京兆家の奉行人奉書の関係から、朽木にいて、京兆家（高国）がそばにおらず、高国の奉行人奉書がない義晴の権力を「亡命政権」で「幕府」とはいえないと評価している（今谷：一九七五）。

では、「堺幕府」でもよいのではないか、または「堺政権」でも呼称はどちらでもよいと思うかもしれないが、この政権の存在は、当たり前のように使う「幕府」とはそもそも何か、何をもって幕府とするのかという根本的な問題も含むものであり、簡単ではない。読者もご存知と思うが、「幕府」・「室町幕府」自体が当時の名称ではなく、あくまでも征夷大将軍（「武家」）を首長とし、軍事力を背景とする武家政権を指す歴史学上の学術用語でしかない。この政権に求められたものは、日常的な紛争（民事・刑事ともに）解決のほか、騒乱など有事の際に軍事力をもってこれに対応することであったことは間違いない。

もちろん、「幕府」という用語を何を基準として用いるのかは、先の今谷氏や、奥野氏のように研究者によってもさまざまである（六波羅幕府、安土幕府なども）。ただこの問題は、この項目どころか一冊まるまるかけても収まるような議題ではない。そのため、いったん「幕府」の言葉から離れて、「足利氏を首長とする軍事力を背景とする武家政権」という前提で、義晴と義維と比較していきたい。なお、足利氏の貴種性について、足利氏は戦国期にも変わらず大名らより武家の正統なる支配者であると意識され、そこに何ら疑問を持たれていないという指摘がある（谷口：二〇一九）。義晴の敵対者であった義維も当然足利氏（将軍兄弟）であり、その点では義晴も義維も共通していた。

まず、義晴が現職将軍で、義維は将軍の兄弟（連枝《れんし》）という立場であった。武家政権の首長という点で現職の将軍の有無が問題でないのは、義澄のところでも述べた通りであるし（「御持世」）、かつての家長としての「室町殿」も、現職の将軍であるかどうかは関係ない。また、訴訟を受け付け、それを裁許しただけならば、京兆家も地域権力として京都周辺で独自に行っている。

義晴と義維の共通点をいえば、足利氏の血統（将軍の息子）、「公方」「武家」などの呼称、本来は政権の所在地であろう京都にいない（一方は避難、一方は未上洛でこの時点で京都にはいないが、将軍が京都にいることだけが「幕府」の基準なのか）、大名の京兆家がともに支援基盤であること（高国系と澄元系）、京都の権門より提訴を受け付け審議決裁を行っていることであろう。今谷氏がいうように、義維には遵行の際に細川六郎の奉行人奉書が付随することもあったが、義晴のほうは高国の奉行人奉書は近江在国時点ではなく単独で出された。この点では相違している。

では、文書以外に義晴と義維を比べて違いはあるのか。結論からいえば、義維方には圧倒的に足りないものが多かった。堺には奉行衆はいたが、官制組織としての政所や侍所はなく（人員も）、各地の大名の支持や役職など栄典授与、大名との関係に基づく軍勢催促権もほとんど行使していないのである（かつて将軍を追われた義稙とも異なる）。義維から主従関係を示す偏諱「維」を得たものが直接の直臣（維光・維広・維国）しかおらず、六郎をはじめ大名・国人らに一人もいない点も重要であろう。多くの大名家は将軍家の分裂を支持しなかったのである。

さらに、足利家家長としての「室町殿」が持つ、天皇への改元や叙任を含む武家執奏や公家の従者もない。本来の室町将軍（室町殿）が行使しえていた権限を持つものを首長（「公方」や「大樹」などの周囲の呼称に関係なく）とする武家政権を「幕府」とするのであれば、これまでみてきた義維を首長とする政権を「幕府」と呼称することはできないだろう。

もちろん、義晴も京都不在のなかで、侍所などの幕府官制が通常どおり機能できていたわけではない。しかし、結果的に義維を頂点とする政権と義晴と頂点とする政権はイコールで並立する武家政権でなく、「義晴＞義維」である以上、義晴の政権が「幕府」であるならば、義維の政権を「幕府」と呼ぶのは妥当ではない（近江にいる義晴の政権を「幕府」と呼ばないという選択肢ならなおさら）。

本書ではその意味で義晴方を幕府、義維方を「幕府」でないということで「堺政権（公方府でも可）」とした。「幕府」の定義そのものについては、筆者の今後の課題でもある。

細川六郎との和睦へ

堺政権の崩壊にともなって、畿内の政局は大きく転換した。かつて柳本賢治らは義晴との和睦を模索していたが、三好元長らの戦死と義維の阿波没落により、細川六郎方と義晴との和睦の障害がなくなった。義晴も義維の没落という事態に安堵したに違いないが、享禄四年（一五三一）の大物崩れの敗北にともなう常桓の死によって、義晴も常桓に代わる新たな政権の構成大名を探す必要に迫られていた。近江滞在中には六角定頼の庇護を受けていたが、いくら定頼が信頼できるとはいえ、単独で義晴政権（＝幕府）を支えることには限界もあろう。それに初期政権は常桓という一大名の存在に大きく依存していたため、常桓の動向に影響をうけざるえなかった。そこで、幕府を一人の大名が支えるのではなく、複数の大名が支えることでリスクを分散させる必要もあった。現状では定頼に大きく依存しているものの、さらなる大名、特に在京する大名の存在が必要であった。

そのため、戦国時代においても、京都に近い摂津・丹波の守護で、在京し幕府政治に参加し続けた京兆家を除外することはそもそも義晴は想定していないだろう。常桓の死後、単独の京兆家の家督継承者となった六郎を選択することは、義晴にとって特別な決断ではないはずである。京兆家は分裂を繰り返したことで、かつてのような畿内、四国、中国に勢力を持つ同族連合体制はすでに過去のものとなっていたが（末柄：一九九二）、それでも畿内最大の大名である京兆家の存在は幕府の運営上、やはり必要であった。何より義晴を保護する定頼が六郎と義晴との連携を期待していたのであり、あとはタイミングだけであった。

義晴と六郎との和睦をみるうえで、六郎の実名に注目したい。六郎は通常「晴元」で知られる。本書ではここまであえて六郎の仮名《けみょう》を使用してきた。晴元の「晴」字はいうまでもなく義晴の偏諱であり、義晴と敵対状態にあるこの時点ではまだ偏諱を受けていない。この当時、六郎はまだ正式な実名がない状態である。さらに、六郎の発給文書の署名には仮名の「六郎」のみが記されていることが知られる（馬部：二〇一八）。つまり、六郎は偏諱を受けていないため、仮名のみを使用していたのである。京兆家の当主は代々将軍の偏諱を受け、京兆家の通字である「元」と組み合わせた実名を名乗っている（「満元」・「勝元」・「政元」・「澄元」など）。

ここで疑問が湧くだろう。なぜ、六郎は堺政権の首長の地位（将軍に擬する）にあった義維から偏諱を受けなかったのかという点である。堺政権内では、当然両者には主従関係が存在している。義維から偏諱を受け、「維元」と名乗ってもおかしくはないし、義維も偏諱を与えようとしていたのかもしれない。もちろん、義維が正式に将軍に就任してから偏諱を受けるつもりであったと理解することも可能である。しかし、六郎が義維より偏諱を受けなかった理由は、偏諱を受けることで、義晴との和睦の余地がなくなる可能性を意識したのではないか。つまり、六郎は義維より偏諱をうけないことで、暗に義晴方との和睦を本気で考えているのだとアピールしたかったのではないだろうか。筆者はこのことからも、実は義維の正統性をもっとも信用していなかったのが、味方であるはずの六郎だったのではないかと思えてならない。

「桑実寺縁起絵巻」の制作

義晴は戦況の変化にともなって、享禄四年（一五三一）七月以降に桑実寺に御座を移した。桑実寺は奈良時代の僧定恵《じょうえ》を開山とする天台宗の寺院であり、山号は繖山《きぬがささん》で、現在も観音寺城跡の繖山（観音寺山とも）の中腹に存在する。桑実寺の裏手より山頂の観音寺城本丸まで通じており、当時も互いに行き来できるものであったろう。この移座は義晴単独ではなく、直臣らも少なからず同伴していたはずであるが、義晴を含めて具体的にどこを居所としていたのかは不明である。

桑実寺滞在中の義晴の活動で忘れてはいけないのが、享禄五年（一五三二、改元して天文元年）現在重要文化財に指定されている「桑実寺縁起絵巻《くわのみでらえんぎえまき》」（同寺所蔵）の制作である。これは当時の義晴と朝廷との関係の一端を示すものでもある。

制作の経緯については、制作に関わった三条西実隆の日記に詳しく、次のようなものであった。享禄五年正月に、義晴は側近飯川国弘を、当時七十八歳となっていた京都の実隆のもとに派遣して縁起の詞書《ことばがき》の執筆を依頼したのである（『実隆』正月二十一日条）。義晴は桑実寺にありながらも、朝廷への音信は欠かさなかったから、このような依頼も可能であった。依頼された実隆は当時を代表する文化人であり、絵巻の詞書執筆の経験も豊富であった。何より義晴の近江滞在中も音信が継続されてい

「桑実寺縁起絵巻」に描かれた桑実寺　滋賀県近江八幡市・桑実寺蔵　京都国立博物館寄託

たこともあって、実隆が選ばれたのであろう。さらに、義晴は実隆を介して絵巻の銘《めい》と第一段目の詞書に天皇の宸筆を依頼し、絵師には「当麻寺《たいまでら》縁起絵巻」制作の経験もある宮廷絵師で絵所預《えどころあずかり》土佐光茂《とさみつしげ》を指名した。実隆は詞書の下書きを行ったのち、天皇が上下巻の外題《げだい》と上巻の第一段の清書を執筆した。ほかに実隆と青蓮院《しょうれんいん》門跡の尊鎮法親王《そんちんほっしんのう》が分担清書して完成したのである。義晴は八月十七日に奉納するにあたって、奥書に一文と花押を据えた。

　絵巻が制作された時点ではまだ堺政権が健在であり、義晴にとって将来の見えない時期であったが、絵巻が完成した時点では、堺政権は事実上崩壊しており、義晴としては晴れ晴れしい気持ちであっただろう。この絵巻の制作は、義晴と天皇・公家との共同制作といえるものであり、両者の関係がうかがえよう。一方で義維方はこのような文化活動を行っていない。義維と公家衆との希薄な関係を象徴するものであろうか。

有名な絵巻であることから、従来から研究は多いが、絵巻冒頭の桑の「大樹」を、将軍の別称である同語とみなして義晴自身を示すとの説や、帰京することを願ったものとの説がある（亀井：二〇〇三）。さらに小谷量子氏は、この絵巻を近衛尚通娘に見せることが真の制作目的であったと述べている（小谷：二〇一九）。これら制作の意図について、やはり絵画資料の専門ではない筆者はこれ以上深入りしないが、公武の共作という意味において、同絵巻制作が単純な文化活動ではなく、同時に公武の共作、つまり義晴と天皇がつながっていることを示すための、政治的な意図に基づいたものであったことは間違いないだろう。

ところで、義晴はこれ以前の大永三年（一五二三）にも自筆による観音像を作成し、叡覧に備えるなど（『実隆』『後法成寺』九月二日条など）、もともと絵心があったようで、長尾為景に対しても義晴自筆の観音像が下賜されたり（大館常興副状『上杉』三八三号）、天皇にやはり自筆の観音像を進上するなど（『お湯殿』天文四年六月十九日）、もともと文化的な素養があったことは指摘しておく（現物が発見されることを期待したい）。

常桓の弟・細川晴国

義維が没落し競合相手がいなくなったとはいえ、なお畿内の政局には不安要素があった。その大きな要因は、常桓の弟細川晴国の存在であった。彼は天文元年（一五三二）に若狭より丹波へ入国し波多野氏を頼り（『二水記』十月二十日条）、翌年五月には丹波より高雄《たかお》栂尾《とがのお》（京都市右京区）に出陣して、細川六郎の部将であった薬師寺国長と対陣した（『祇園執行《ぎおんしぎょう》日記』五月二十六日条）。国長はその戦いで討ち死にしたほか（同六月十八日）、同じ六郎方であった丹波の赤沢景盛《かげもり》も波多野勢によって討ち取られている（『言継』十月二十二日条）。

一方、六郎は一時手を結んだ本願寺と関係を絶ち、法華《ほっけ》衆を新しい味方としながら晴国勢と戦っていた（細川晴元書状『本満寺文書』）。しかし、六郎は本願寺勢により劣勢となるなかで、翌二年二月にはいったん淡路に逃れている（細川晴元書状『小寺家文書』ほか）。常桓死後の義晴の新しい連携相手が晴国であっても不思議ではなかったが、義晴はこのときにはすでに六郎方と連携することを決断し、晴国勢に対応した（「室町家御内書案」『義晴』一五一）。また同時期に、義晴は伊達《だて》氏や蘆名《あしな》氏をはじめとした「関東諸侍」に対して、忠節を果たすように命じているなど（『伊達家文書』三二二九号、『義晴』一五七）、自身の上洛の支援者を求めている。

同年末にいったん晴国勢が法華衆徒に敗北したことで、京都周辺は落ち着きを取り戻しつつあった。そのなかで六郎は、天文二年の十二月二十五日付で本満寺《ほんまんじ》（京都市上京区）宛ての書状を発給した（『本満寺文書』）。そこには「（義晴の）御入洛のことを取り成したので、きっと上洛するでしょう」と記されている。天文二年の時点で六郎は、義晴に将軍として帰洛することを申し出ていたのである。六郎と六角定頼が上洛への支援を表明したため、義晴の帰洛が本格的に進むこととなる。

この年九月十二日には、豊後の大友義鑑が申沙汰して（禁中の申次は東坊城長淳《ながあつ》がつとめる）、義澄の贈太政大臣《だじょうだいじん》が勅許されている（『言継』同日条）。「季世記」ではこのとき義鑑が上洛したとするが、これは事実ではない。義晴はこれに対して「腰物〈正宗、〉太刀〈基光、〉」を下賜した（「御内書引付」『義晴』一七三）。大友氏はかつて義澄が期待しつづけていたこともあり、一貫して義晴を支持してきた大名である。義晴の帰洛準備が進むなかで、さらに強固な関係にしようとしたのであろう。義晴としては忠誠心を示す大友氏に対して、より期待することとなる。

第Ⅱ部　帰洛後の政権運営と幕府政治

足利義晴木像　栃木県足利市・鑁阿寺蔵

第一章　義晴、帰洛す

近衛家との婚姻

桑実寺に滞在するなかでも、京都より公家衆の往来があったように（『言継』天文二年〈一五三三〉正月二十六日条ほか）、京都との関係は継続していた。帰洛が間近になるなかで、義晴にとって重要な出来事があった。天文三年六月八日の近衛家との婚姻である。当時、義晴は二十四歳であった。第三代将軍義満以来、歴代の将軍の御台所は日野家より迎えていたが、義晴は日野家ではなく、はるかに家格の高い摂関家（五摂家）の近衛家より御台所を迎えたのである。日野家は蔵人・弁官などを歴任し、大納言まで昇進できる名家《めいけ》の家格であり（例外として日野勝光《かつみつ》は左大臣まで昇進）、この婚姻は、将軍家と朝廷との関係における転換点にもなった。

義晴の御台所となったのは、前関白太政大臣近衛尚通娘で（後の慶寿院《けいじゅいん》）、彼女は永正十一年（一五一四）生まれで、当時二十一歳であった。兄弟には前関白近衛稙家《たねいえ》、久我家の養子となった久我晴通《はれみち》、大覚寺《だいかくじ》門跡義俊《ぎしゅん》、聖護院《しょうごいん》門跡道増《どうぞう》、興福寺《こうふくじ》一乗院《いちじょういん》門跡覚誉《かくよ》、慈照寺《じしょうじ》明岳瑞照《みょうがくずいしょう》、北条《ほうじょう》氏綱《うじつな》後室などがいる。その輿入れは、尚通娘が近江の義晴のもとに嫁いだことが記されている（『お湯殿』天文三年六月八日条）。御台所となる尚通娘が、義晴の帰洛後ではなく、わざわざ近江の桑実寺滞在中の義晴のもとに嫁いだことは興味深い。日時の吉凶が影響したのであろうか。なお、彼女の容姿については、後年の永禄年間ではあるが、ルイス・フロイスの『日本史』のなかに「身体つきが大きい婦人で、年老い、はなはだ威厳があった」との記述がある。この「身体つき」が身長のことか体型のことかは判断しかねる。なお、実名は不明であるが、彼女の発給文書に「い」との署名があるため、名の一字のみは判明する（慶寿院消息『上杉』一一一四号ほか）。

ところで、代々日野家から御台所を迎えていた将軍家が、今回なぜ近衛家から御台所を迎えることとなったのであろうか。日野家の事情をみれば、当時の当主晴光《はれみつ》には姉妹も娘もいなかったため、義晴の正室候補がいなかったことがあげられる。もちろん、養女をとってそれを義晴の正室とする選択肢もあっただろうが、そのようなことはなかった。

近衛家からの輿入れについては、細川高国の時代にすでに縁戚の徳大寺家と相談のうえ、縁談の話が進んでいたとの指摘がある（木村：二〇一一）。尚通の正室は徳大寺実淳の娘（大政所《おおまんどころ》・徳大寺維子《ふさこ》）であり、徳大寺家を介して高国と近衛家は通じていたのである。尚通娘自身の生母は尚通の正室でなく側室であったが、尚通娘は正室維子が母として養育していたという（湯川：二〇〇五）。さらに、日野家と徳大寺家も所縁があった。日野家は明応四年（一四九五）に当主政資《まさすけ》が死去したのち、徳大寺実淳の子内光が養子として入って継承したが、彼は桂川合戦の際に戦死した。当時の当主はその子晴光であり、実淳の孫にあたる。つまり、当時は近衛家、日野家ともに徳大寺実淳の血縁であったため、両家にはつながりがあったのである。実際に高国や尹賢をはじめとする細川一門と近衛家との交流が頻繁にあったことは尚通の日記の記事からもうかがえる。

さらに興味深いのは、御台所を輩出することとなる近衛家の意識である。尚通は、将軍家が日野家より正室を迎えること自体を「不快」の例として認識し、日野家以外より正室を迎えることを正当化しようとしていたという（木村：二〇一二）。義晴の近江滞在中も、たびたび尚通と義晴方、特に佐子局とも音信していたことが尚通の日記よりも確認される。尚通は、佐子局より朽木の義晴周辺の情報を得ているほか、さまざまな交渉を行っており、そのなかには婚姻の話題もあったであろう。なお、足利将軍家の公家としての家格は准摂関家《じゅんせっかん》（石原：二〇〇六）とされているから、家格的には釣り合っていたといえる。

近衛家が選ばれたほかの理由として、以下の三点が考えられよう。①義晴の母の身分の低さ（御末者）により、それを補うため出自の高い正室を求める。②正室との間に後継者が誕生した場合、将軍家の外戚として後見が期待できる。③摂関家と婚姻することで、天皇との関係も強まる。

近衛家の利点としては、①近衛家の血を引く将軍の誕生が期待できる。②公家のみならず大名家など武家との関係向上が期待できる、③幕府へ諸々の訴訟を有利に展開できる。また、各権門より口利きの依頼に対応することで、近衛家の政治的地位の向上が期待される、などが想定できよう。特に中世の裁判では、権力者とのコネクションが多分に判決に影響していたこともあり、将軍家とのつながりは近衛家に実利が見込まれた。このように、将軍家と近衛家との婚姻は両者の利害が一致した結果成立したものと理解してよいだろう。当時の日野家から正室を迎えてもこのような関係は構築できず、近衛家との婚姻から得るものは義晴にとって大きかった。

この婚姻により、義晴期と次代の義輝期には近衛家が幕政を支えることとなるが、これは「足利―近衛体制」と呼ばれる（黒嶋：二〇一二）。尚通の子供である前関白稙家をはじめとする兄弟たちがこの体制を支えることとなるが、公家社会はもとより、門跡など寺院関係の重鎮たちとのつながりを得たことの影響も大きかったろう。また、前述したように義晴は有事の際に慈照寺を経て坂本に避難することが多かったが、慈照寺は近衛尚通の子明岳瑞照が当時の院主であったことも関係しているだろう。この避難ルートも「足利―近衛体制」の成果といえる。

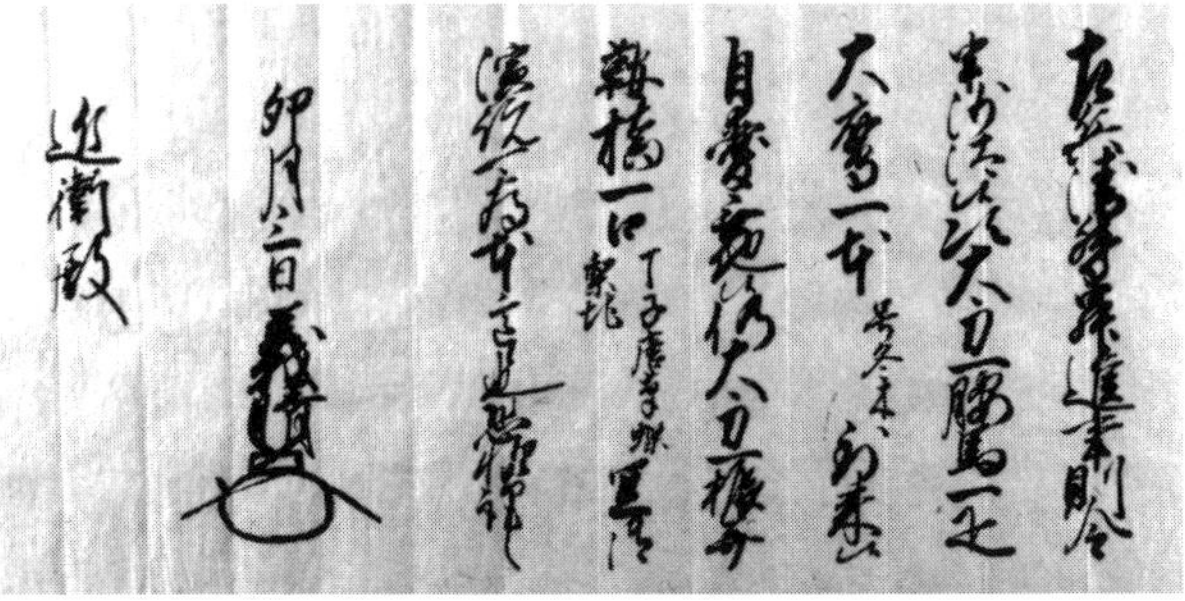

（天文 18 年）卯月３日付近衛稙家宛足利義晴書状　さくら市蔵

天文三年の帰洛と政務の停止

義晴は天文三年（一五三四）六月、六角定頼の庇護下にあった桑実寺から坂本へ移るが、その後九月三日になって帰洛した。当初は六角氏の家臣や木沢長政らの談合によって六月中に帰洛する予定であり、同時に細川六郎の上洛も意図されていたが、細川晴国勢が京都周辺で軍事活動を行っていたことで延期された。晴国は、河内の畠山稙長や本願寺など反六郎勢力とも協力し、義晴の上洛を阻止する動きを見せていたのである（馬部：二〇一八）。また、義晴の上洛が実現した背景には、義晴が面目を失わず、京都に戻っても世上の平静、政権としての安定性が軍事的にも確保できると定頼が判断したこともあろう。

そのなかで、義晴の上洛直前の天文三年七月に室町幕府奉行人十三名が義晴側近の大館晴光に宛てた連署状が発給されている（「牧田茂兵衛氏所蔵文書」）。奉行衆は、「御政道が大切であるが、今政務が停止しており、諸人が迷惑しているので、先規のように直接御成敗していただければ、天下静謐の元であります」と、晴光を通じて義晴に嘆願しているのである。つまり、この時点で義晴の政務が停止していたこと、政務が停止して影響があるということは、言いかえればそれまで義晴が直接政務を決裁していたということがわかる。

この年の正月に義晴が病で臥《ふ》していたので、これが影響していたのかもしれない（『言継』正月二十六日条）。そして、三月の時点では諸公事が停止していたというから（『同』三月二十一日）、最低でも四ヶ月近く義晴は政務を停止していたのである（尚通娘はこのようななか嫁いできた）。正月の病から義晴の健康問題も想定できるが、奉行衆がわざわざ政務を行えないほどの病身である義晴に対して政務再開を嘆願するだろうか。そのため、義晴が政務を停止していたのは病とは別の要因が考えられるが、残念ながらそれを知る史料はなく、詳細は不明である。よって、この年の前半に義晴が政務を停止していたということを述べるに止めておこう。

仮御所南禅寺と六郎の上洛

義晴は天文三年（一五三四）九月三日に帰洛した。一時的な在陣期間を除けば大永七年（一五二七）の没落以来、ほぼ七年ぶりの帰洛であった。翌々日には、天皇より帰洛が「めでたい」として太刀が下賜された。義晴からも太刀を進上したが、天皇からすれば、将軍の帰洛によりやっと京都や朝廷の安定が望めるようになると安堵したかもしれない。

同じく細川六郎も義晴帰洛直前の八月二十八日に上洛し、義晴を出迎えた。両者が対面するのはこれが初めてであったが、対立と協調を繰り返した両者のこのときの感情はいかばかりであっただろうか。これにより、六郎は正式に京兆家の家督を承認された。のちの一時的な対立を除けば、義晴の死、次いで義輝の時代まで将軍家と六郎との協調関係が続く。六郎が義晴の偏諱をうけた時期については、天文二年末〜天文三年十一月の間とされる。右京大夫任官はさらにその後の天文四年半ばという（馬部：二〇一八）。「晴」の偏諱は、このときに与えられた可能性が高いだろう。六郎の実名は「晴元」となる。

帰洛したものの、義晴はかつての柳の御所には入らなかった。すでに何年もの間主人が不在であった御所は邸宅として維持されていなかったためか、すでに荒廃していたという（『兼右卿記』閏正月二十一日条）。そのため、義晴は建仁寺を経て南禅寺《なんぜんじ》（京都市左京区）の塔頭《たっちゅう》聴松院《ちょうしょういん》を仮御所として定めたのである。それに関係する史料がある（足利義晴御内書写『武家書法式』六「古今記」）。

陣所の事、当寺に相定め候条、自然狼藉の儀在るべき間、本意にあらず候、然りといえども、涯分堅く申し付くべく候、なお常興申すべく候なり、恐惶敬白、

（天文三年）八月廿二日　　義晴

南禅寺侍者御中

右によると、八月時点ですでに南禅寺を「陣所」として利用することが決まっていたようである。おそらく先に南禅寺に入った奉公衆らが寺内で狼藉を働いていたのであろう。義晴はそれを停止することを南禅寺に申し入れている。南禅寺側も、滞在する奉公衆の狼藉を避けたかったのであろう。

南禅寺はいうまでもなく、臨済宗《りんざいしゅう》南禅寺派の大本山であり、亀山《かめやま》上皇を開基とし、禅宗寺院の最上位の寺格を持つ寺院である。室町幕府の五山《ごさん》制度のなかでも五山の上の別格という扱いであった。応仁・文明の乱の影響で当時は再建が進んだ状態ではなかったものの、義晴はこの地に仮住まいをしたのである。当時の南禅寺の領域は、洛中ではなく洛外にあたる。

義晴が滞在した聴松院は、鎌倉末期から南北朝期に活躍し、建仁寺、南禅寺住持職をつとめた清拙《せいせつ》正澄《しょうちょう》（大鑑禅師《だいかんぜんじ》）の墓所を持ち、現在でも塔頭として存在する。なお、近世前期に黒川道祐《くろかわどうゆう》により

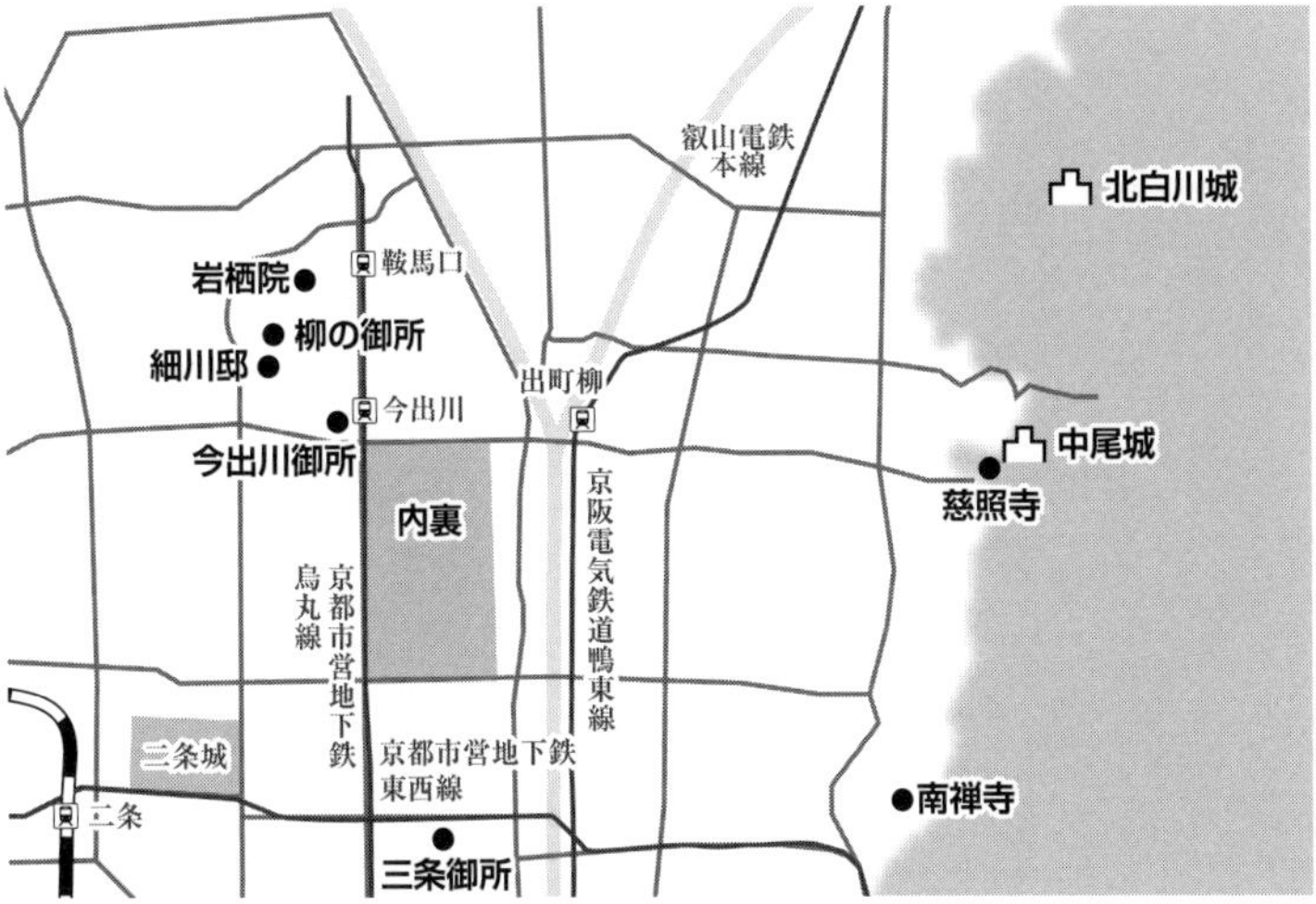

図７　京都における義晴関連場所図

編纂された『雍州府志《ようしゅうふし》』（巻第八）によれば、もとは「瑞松院《ずいしょういん》」であったが、細川満元《みつもと》により再興され、満元の院号にちなんで聴松院となったという。さらに同記によれば、古い僧堂屋敷に四壁の跡があり、これは義晴が要害のために設けたものとされる。将軍の仮御所であるが、防衛のための施設もあったのであろう。実際に義晴は、南禅寺山上に築城しようと人夫を徴集していた（『兼右卿記』十月四日条）。しかし、このときの山城についてはその存在を含めてこれまでほとんど知られておらず、現地で調査されたこともない。築城場所や実際にどの程度築城されたのかについてはまったく不明である。今後の調査を待ちたい。

　南禅寺の立地を見れば、東山の山麓にあたり、中世の京都七口の一つである粟田口《あわたぐち》にほど近い。それまでの柳の御所とはかなり離れた位置にあるが、この場所が仮寓の地として選ばれたのは、有事の際にすぐに近江方面へ逃れることができたことと、近江の六角氏よりの援軍がいち早く期待できたためであろう。検断権をめぐる南禅寺とのトラブルなどもありながら（『南禅寺文書』二七四）、義晴は約二年間同寺を拠点とする。

帰洛後の義晴をめぐる変化の一つに、これまで朽木や桑実寺などの近江滞在中も義晴を支えた佐子局が殿中《でんちゅう》（当時は仮御所）を退出して、岩倉の八瀬《やせ》に隠遁したことがある。彼女は御台所を迎えるにあたって、自主的に退出したという（設楽：二〇〇〇）。しかし、その後も佐子局は発言力を失ったわけではなく、各勢力との取り次ぎや訴訟の取り次ぎ、幕府政務への関与は継続している。

さらにこの年の十一月には、朝廷内でも動きがあった。前関白九条稙通が京都より摂津に出奔したのである（『公卿』）。これは同じ摂関家の近衛家が義晴と強固な関係となったことで朝廷での立場が低下し、それに反発・挽回する目的で足利義維との関係を選択したためという（水野：二〇一〇）。そのため、九条家はこれより義晴と敵対的立場となった唯一の公家衆となった。

後奈良天皇の即位式

帰洛より二年経った天文五年（一五三六）は、義晴周辺において極めて大きな出来事が頻発した年であった。まずは後奈良天皇の即位式である。大永六年（一五二六）に後柏原天皇が崩御して、後奈良天皇が践祚したが、これまでみてきたように、践祚直後には京都周辺の情勢が悪化し、さらに翌年には義晴の没落と堺政権の樹立という政治的混乱が起こり、即位式どころではなくなってしまった。

将軍家の重要な役割の一つは朝儀など天皇家への支援であり、即位式の支援も同様であった。かつて、後土御門《ごつちみかど》天皇は幕府の資金難で譲位することなく在位したまま明応九年（一五〇〇）に崩御し、それを継いだ後柏原天皇も践祚より二十年経った永正十八年（一五二一）にやっと即位式を挙行できたように、当時の幕府の資金難が天皇家にも大きく影響していた。義晴が天文三年に帰洛したことで、天皇には即位式挙行に一筋の光が見えていたであろう。天皇は帰洛後の義晴に対して、公家領の回復などを命じるなど、義晴に期待していた（『宸記』天文四年十一月二十八日条ほか）。

ところが、義晴は公家領の回復に尽力する姿勢はみせたが、肝心の即位式挙行費用の調達に動いた形跡がない。また、天皇が義晴に対して費用を依頼した形跡も見られない。当然、幕府より諸国への段銭賦課なども行われていない。即位式は、周防山口の大内義隆ら地方の大名による経済的支援（義隆は二十万疋〈＝現在の貨幣価値で約二億円〉進上）があったため、天文四年正月に挙行することが決定された（『宸記《しんき》』天文四年正月三日条ほか）。しかし、その直後には天皇の生母 東洞院殿《ひがしのとういんどの》（豊楽門院《ぶらくもんいん》、勧修寺藤子《とうし》）が薨去《こうきょ》し、天皇は諒闇《りょうあん》（天皇父母への喪）に入ったため、即位式は翌五年二月に延期になった。

ではなぜ、義晴は即位式を支援しなかったのであろうか。本来であれば、将軍である義晴が天皇の即位式費用の徴収や負担を行うべきであるが、そのような動向は一切見えない（通常は諸国に国役《くにやく》を課す)。即位式は大内義隆が献金したことで挙行に目処がついたのであり、それがなければ、即位式はさらに延期していたであろう(義晴は豊楽門院の香典料も払わなかった)。当時の天皇本人の日記(『宸記』)などから、天皇は義晴(幕府)へ経済的な支援をまったくといってよいほど期待していなかったことが見て取れる。天皇が義晴に期待したのは、経済的な支援ではなく、源氏長者《げんじのちょうじゃ》就任と警固役、掃除役の三つであった(『宸記』天文五年二月十六日条)。これらはいずれも先例に基づいたものであった(先帝の後柏原天皇の場合は、即位式に先立って義稙が源氏長者になっている)。このうち、義晴は源氏長者就任は固辞したが、その他の二点は承諾した。義晴が源氏長者就任を固辞した明確な理由は不明であるが、この後、義晴の「隠居」宣言があるため、それを意識していたのかもしれない。

義晴側の事情を見れば、まず南禅寺での仮住まい状態であり、さらに次に述べる御台所の懐妊と出産、それにともなう経済的な支出などもあり、即位式での経済的負担は無理であったのであろう。天皇側が特に経済的支援を期待していなかったのは、このような義晴側の経済事情を了解していたためと思われる。

義晴は掃除役を伊勢貞孝につとめさせ、警固役は京兆家に命じ、さらに京兆家に従っていた木沢長政がそれを受けて当日警固役をつとめたことで(警固役は通常、「武家」である将軍に命じられ、それを京兆家などの在京大名が請け負い、その重臣がさらに下請けしてつとめるものであった)、無事に即位式が挙行されたのであった。

嫡男義輝の誕生

将軍家の慶事としては、義晴の嫡男誕生があった。前年に御台所近衛氏が懐妊したことが判明し、同年十一月一日に御産所《ごさんじょ》奉行などの役人が決定された。惣奉行には先例から二階堂有泰《にかいどうありやす》が、御祈祷奉行は千秋晴季《せんしゅうはるすえ》が、陰陽師は土御門有春《つちみかどありはる》が命じられた（「御産所日記」）。同十七日には着帯《ちゃくたい》の儀式が行われ、義弟聖護院道増が誕生までの加持《かじ》を行うことになった（同）。

御産所の費用が諸国に課せられたが、京兆家の分国のほか、河内・能登・若狭・越前などに国役のための下知が下された。御産所造営担当は六角定頼であり、作事《さくじ》奉行には先例によって結城国縁が任じられた。御産所は、当時義晴が御座していた南禅寺の敷地内に建造された（「足利家官位記」）。御台所は翌年二月二十一日に出産のため御産所へ移り、三月十日の戌の刻に男子を出産した。この男子が、嫡男として次代将軍となるのちの義輝（はじめ義藤）である。男子は四月二十六日に菊幢丸《きくどうまる》と名付けられた。将軍嫡男の誕生をうけて、能登畠山・北畠・大友などの地方の大名からも御礼進物が届けられた。

誕生の御祝は初夜が細川晴元、三夜は畠山義総、七夜は武田元光が申沙汰を行った。むろん、義総や元光が上洛したわけではなく、金銭の負担（晴元と義総が千疋、元光が五百疋）だが、将軍家の慶事において、大名が参加していたのである（「御産所日記」）。

御台所出産による将軍継嗣の誕生は、寛正六年（一四六五）に義政の御台所日野富子が義尚を出産して以来、七十年ぶりの出来事であった。それだけでなく、将軍家と摂関家（近衛家）という、いわば「公武の頂点」の血を引く、これまでにない新しい血統の足利将軍の誕生を意味していた。これは将軍家のみならず、近衛家にとっても慶事であっただろう。

近衛家はこれより、将軍家の外戚という立場を手に入れることとなった。菊幢丸の参内に随うなど（『お湯殿』天文十一年十二月二十三日条他）、菊幢丸が公家社会で活動するための後見役として振る舞っている。菊幢丸に必要な公家故実《こじつ》などを指南したことであろう。また、将軍継嗣の参内に随伴しそれを後見したことは、公家社会において近衛家の優位性をアピールすることともなっただろう。菊幢丸が誕生したことで、近衛家は目的の一つを達したといえる。

将軍継嗣の公家社会での活動を摂関家が補佐後見できることも、「足利―近衛体制」の利点であった。菊幢丸は近衛家の存在を背景に、公家社会にも将軍継嗣としてその存在を浸透させていくのである。

京都をゆるがす天文法華の乱

天皇即位式、嫡男の誕生があったなかでも、義晴の周辺は安定しなかった。それがこの年に発生した天文法華《てんぶんほっけ》の乱である。発端は、法華衆徒が延暦寺の僧に宗教問答を仕掛けたことであるが（松本問答）、延暦寺はこれを受けて法華衆の壊滅を決したのである（今谷：一九八九）。さらに、延暦寺は六角氏と結びつき法華衆徒との合戦に備えるなど、京都の情勢は不安定になった。この動乱の原因の一つをたどれば、細川晴元と三好元長の対立にあった。

享禄五年（一五三二）、晴元は元長を攻めるうえで本願寺の支援を求めたが、それには本願寺と法華衆との対立が背景にあった。元長は法華宗の支援を得ていたのである（元長が自害した顕本寺は法華衆寺院）。しかし、その後晴元は本願寺と手を切り、今度は法華衆の支援をもとに山科の本願寺を攻撃した（『後法成寺』天文元年〈一五三二〉八月二十四日条ほか）。法華衆は、晴元と晴国の対立の間は晴元方として軍事支援を行うなど、両者は連携していた（本願寺は晴元と対立する晴国方に一時的に付く）。しかし今度は、天文五年に京都での勢力を拡大する法華宗と延暦寺が対立し、動乱に発展したのである。

義晴はこの動乱に対して、武田元光や朝倉孝景に、京都に警固を差し上らせるようにと七月二日付けで御内書を発給し（「御内書引付」『義晴』二六〇ほか）、京都での有事に備えているが、目的は乱の鎮圧ではなく、あくまでも自身の警固であり、それ以上主体的な解決には動かなかった。

六角勢は七月二十日には延暦寺の援軍として近江を出陣したが（大将は定頼の弟大原高保《おおはらたかやす》）、これをうけて義晴は八瀬（京都市左京区）に避難した（『宸記』七月二十一日条）。そして二十四日以降、京都で六万ともいわれる延暦寺・六角勢と法華衆徒とが戦闘状態となったのであった（『宸記』同日条ほか）。これにより京都市中は戦乱に巻き込まれ、法華宗寺院のほか、上京《かみぎょう》は過半、下京《しもぎょう》は大半が放火されたという（「厳助」二十三日条）。戦闘は早期に決着し、同二十七日には法華衆は延暦寺と六角勢に敗北して騒乱は一段落し、この旨を朝廷に報告している（『お湯殿』同日条）。六角勢を率いていた大原高保は二十九日には陣を開き、義晴のもとに出仕した（『鹿苑』二十九日条）。

この動乱以降、京都周辺の治安は比較的安定するようになる。さらに、この年には敵対勢力であった細川晴国が三宅国村《みやけくにむら》に欺され、八月二十九日に摂津の天王寺で自害した。それまで晴元と敵対していた国村は、これを期に晴元に帰参したため（「両家記」）、「義晴—定頼・晴元」体制がより安定し、京都も落ち着きを取り戻すこととなった。

第二章　特徴的な政権運営

隠居宣言と内談衆の成立

慶事や混乱が続いた天文五年（一五三六）は、義晴が上洛した天文三年以上に重要な転機になった年となったが、特に義晴の隠居宣言と、それにともなう内談衆の成立があげられる。天文法華の乱が終息してまもない八月二十七日、義晴が「まじない」のために菊幢丸に家督（御代）を譲ったのである。さらに政務は、「大館常興以下の年寄衆二三人に聞くように」との仰せがあった（『鹿苑』八月二十九日条）。政務を委任されたのは、「大館伊与入道親子（常興・晴光）、細川伊豆親子（高久・晴広）、海老名備中（海老名高助）、朽木（稙綱）、津守等（摂津元造）」の「八人奉行」であったという（「厳助」九月三日条）。

当時、義晴は二十七歳であり、平均寿命が今のような長寿でない中世とはいえ、隠居するような年齢ではない。菊幢丸も誕生したばかりであり、当然、菊幢丸が政務を行うことは不可能である。そのため、実際に義晴が将軍職を菊幢丸に譲って、政務を「八人奉行」に委任したうえで隠居したわけではない。この「八人奉行」が内談衆として知られる側近集団となる。

この隠居宣言の意味は、多くの訴訟が義晴のもとに持ち込まれるなかで、その処理の多忙さから、新しくそれらを審議する体制を創出して彼らに一任することで、義晴本人が公事全般を扱うことを止

足利義晴公家様花押②

めるためであり、同時に、誕生したばかりの菊幢丸が将軍継承者であることを宣言し、名目上、彼ら「八人奉行」が菊幢丸を補佐して政務を代行させたものとされる（西島：二〇〇六）。かつて幼少であったころは、周りの大人たちが政務を後見していたが、それを菊幢丸にも当てはめたのである。

『常興』では、隠居宣言ののち義晴と菊幢丸が同時に並んで記される場合に、菊幢丸を「若公」、義晴を「大御所」と呼称している事例が多く見られる。「大御所」は、本来は将軍職を譲った前将軍を呼称する場合に使用するが（たとえば将軍職を譲った後の足利義政など）、義晴はもちろん現職の将軍のままである。『常興』にみられるように、幕府内部では名目上であっても義晴は「大御所」という扱いであったのであろう。なお、この隠居宣言と同時に義晴は花押（公家様②）を再び改めているが（「御内書案」『義晴』二六三）、新しい政務体制を作り出したことで、心機一転を図ったものと考えられる。以降、義晴の花押に変化はない。

さて、「八人奉行」が通常知られる内談衆とされるが、厳助がメンバーとしてあげた人物と、実際の内談衆のメンバーとは若干の相違がある。『常興』にみられる内談衆のメンバーは荒川氏隆《うじたか》、海老名高助、大館常興・晴光父子、朽木稙綱、摂津元造、細川高久、本郷光泰《ほんごうみつやす》の八名であり、「厳助」でみられた細川晴広は外れている。一方、「厳助」には荒川氏隆と本郷光泰は記されていない。『常興』は天文七年以降のものであるから、厳助の単なる誤報ではなく、当初のメンバーが途中で変更になった可能性も否定できない。実際に晴広が内談衆として活動していた事例も確認されているというから、成立当初の八名は「厳助」のあげた人物プラス一名となる。これについても、『鹿苑』などの傍証から氏隆が当初のメンバーで、後に加入したメンバーが光泰とみられている。しかし、光泰と晴広がメンバーであった時期は一時的に重なることから、内談衆は一時的には九名で、晴広が抜けたことで八名に戻ったという（羽田：一九九九）。

内談衆のメンバー

ここでは、義晴政権の中枢ともいうべき内談衆の各メンバーの事蹟について、先行研究をふまえてみていきたい（羽田：一九九九、設楽：二〇〇一）。

【①荒川氏隆】奉公衆。官途は治部少輔。生没年・前歴ともに不詳。五番衆に属する同名の五郎と民部少輔がいたが、彼らが逐電、および敵方（義維方か）についたため、その跡を求めているほか、荒川氏の惣領職も求めていることが見える（『常興』天文九年五月二十五日条）。内談衆登用の背景は不明であるが、後述する海老名高助や細川高久、本郷光泰と同様の経歴（義澄以来）と見られている。氏隆の後継者（息子か）として晴宣《はるのぶ》がおり、彼は義輝期に申次衆として活動し、永禄八年（一五六五）の三好氏による義輝襲撃で義輝に殉死した。

【②海老名高助】奉公衆（四番衆）。受領名は備中守。生没年は不詳。「海老名備中守」としての初見は朽木動座中の享禄四年（一五三一）とされている（『宣胤』三月二十日条）。前歴は不詳とされるが、「高」は義澄の前名「義高」の「高」の偏諱であろう。奉公衆海老名氏は、義澄と近い存在であったとされる。義澄側近には海老名高定がおり、彼は特に寵用された側近の一人であったという（義澄と細川政元の確執の要因に海老名が絡んでいたが、高定か）。永正五年（一五〇八）の義澄の没落の際には「海老名入道宗空（高定）、同孫次郎、同又次郎」が供奉しており、このときの孫次郎か又次郎が高助とされ、義澄の寵臣高定の子息ないしは、その親族と目される。永正六年の時点で無官であるが元服しており、「高」の偏諱を得ていることから（文亀二年〈一五〇二〉七月より義澄）、内談衆成立時点で五十歳ほどであろうか。

高助は義澄期以来の近臣といえ、内談衆登用の理由もそこに求められるだろう。すでに述べたように、大永年間の時点で高助はすでに義晴側近として常興らと政務を行っていたため、その延長での登用であろう。なお、高助の息子、もしく後継者と思しい海老名頼重《よりしげ》がおり、彼は同じ内談衆であった摂津元造の息子頼雄《よりかつ》を養子に迎えており、頼雄は義輝期には申次衆となっている。

【③大館晴光】御供衆。奉公衆五番組番頭。官途は左衛門佐（父常興のかつての官途でもある）。生年不詳、永禄八年四月二十五日没。晴光は常興の息子である。晴光の活動の初見は大永三年（一五二三）であり（「室町殿護摩日記」）、当時は又三郎の仮名であった。享禄元年以前には御供衆となっているというが、実際に晴光の活動が本格化するのは天文初年である（設楽：一九八九）。生年は不詳であるが、少なくとも享禄元年ころまで無官で仮名であったこと、「晴」の偏諱から、内談衆成立当時の年齢はおよそ三十代前半ころであろう。

晴光は、大館氏嫡流の政信《まさのぶ》の没落によって嫡流（惣領）を継承するものの（晴光は義輝の時代には嫡流の任官する上総介、陸奥守となっている）、常興の長子というわけでない（常興の長子は元重《もとしげ》）。当時、晴光には高信という兄（長子の元重はすでに没）がおり、大永年間には晴光ではなく高信が主たる将軍側近の一人として活動していた。大永元年の時点ですでに兵庫頭に任官していること、兄高信は義澄（義高）の偏諱を得ていると思われることから、確証があるわけではないが、晴光より十五歳近く年長であったと思われる。兄高信は永正五年の義澄没落に供奉していた可能性があることから義澄に近い存在であったが、天文年間初期ころより晴光が兄高信の役割を継承するように将軍側近として活躍することとなる（設楽：一九八九）。高信の子息晴忠《はるただ》も義晴期に活動し、はじめは治部大輔、義輝の時代には伊予守に任官した。伊予守こそ常興の受領名であったことから、大館氏嫡流ではない常興の家系を継承したのが高信─晴忠の系統であったといえる。

晴光が兄高信を差し置いて惣領を継承したのは、高信がすでに常興（大館庶流）の継承者となっていたからであろう。これは、なぜ兄高信に代わって晴光が将軍側近として台頭したのか、そして内談衆に加わったのかの一つの理由になるのではないだろうか。晴光が嫡流を継承したことで、本来大館氏庶流である常興の家系を継ぐ兄高信より嫡庶の関係で高位の立場にあった。御供衆としての序列も晴光が上位となっている（『言継』ほか）。晴光と常興は親子関係にありながらも、名目的には別家あつかい（大館氏嫡流と庶流）であり、内談衆は同一の家からは登用しないことになっていたのではないだろうか。すでに常興の家系を継承する立場にあった高信が内談衆となった場合、同家で二名というこことなる。確証があるわけではないが、おそらく同一の家からはメンバーを二名出さないということが不文律的であったと想定される。

なお、晴光は義晴の死にともなって出家し、法名常俊《じょうしゅん》を称する（「穴太記」）。その後の義輝期にも幕府の重臣として活躍した。永禄年間に活動する嫡男輝氏《てるうじ》と、嫡孫の輝光《てるみつ》がいる。

【④朽木稙綱】 御供衆。奉公衆。仮名は弥五郎で官途は民部少輔。実名ははじめ稙広《たねひろ》。生没年不詳。義晴が避難した近江朽木谷の領主。朽木氏は従来外様衆であるが、前述のように稙綱は義晴を庇護した功績により御供衆に加えられた。義晴の帰京にも供奉して以降、在地の朽木谷ではなく在京奉公を主として活動することとなる。没年は不詳だが、義輝期の永禄五年まではその活動が確認される（「御礼拝講之記《ごらいはいこうのき》」）。義輝期の直臣の名簿であるいわゆる「永禄六年諸役人附《えいろくろくねんしょやくにんふ》」には名前が確認できないため、永禄五年末から翌六年初頭ころに没したのであろう。

稙綱が内談衆に加えられたのは、朽木谷にて義晴らを庇護したことが一番の要因であろう。稙綱の役割の一つとして、海老名高助とともに共同でつとめた六角氏の申次がある。これはむろん本拠地が近江で、それまで六角氏とのつながりもあったことがその背景にある。稙綱は京都にあって義晴と定頼との関係をつなぐ重要な存在であった。

なお、西島氏によれば、稙綱が在京奉公することになったことで、在地の朽木の支配は嫡男晴綱《はるつな》が行い、稙綱は京都から指示し、それを後見していたという。そのほかの藤綱《ふじつな》・成綱《しげつな》・輝孝《てるたか》などの庶子は、義輝期に将軍家に出仕奉公することとなる（西島：二〇〇六）。

【⑤摂津元造】　外様衆。評定衆、官途奉行、地方頭人《じかたとうにん》、神宮方頭人《じんぐうかたとうにん》などを世襲する鎌倉幕府以来の幕府吏僚の家。本姓は中原氏《なかはら》。官途は中務大輔、掃部頭から摂津守を受領。文明十三年（一四八一）生。没年不詳。実名はもと元親《もとちか》、元直《もとなお》。「元」は細川政元よりの偏諱と見られている（木下聡：二〇一八）。

前述のように、元造は義晴の元服の際に惣奉行をつとめているが、惣奉行は歴代摂津氏の職掌で、天文十五年の義輝元服時にも元造が惣奉行をつとめており、二代の将軍元服に携わった。また、洛中の屋地をめぐる裁判を担当した地方や伊勢神宮関係を管掌する神宮方は、当時摂津氏がともに長官である頭人職を世襲していたため、元造が頭人職にあった。ただし、神宮方は常設ではなく、地方は義晴の時代にはほとんど御前沙汰や政所に吸収されていた（拙稿：二〇一四）。

元造の登用背景として、摂津氏代々のこれらの職掌とともに、義澄期に活動を開始したこと、永正五年の義稙将軍復帰の際にも当初は義澄方に属していたことが指摘されている（木下聡：二〇一八）。

元造は天文十九年四月付で異例の従三位に昇叙したが、義晴の死にともなって出家し、法名道恕《どうじょ》を称する。実際の従三位昇叙は天文二十二年の二月後半から三月前半とみられているから、義晴生前に従三位となったわけではない（木下聡：二〇一八）。元造の猶子として義輝の乳人である春日局がいるが、それ以前にも義晴期には摂津氏出身とみられる春日局、左京大夫局が存在する。彼女らは元造の女子である。義輝の時代には元造の息子晴門《はるかど》が活躍し、さらに晴門は没落した伊勢貞孝に代わって政所頭人に就任している。ほかの息子に、海老名頼重の養子となった頼雄がいる。元造は「摂津三位入道」として、永禄四年ころまで活動が確認されるため（『雑々聞撿書』）、義晴初期より義輝後期までの長期間にわたって幕府で活動した。

【⑥細川高久】　御部屋衆。申次。奉公衆。受領名は伊豆守。生没年不詳。将軍側近としての史料上の初見は、海老名高助と同様に朽木動座中の享禄四年という（『宣胤』三月二十一日条）。もとは佐々木大原氏の出身で、義政の時代に「細川」の苗字を与えられた（「入名字《いりみょうじ》」）細川政誠《まさのぶ》の子息もしくは、近親者とみられる。政誠は淡路守護細川氏一族の名跡を継承し、官途は治部少輔、のちに受領は伊豆守となっている。明応の政変後には義澄に出仕して、義稙の将軍復帰にともない出家した。義澄の京都没落の際に「細川淡路刑部少輔」が供奉したが、これが高久とみられている。「高」は海老名高助と同様、義澄の前名「義高」の「高」の偏諱であろう。高広も内談衆成立当時の年齢は五十代ほどであろうか。

ところが、大永元年九月時点で大内義興に「御同道之衆」として「細川伊豆守殿」がみられる（就御屋形様御出之儀目録「藤岡家文書」、『戦国遺文大内氏編』一六九九）。この「細川伊豆守」が高久と同一か断定できないものの、この人物は大内氏の被官ではなく、客分のような扱いであるため、ある程度の家格の人物であろうが、高久との関係については後考を待ちたい。なお、息子の晴広が大内氏への使者となったこと（前述）、高久の母が天文九年九月に周防で死去し、喪のため数日の暇乞いをしたことが確認されるので（『常興』十月八日条）、周防・大内氏と関係があったことは相違ない。

いずれにせよ、高久は当初より義晴の父義澄に近しい存在であり、そのことが内談衆登用の大きな要因であったことは間違いないだろう。なお、高久の息子は晴広で、官途は刑部少輔であった。晴広は前述のように当初は内談衆のメンバーであったと思しい。しかし、晴広は途中でメンバーから外れた。これは先に晴光の項でも述べたように、同一の家からは二名を出さないという方針が根底にあったためと思われる。なお、晴広はのちに細川（長岡）幽斎として知られる細川藤孝の養父となっている（山田：二〇〇九）。

【⑦本郷光泰】　奉公衆若狭本郷氏の一族。奉公衆（一番衆）・申次。はじめ官途は大蔵少輔、のち受領名は常陸介。生没年不詳。前歴は義澄の側近であったと見られている。義澄には本郷信通《のぶみち》と本郷扶泰《すけやす》の二人の側近がいたが、彼らは永正五年の義澄没落にも供奉している。この扶泰が光泰の前身であり、若狭守護武田元光の偏諱を受けて光泰と改名したと見られている。

光泰は義澄期以来の将軍近臣であり、さらに若狭守護武田氏とも近しかったため、内談衆として登用されたのであろう。義澄の時代には無官であったことから、内談衆成立当時は四十から五十歳の間であろうか。しかし、後述するように天文九年になって義晴の逆鱗に触れて逐電することとなる。その後、御台所の取りなしもあった翌年に奉公衆としては復帰したものの、以前のように内談衆として活動することはなかった（『常興』天文十年八月二十一日条）。彼は天文十七年ころまで活動が確認できるが、それ以降の動向は不明となる。

＊

以上のように、内談衆のメンバーの立場・家格などはさまざまである。しかし、メンバーの共通点としては、おおむね義晴の父である義澄の側近やその系統を継ぐ者たちとなろう。つまり、彼ら内談衆は義晴の父義澄以来の個人的信任関係に基づき活動したのである。なお、大永年間に常興や高助とともに側近として活動していた飯川国弘は、天文五年時点ですでに史料に現れないため（代わって息子と思しい信資《のぶすけ》の活動が現れる）、この時点までに死去ないし、隠居していたのだろう。彼らの年齢はバラバラで、最長老は常興であったが、あくまでも彼ら内談衆の間には上下関係はなかったという（山田：二〇〇〇）。また、彼ら内談衆がほかの直臣と比較して特別扱いをうけたわけではない。たとえば、細川高久と本郷光泰は殿中での内談の際に、義晴が「存外の様体」があったことを目撃したとして出仕を止められているように（『常興』天文九年七月二十六日条）、信頼を前提とする集団であるため、その言動には特に注意が求められていた。

内談衆成立の前提

内談衆の成立時期については、天文二年（一五三三）に求める説もあったが（清水：一九七九①）、菊幢丸の誕生がその一因であることもあり、天文五年成立とみて問題ないであろう。ただし、初期政権のときも、常興や高助、国弘らが義晴の仰せによって談合し、佐子局（清光院）が御内書発給などの処理を行っていた。これら大永・享禄・天文初年にかけての常興を中心とする側近衆の活動を前提に、天文五年に公式制度的に成立したもので、特に常興がその中核であり、初期より常興が担っていた将軍側近の補佐役、後見的役割をより充実・発展させたものであったという（設楽：二〇〇二）。

そこで思い起こされるのが、第九代将軍義尚期の「評定衆」である。この「評定衆」とは、それまでの鎌倉幕府・室町幕府に設置されてきた本来の評定衆とは別個の存在で、メンバーは常興と結城政広《ひろ》（のち政胤《まさたね》）・尚隆《ひさたか》兄弟、二階堂政行《まさゆき》の四名であった。彼らは将軍直臣であるものの、それぞれの家格は異なり、常興は御供衆・申次・五番衆番頭、二階堂政行は外様衆で代々評定衆の家柄であったが、結城兄弟はただの奉公衆であった。彼らは義尚との信頼関係によって、職制としての「申次」とは別に、個々の案件を義尚に取り次ぐ立場であったという。彼らは新たな職制としての「評定衆」として、義尚と奉行人の間に入って各種案件を取り次ぎ、また義尚よりの指示を奉行人に伝えた。さらに、「評定衆」は案件を評議し、合議の結果を義尚に披露して決裁を仰ぐなど、義尚のもとで政務決裁や訴訟判決の事実上の決定権を持っていたとされる（設楽：一九八九）。

常興がかつてこの「評定衆」の一員であったことは無視できない。なぜなら、内談衆成立に関して常興の経験や意見が反映されていた可能性は充分にあるからである。

また、成立については八瀬に転居した佐子局（清光院）も関与していたらしい。『常興』天文八年十二月五日条には、常興が「政務のことについて、内談衆や奉行衆が自宅に集まり談合することは面目の至りだが、老齢のために今後は辞退したい」と清光院に義晴への申沙汰を依頼したのだが、常興は「先年このように仰せ付けられたのは清光院が申し次がれたからで、その筋目によって清光院に申し入れたのだ」と述べている。このことからみれば、内談衆の成立には、清光院がおそらく人選も含めて関与していた可能性が高いだろう。

内談衆の役割

ここまで内談衆のメンバーについてみてきたが、内談衆は「年寄衆」「宿老衆」とも呼ばれたように（『常興』天文九年〈一五四〇〉九月十一日条ほか）、権力の中枢に位置していたといってよい。なお、彼らの具体的な役割については、内談衆のメンバーであった大館常興の日記など関係史料も多く残るため、その全貌はおおよそ判明している。

彼らの主な役割は二点で、幕府の重要事項、複雑化した問題の処理など、将軍が判断に迷う案件の諮問への答申と、御前沙汰（雑訴方）での審議と披露、奉行衆への奉行人奉書発給指示や人事であった（その日の当番役である「日行事《にちぎょうじ》」が差配）。軽微な内容であれば、内談衆の総意で義晴に裁可を仰がずに、「賦《くばり》」という文書により奉行人に指示して奉行人奉書を発給させる権限を持っていた。これは、内談衆成立の目的である義晴自身の政務負担の軽減という目的にかなったものであった。

内談衆の審議は、奉行衆も参加する「披露事《ひろうごと》」「伺事《うかがいごと》」と呼ばれる定例評議（七のつく日に開催）と、「内談」と呼ばれる不定期評議（内談衆一人の屋敷に集合）、日行事が「折紙《おりがみ》」によって内談衆に回覧し、それぞれの意見を徴聴する稟議《りんぎ》式（文書での承認・決裁）があった（山田：二〇〇〇）。

訴訟決裁の際に内談衆の意見でも解決しえない場合には、さらに奉行衆に意見を尋ねた。奉行衆はその意見を「意見状」というかたちで上申し、それを踏まえて決裁することもあった（裁許の担保として）。そのため、内談衆が最終的な決裁権をもっているわけではなく、あくまでも義晴が最終的

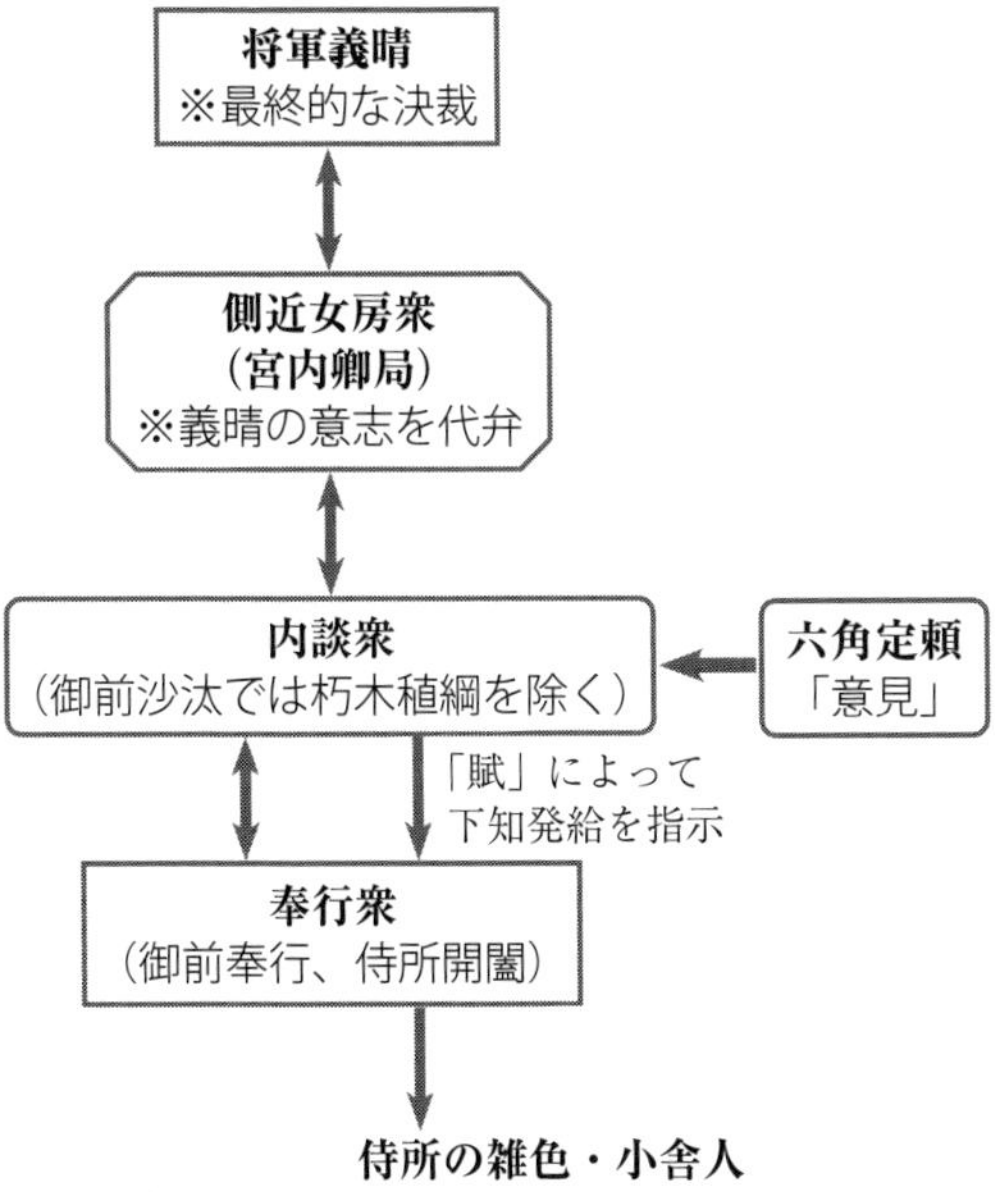

図８　後期御前沙汰・幕府の意志決定での内談衆

な決裁者である点に変わりはなく、紛争裁定者として自律性を保っていた（意見を取り入れるかの判断は義晴にある）。

また、特に幕府の重要事項や義晴の安全保証に関わる問題、大名との関係などについては、観音寺城にいる六角定頼に「意見」が求められる場合もあったが（後述）、日常的な案件については内談衆に諮問されていた。ただし、内談衆のうち朽木稙綱のみは御前沙汰での審議に関与しない。彼は定頼との申次として義晴と定頼の間をつなぐ役割が求められており、京都と観音寺城を往復することも多かった。そのため、残りの七名がこれらの審議を担ったのである。

ほかに、御内書の案文作成や右筆、副状の発給もあった（後述する大名別申次とも関係）。御内書の案文の作成や右筆は内談衆に限定されたわけではなく、伊勢氏や奉行衆も従来より担当しているため、内談衆特有の役割とはいえないが、将軍側近としての業務の一つであった。

内談衆以外の側近たち

義晴の側近として幕府の政務に関与したのは、内談衆に限ったことではない。三淵晴員やかつて内談衆の一員であったと思しき細川晴広、大館高信などもいた。そして、彼らと同じく幕府の重臣ともいうべき存在が伊勢貞孝である。

【伊勢貞孝】　十四世紀の伊勢貞継《さだつぐ》より政所頭人職をほぼ世襲し（一時、二階堂氏）、将軍家の家宰《かさい》ともいうべき伊勢守家（惣領家）が内談衆のメンバーとなっていないことは注目される。当時は貞孝が当主であったが（生年不詳）、先代の貞忠が天文四年（一五三五）に没したのち、伊勢守家を継承していた（実父は伊勢貞辰《さだたつ》）。

さて、伊勢氏が長官をつとめる政所は、基本的に将軍家の家政機関であり、将軍家家政に関係する将軍家直轄領の御料所を管理していただけでなく、洛中の金融業である酒屋土倉、そのなかから選ばれる公方御倉《くぼうおくら》、動産訴訟や徳政なども管掌していた幕府の京都支配における重要機関であった。

政所で行われる評議を政所沙汰といい、御前沙汰と同様に審議を行い、奉行人奉書を発給したが、御前沙汰との違いは決裁者が将軍ではなく長官（伊勢氏）である点にある。貞孝が内談衆でなかった大きな要因は、御前沙汰とは別個の裁定機関である政所沙汰を統括する立場にあったためであろう。仮に貞孝がメンバーとなれば、彼は御前沙汰と政所沙汰の両方に関与することとなり（御前沙汰では審議に参加、政所沙汰で裁許）、本来別個に裁定していた両沙汰において、特定の個人に権限が集中してしまうことになる。政所の業務も多忙であるため、単純に多忙となることを避けただけかもしれないが、基本的には貞孝には政所での業務が優先されたとみられる。なお、貞孝が政所での審議決裁を行うなか、六角定頼は基本的には徳政といった重要事項を除けばこの政所沙汰に関わることはなかった（村井：二〇一九）。政所の独自性がうかがえるだろう。

貞孝は、次代の義輝期には独自の活動を行い、最終的に永禄五年（一五六二）には義輝へ反乱を起こした結果、戦死することになるが、義晴の時代にはまだそのようなことはなかった。

【宮内卿局】佐子局（清光院）と並んで、重要な幕府女房衆として義晴乳人であった宮内卿局がいる。佐子局が殿中を退出したのち、彼女は摂津氏出身の左京大夫局とともに義晴への政務の取次などを担当するようになった。『常興』から、彼女が側近女房衆として、日常的にその意向を内談衆に伝達することや、反対に内談衆が義晴の意向を内々に尋ねていたことが確認できる。彼女は義晴と内談衆の間にあって、政務を支えていたことがうかがえる。つまり、「義晴―宮内卿局―内談衆」という伝達ルートが存在していた。宮内卿局は義晴の側でこのような取次行為によって義晴の意向を代弁し、政権運営を支えていたのである（羽田：二〇〇四）。

出自について、羽田聡氏は大舘氏所縁の可能性を指摘するが、「宮内卿局」の局名は赤松氏所縁の女性が名乗る局名でもあるため、赤松氏出身の可能性も高い。しかも、義晴が赤松氏のもとにいたこと踏まえれば、赤松氏出身（または猶子）であったのではないだろうか。義晴は彼女らによって養育されたのであろう。

【他の女房衆】宮内卿局と同様の活動した側近女房衆として、摂津氏出身の左京大夫局もいる（天文十三年没）。後期政権では、この二人の女房衆が特に注目される存在である。

女房衆には上臈・中臈・下臈の三つの臈次があり、義晴期の女房衆としては、上臈局（大上臈、一対局）、阿子《あこ》局（上臈）、阿茶々《あちゃちゃ》局（上臈）、佐子局（小上臈、のち清光院）、佐子局（小上臈、清光院とは別人、大館常興娘か)、今参局(上臈)、左衛門督局(中臈、のち春日局)、宮内卿局(中臈)、左京大夫局(中臈)、飯川局(臈次不明)、一色晴具娘(臈次不明)が確認される(羽田：二〇〇四)ほか、御台所付の女房衆に加えて、それぞれの女房衆につく侍女などもいた。

各地の大名を取り次ぐ大名別申次

側近たちの役割として、将軍と各地の大名との関係を取り次ぐ「申次」もあった。それが「大名《だいみょう》別申次《べちもうしつぎ》」である(山田：二〇〇三)。もともと室町幕府には、京都の幕府と地方の守護や国人などの取次制度が存在していたが(吉田：二〇一〇)、戦国時代の室町幕府でも同様であった。もともとは在京大名がその取次を行っていたが、この時代には在京する大名自体が京兆家にほぼ限定されるなかで、将軍側近がその役割を果たしていた。幕府には遠方よりさまざまな情報が集約されることとなり、一種の外交サロンが形成されていたという(山田：二〇〇三・二〇一一)。

それぞれの担当者は将軍が指名するのではなく、相手側の大名勢力からの指名が前提であった。そのため、将軍に要求が届きやすい側近などが、担当の申次として期待されたのである。彼ら申次は、「殿中においては(あなたに対して)相応のことをし、疎意はしません」(『上杉家文書』三八五)と担当する大名勢力に述べて、彼らのために幕府内で奔走するのである(もちろん、それに相応する御礼も得るが)。もちろん、申請者の大名側は一人の担当申次ではなく、別の側近を介して幕府と交渉することもあり、複数の交渉ルートを駆使したが、原則、公的には担当の申次がつとめることとなっていた（『常興』天文八年閏六月二十一日条など）。

ところが、申次は義晴と大名との間で板挟みになることもあった。幕府からの国役賦課について、「迷惑」とした本願寺に対して、担当の三淵晴員は、本願寺に対して義晴に申し入れたことで、義晴が本願寺の言い分を聞き入れたと連絡をしたが、それは嘘で、晴員は義晴と本願寺のそれぞれの意向の板挟みとなり、進退極まって逐電してしまったのである（『天文日記』天文五年十一月十六日・二十六日条）。

このほかにも、申次が担当大名の利益を追求するばかりに、大名間のバランスを崩しかねない行為をした場合などには、義晴は厳格に対応した。申次は担当する大名らの意向を幕府に反映させる役割もあったが、場合によっては、自らの進退にも影響したのである。

昵近公家衆と「足利―近衛体制」

先に述べたように、将軍家には昵近公家衆とよばれる公家衆が奉公していた。参内始に陪席した公家衆や、義晴の近江への移座の最中でも高倉永家や上冷泉為和などが供奉してきたことを覚えているだろう。彼らは将軍の使者、参内時の陪席であったり、正月や節朔などの式日での参賀、将軍御所での申次、御成時の扈従や相伴、場合によっては桂川合戦での日野内光のように甲冑を着ての従軍もあった。義晴の時代には「譜代」である正親町三条家・日野家・広橋家・烏丸家・上冷泉・飛鳥井家・

高倉家があり、義晴の時代には勧修寺家もこれに加わったとされる（「高倉永相書状写」『後鑑』所収）。おおむね「大臣家」である正親町三条家、「半家《はんけ》」である高倉家をのぞけば、「羽林家《うりんけ》」、「名家《めいけ》」などの中級貴族が中心である。武家伝奏はこの時代、広橋家と勧修寺家の「両伝奏」体制であったが、彼らも昵近公家衆であった。

彼らは義晴が帰洛すると、それまで通り将軍御所に出仕奉公している。なお、昵近公家衆は一種の格式となっており、世襲される「譜代」と、将軍個人との信頼関係によって奉公する世襲されない「一代」の昵近公家衆があった（拙稿：二〇一四）。義晴は昵近公家衆との主従関係もあって、彼らの昇進についてたびたび天皇に執奏したが、これは天皇が不快になるほどであった（『宸記』天文四年〈一五三五〉六月三日条ほか）。

義澄や義稙の時代には昵近公家衆のなかでも、特に将軍を補佐し、政務運営の一端を担った側近公家衆とも呼べるべき人々が存在した。義澄の時代には、日野内光や上冷泉為広らがいたことはすでに述べた。義稙の時代にも、阿野季綱《すえつな》や白川雅業らがやはり側近公家衆として将軍の政務を支えた。彼らの活動は特に公武間交渉の「内々」の事前交渉であったり、御前沙汰での訴訟審議の際の奉行衆への指示などである。ところが、義晴の時代にはそのような公家衆はいなかった。内談衆のメンバーは武家のみで構成され、そこに公家衆が含まれることはなかった。

ただし、高倉家の場合は将軍家の衣紋役として近侍することも多いためか、当主の永家は昵近公家衆のなかでも義晴に近い存在としてあった。もともと永家は義稙にも近侍していたが、義晴の上洛後には京都に残り彼に出仕した。義晴は大永三年（一五二三）当時、勅勘をうけていた永家の赦免を申し出て、その勅許を得るなど、永家を保護する姿勢も見せている。永家が他の昵近衆と異なるのは、前代とは頻度は比較にはならないものの、武家伝奏以外でほとんど唯一、朝廷へ義晴の御使もつとめていたことである（『お湯殿』天文十一年三月十六日条など）。それだけでなく、六角定頼への使者をつとめることもあり、義晴の上意を代弁することもあった（「御内書案」『義晴』二六四）。そのため、彼は武家伝奏を除く、義晴政権の公武間交渉の担い手の一人として評価してよいかもしれない。もちろん、かつての側近公家衆と違い、政権運営には関与しなかったが。

義晴の時代に側近公家衆がいなかった大きな理由は、側近集団の内談衆が政務を担っていたことと、公武間交渉においては外戚近衛家が存在していたからであろう。側近公家衆は武家伝奏を介する公式の公武間交渉の前段階において、将軍の意向を内々に朝廷に伝達する役割もあったが、それを近衛家が果たしていたのである。特に政治的な話題において、中級貴族を介した公武間交渉より、公家社会の頂点である近衛家を介した交渉のほうが話が進みやすいことは明白だろう。実際に、武家伝奏では天皇の真意が伝わりにくいとして、直接近衛稙家が幕府に伝達したこともあった（『常興』天文九年五月二十五日条）。

公武関係だけではない。地方の大名からの依頼を幕府に取り次ぐこともあった。たとえば、天文九年に大内義隆が羅漢寺《らかんじ》住持職について幕府に申し入れをした際に近衛家を頼ったことがあった。このとき、近衛尚通（稙家か）はその旨を内談衆に申し入れたが、彼は「評議を行う式日ではないが、急事なので各位が参会して談合してもらいたい」と言ってきたのである（『常興』四月八日条）。常興ら内談衆は、近衛家よりの依頼を受けて談合を行うなど、近衛家から審議の指示をうけることもあったのである。このような政務への介入や公武間交渉など、「足利―近衛体制」の成立によって、将軍家と公家衆の関係も変化していたのである。

第三章　将軍家と大名勢力

六角定頼の「意見」

本来、室町幕府は在京する守護・大名が幕府の意志決定に参加するもので、幕府軍として軍事的にも補完する存在としてあった。このことを踏まえれば、幕府内での六角定頼の立場を知る必要がある。

先に述べたように、義晴はたびたび幕府運営上の重要事項、大名への対応（栄典授与の可否や御内書発給など）について、内談衆を通して定頼に「意見」を求めた（『常興』天文八年〈一五三九〉十二月五日条・同九年七月三日条ほか）。基本的には義晴が定頼の「意見」の通りに意志決定することが多く、幕府の意志決定に定頼の意見は尊重されていた。

通常の御前沙汰でも、定頼は「執《と》（取）り申す」という口利きのかたちで、自らの意向や関係者の利益誘導を行い、審議に影響を与えていたのである（西島：二〇〇六）。天文七年の大徳寺如意庵《だいとくじにょいあん》と奉公衆千秋晴季との相論にも「執り申す」というかたちで介入し、結果、如意庵に下知が下されることとなったこともあった（『大徳寺文書』「披露事記録」）。ほかにも、「霜台《（定頼）》が執り申したことなので、別儀はない」とされたり（『常興』三月二十四日条）、定頼よりの言上は「各別」とされたことからもわかるだろう（『常興』正月二十八日条）。六角氏は、義晴にとって「他に異なる」存在であった（『常興』

天文九年九月四日条）。もちろん、訴訟審議への口利きなどは、定頼に限ったことではなく、天皇も行えば、清光院、外戚の近衛家なども行っていることであり特別ではないし、定頼の介入すべてが成功したわけでもない（天文十三年十二月十三日付意見状写「伺事記録」）。あくまでも最終的な決定権は義晴にあった。

定頼は、有事の際には兵を京都に派遣するなど将軍の軍隊として義晴を支えたほか、義晴は京都での有事によって自らの身体保障に関わる案件が発生した場合でも諮問し、その意見を尊重して行動した（後述）。このような定頼を、村井祐樹氏は「天下を宰領する事実上の「天下人」」と評価している（村井：二〇一九）。少なくとも義晴の時代において、定頼が特別な存在であったことは間違いない。だからといって、義晴に政治的自律性がないわけではない。そもそも、定頼に諮問するかどうかは義晴の上意次第であったことは忘れてはならないだろう。

さて、意見を求められる定頼の幕府での立場で思い起こされるのは、義教期における「大名意見制」である。これは将軍が在京大名に対して個別に幕政の重要事項を諮問し、意見を上申させる制度である。定頼はまさにこの制度をこの時代ただ一人運用された大名であったといってよい。仮に義晴が専制的に政治的判断を下し、結果、その判断を誤った場合、将軍としての面目を失うリスクがあるが、大名である定頼の意見を聞き、それを踏まえたうえで慎重に意志決定したとなれば、将軍個人の政治的責任を回避できる利点がある。義晴にとって、定頼の意見は政治的な意志決定の重要な担保としてあったともいえよう。

ところで不思議なことに、義晴が諮問した幕府の重要事項案件で、定頼からの意見に不満を持ったことはまず確認できない。いくら定頼が義晴から信任されているとはいえ、義晴と意見が常に完全に一致し続けるということはないだろう。これをどう考えるべきだろうか。素直にみれば、義晴は政治的判断を定頼に一存していたことになろう。しかし、定頼のもとへは義晴の意向を直接伝える使者（内談衆の稙綱や高助）が派遣されていた。少し穿った見方をすれば、義晴の上意に反しない意見を述べることが、彼らから暗に求められていたのではないだろうか（すべてでないだろうが）。定頼はそれをいわば忖度し、義晴の上意に反しないような意見を述べることで、幕府運営における大名の政治参加を演出していたとみることも可能だろう。つまり、義晴は幕府の重要事項において、定頼の意見を聞くことで、意志決定の担保にしつつ、定頼も義晴に忖度し、その上意に反しないような意見を述べることで、将軍と幕府の意志決定に参加する大名という構図を演出していたのであろう。これはもちろん、定頼の高度な政治力や義晴からの信頼が前提である。

義晴時代の幕府政治体制は、内談衆を使った側近政治と、大名の幕政参加の併用であったとみてようだろう。

在国する定頼と六角氏の立場

六角定頼が従来の幕府を支えた大名（義稙期の大内義興など）と異なるのは、近江の観音寺城に在国しながら義晴政権を支えていた点である。そもそも六角氏は、当時京都に邸宅はなかったようで、上洛するたびに洛中の寺院に寄宿していた。天文八年（一五三九）十月に上洛した際は、相国寺の万松軒に寄宿している。洛中に邸宅を構えなかったという点は興味深い。なぜなら、定頼は当初より在京し幕政に参与する意志がなかったことを示しているからである。義晴は有事の際にたびたび定頼に上洛を命じたが（『常興』天文八年九月十一日条ほか）、常態的な在京を求めたわけではなかった。つまり、義晴は定頼の在国を容認していたのである。当然、京都と観音寺城の往復にかかる時差もあったが（片道二、三日ほど）、それでも有事、常時かかわらずに定頼の意見が求められた。これは、前述の将軍と大名によって成立する幕府というものを演出するためには必要な負担であった。

このような定頼の立場は周辺の大名も理解しており、大友氏や大内氏など遠方の大名も音信をし、幕府内での便宜を求めている（大友義鑑書状写『大友』ほか）。定頼もこの立場を元に、大名の要請や嘆願を幕府へ取り次ぐこともあった（『常興』天七年九月二十二日条・九年四月六日条ほか）。

地方の大名からも頼られる定頼（六角氏）は、公的な役職としては天文六年に近江守護に補任されたのみであった（「室町家御内書案」『義晴』一一七八）。定頼の嫡男義賢《よしかた》が天文八年に能登畠山義総の娘を嫁に迎えた際、幕府が祝儀の「御折御樽」を下すこととなった。その際に一緒に御内書を下すかどうか義晴より内談衆に諮問されたが、常興はそれには賛同した。その理由は、かつて義尚が鈎の陣のとき、「武衛（管領家の斯波義寛《よしひろ》）」へ「御折御樽」を下賜した際に、御内書を添えた先例があったからである（『常興』閏六月一日・八日条）。つまり常興は、六角氏は斯波氏と同様の管領家と同じ待遇にすべきと認識していたのである。実際に御内書が作成されたこと、また赤い毛氈鞍覆の利用（村井：二〇一九）などから、義晴は六角氏をいわば管領家待遇としてあつかった。

なお、天文六年には定頼と細川晴元の縁組みが行われた（「厳助」四月九日条）。義晴を支える定頼と晴元の関係は、これでより密接となった。定頼は明応四年（一四九五）生まれで、この時点で四十三歳と義晴より十六歳年上であった。晴元は永正十一年（一五一四）生まれの同じく二十四歳で、義晴より三歳年下であった。ほぼ同世代の義晴と晴元に対して、定頼が二十歳ほど年長となる。この年齢関係は、「義晴―定頼・晴元」体制をみるうえで、意識しておくべきであろう。

変化する京兆家の存在

六角定頼とともに政権を構成する大名である細川晴元の立場はどうだったのだろうか。かつて京兆家の高国は、初期義晴政権において幕府を主導する立場にあった。後期政権の晴元とかつての高国は同じといえたのだろうか。結論からいえば、晴元は高国のように幕府を主導する存在ではなく、六角定頼のように幕府の政務運営において、「意見」を尋ねられることはなかった。

もちろん、晴元は京都やその周辺、領内において、独自の裁判機構を持ち、独自に裁許状を発給するなど、一個の権力体であった。では、晴元に求められた役割はどのようなものであったであろうか。

京兆家は畿内の一個の権力であるのと同時に、多くの細川晴元奉行人奉書に見られるように守護として幕府の遵行を行い、幕政の補完を行う役割もあった（浜口：二〇一四）。もちろん、守護としての国役負担なども期待された（「御産所日記」「御内書案」ほか）。このほか、晴元は天文六年（一五三七）に日向の伊東義祐《いとうよしすけ》の偏諱申請を幕府に取り次ぐなど、地方の大名と将軍家との取次も行っている（『伊東家古文書』）。

義晴が晴元に求めたのは、幕政に関する諮問ではなく、その領内（特に摂津・丹波・山城）に対しての遵行（特に所領問題）であり、幕府の命令が実効されるように保証することであった。特に、領内の御料所桐野河内の安定や、将軍直臣の所領や利権を守るための晴元被官の押領の停止、遵行であった。天文六年には、六角氏の重臣進藤貞治《しんどうさだはる》の書状案（『久我家文書』）のなかに、「義晴と晴元は、近年京都と山城のことで相刻（相克）にあり、解決していないことが五十余条もある。このことは終わらない」とあり、義晴と晴元との間でトラブルがあったことが知られる（奥村：一九九三）。これは、晴元の時代にはすでに細川一門を背景とする同族連合体制は崩壊しており（末柄：一九九二）、京兆家はかつてのような四国や中国をふくめた広範囲な政治権力から、畿内周辺の領国化を進める過程にあり、所領の近い幕府や直臣との衝突は当然起こりうるものであった。義晴は直臣保護のために、晴元に対して家中の統制や領内の安定を期待したのである。

晴元が定頼と違い、政務上の諮問を受けなかった点について、内談衆という「義晴独自の政治機構に定頼という後見者を得ていたため、晴元へは政治的協力のみを期待すればよかった」との指摘がある（西島：二〇〇六）。この件について、さらに考えるならば、定頼と晴元に幕府の重要事項について意見を求めた場合、義晴の上意に忖度できる定頼と、晴元の意見が相違する可能性があった。かつての在京大名のように、定頼と晴元が顔を合わせて評議し、そのうえで意見を上申できればよいが、定頼は在国しており、それもままならない。それぞれ意見が相違した場合に、それを義晴に上申する以前に調整する必要があるが、それを誰が行うのか（かつて義教の時代には三宝院満済《さんぽういんまんさい》がいたが）という点や、定頼と晴元の在所が異なる以上、その調整にも多くの時間が必要となる。

つまり、晴元にも意見を聞くことは、幕府の意志決定に負担になり、余計な問題が生じるだけである。支配領域の重複しない晴元と舅の定頼が対立することはほとんどないだろうが、京兆家当主として被官の利益を代表する必要があり、場合によっては意見の相違もあろう。もちろん、定頼と晴元との年齢差よりくる、政治経験の差もあるだろう（さらに、晴元は義晴より年少）。

かつて義稙の時代に、細川高国と大内義興がともに在京して幕政に参加していたが、高国と義興は山城の支配をめぐって確執におよぶこともあり、そのようなリスクを避ける利点もあった（定頼の在国もその意味でよかったかもしれない）。義晴は定頼一人の意見で充分対処できている現状に、あえて負担が増えるであろう晴元を意見徴集相手に加えることはなかった。これは同時に、京兆家が幕府の重要な意志決定の場から排除されたことも意味していた。

晴元は、従来の管領家である京兆家当主として、一門の和泉守護細川元常とともに在京する大名としてあった（むろん、別に芥川山城《あくたがわやまじょう》〈大阪府高槻市〉などの居城もあるが）。そのため、天文年間においては正月などの幕府式日に定期的に将軍御所に出仕していた。特に正月儀礼において三職（管領家）がつとめる役割もあり、唯一天文期に京都に残る京兆家は、義晴時代の幕府儀礼を維持するためにも必要な存在であり、それも晴元に期待されたことといってよい（『常興』天文九年正月一日条ほか）。この点では、本来家格のうえでは一守護家でしかない六角氏とは異なる。定頼は在国のため、式日への出仕は基本的にはない。

このほか、在京する大名として、有事の際の幕府軍としての軍事力も期待されるものであった。この点においては、在国する定頼よりも在京する晴元への期待値は大きいだろう。ところが、晴元自身が有事の要因になることもあり（後述）、在京する晴元が将軍の軍隊としての役割を果たしえないこともあった。

晴元とともに断続的に在京し、「大名」として幕府に出仕していた細川元常は（天文五年二月に初出仕）、細川一門のなかでも当初より晴元の父澄元を支持した人物でもあり、当時の一門では長老ともいうべき存在であったという（岡田：二〇〇六）。

元常は当時、式日に出仕するほかにも、殿中での年中行事である毎年二月の初卯御連歌会《はつうごれんがかい》にも参会が求められたり（『常興』天文九年二月四日、同十年二月十日条ほか）、御所の門役をつとめることもあるなど（『常興』天文九年二月九日条）、元常は政権に参加する大名の一員としてあった。もちろん、六角定頼のように意見が求められるわけではなく、政権運営を主導するような存在ではなかった。

しかし、晴元の意思を伝達することや、被官の押領によって幕府の遵行がなかなか実行されない場合には、元常から晴元へ意見するように義晴より仰せつかることもあった（『常興』天文九年九月二十四日条ほか）。さらに、晴元が義晴に反発し、出仕しなかった際には直接説得にあたるなど（『言継』天文十四年十二月二十九日条）、義晴と晴元との調整役としての役割も果たした。そのため、彼も定頼や晴元ほどでないにしろ、義晴政権を支えた大名の一人と評価してよいだろう。

音信する大名勢力

六角氏と京兆家が義晴の政権運営を支えるなか、「京都も一両年漸く静謐になった」と将軍周辺が思ったように（『親俊』天文八年〈一五三九〉閏六月二十二日条）、天文六・七年としばらく、京都や義晴の周辺は安定していた。そのなかで、天文六年十一月三日には菊幢丸と同じく御台所を母とする第二子の男子（のちの義昭）が誕生している（「足利家官位記」）。

このように義晴周辺が安定するなかで、各地の大名らが義晴に対して栄典授与などを求めて、積極的に音信を求めてきた。遠くは「久しく無音」であった奥州探題大崎氏《おうしゅうたんだいおおさき》や（『親俊』天文七年六月十四日条)、先の伊東氏、将軍家連枝の三河の吉良《きら》氏もいる(「御内書案」『義晴』二九〇)。新たに出雲尼子氏、大名ではないが本願寺などの新興勢力も義晴と直接関係を持った。当然、これまでつながりのある朝倉氏、若狭武田氏、北畠氏、赤松氏、能登畠山氏、河内畠山氏、遠方では越後の長尾氏、周防の大内氏、豊後の大友氏などもある。彼らは京都雑掌や先ほどの大名別申次等を介して、本国より京都の義晴と音信したのである。なお、通常在国し京都に邸宅をもたない勢力は、寺社に寄宿するほか、洛中に定宿《じょうやど》(「差宿《さしやど》」)を置く場合もあった(「披露事記録」)。

だが、大名勢力と義晴との関係すべてが順調であったわけではない。同六年末より翌七年に行われる菊幢丸代始となる近江の日吉社十禅師宮《じゅうぜんじぐう》での新礼拝講《しんらいはいこう》のために、各国の大名らに三百貫文の国役が懸けられたのだが、ここで一つの事件が起きた。加賀国分として本願寺に三百貫文が懸けられたのだが、本願寺は担当の申次である三淵晴員や佐子局に対して、「出銭《しゅっせん》は迷惑」として国役の免除を求めたのである。本願寺はもちろん大名ではないが、事実上の加賀守護として扱われていた。この免除要請に対して義晴は激怒し、国役を負担しないのならば、本願寺は将軍家の「御敵」と宣告したのである。実はこの場合は、当時の本願寺と幕府との関係が大いに作用していた。本願寺は堺政権崩壊以後、細川晴元との対立にともなって義晴より「御敵」として認定されていたのである。その後、義晴より天文五年八月(「御内書引付」『義晴』二六二)ころに赦免されたばかりであった。

結局、本願寺は義晴からの宣告に対して、「困ったことだが、よくよくの御用のことと思うので、御請けすることにする」と、国役の負担を引き受けたのだった（『天文』天文六年九月二十八・二十九日条・同七年正月八日条）。畿内の勢力にとって、「御敵」のインパクトが強かったことが知られよう。しかし、実際は義晴が「御敵」にしようしたことはなく、内談衆の大館晴光が策謀したものであった（山田：二〇〇三①）。また、この件は幕府内にも影響した。本願寺担当の申次であった佐子局が本願寺の意向を代弁して賦課の免除を求めたことで義晴の不快を蒙ったほか、これまで義晴を後見してきた佐子局と義晴との確執が表面化したのである。両者は互いに妥協したものの、佐子局は二月になって落髪し、「清光院」を称することとなる（設楽：二〇〇〇）。もちろん、彼女はこれ以降も影響力を残したが、大名と将軍の関係は、場合によっては将軍と大名勢力とつながる将軍側近（大名別申次）との問題にもつながったのである。

さて、彼ら大名勢力は、在国するなかで年始や八朔などの御礼贈答を欠かさないほか、さまざまな経済的な負担（国役賦課など）を果たした。その代わりに、将軍を通じてほかの大名家を牽制するなど、自家の危機の解消にも利用したのである。一方、義晴もそのような大名からの期待を利用しながら、栄典授与や和睦調停などを行い、彼らからの求心力を高めていったという。山田氏によれば、当時の義晴と彼ら諸大名は「利用と制約」の関係にあったとされる。つまり、大名らは、将軍の上意や栄典授与などを自家の外交などで利用する反面、将軍からやはり外交面や国役賦課など制約をうけることとなったという。特に畿内とその周辺においては、地理的に京都に近いこともあり、将軍との関係を完全に無視することはできなかった。

実際の事例をみると、天文七年七月に、若狭武田氏一族の武田信孝《のぶたか》（元信の孫）が、武田氏に反旗を翻した粟屋元隆《あわやもとたか》に擁立されて、元光に反乱したことがあった。義晴は元光に対して、「心元ない」との御内書を送った（「御内書案」『義晴』二九一）。さらに、元隆が京兆家被官の支援を求め丹波に入ったことに対して、武田氏からの申請もあって、細川晴元・元常に御使を派遣し、支援を停止させている（『常興』天文七年九月八日条ほか）。次いで、信孝を支援する隣国の朝倉孝景に対してもこの問題に介入しないように制止要請をした（「御内書案」『義晴』三〇四）。義晴は京都に隣接する若狭で騒乱があれば、京都にも波及する恐れがあること、若狭国内には御料所や直臣の所領が散在することもあって、幕府にも影響のある若狭の安定を求めて対応し、朝倉方も義晴の要請をうけて信孝の支援を停止したのである。だが、自家の存立に関わる問題では大名は将軍家の命令でも拒否することもあったという（山田：二〇〇三②）。

それでも大名たちは、京都の義晴に異変があると、遠方より「心元なし」と音信や献金を行い（同天文八年七月十五日条ほか）、義晴を心配・支援する姿勢を示した。そして後述するように、東北から九州までの広範囲にわたって、彼らは義晴から栄典を求めたのであった。いまだ列島内の武家社会における儀礼秩序は維持され、その頂点（主君）として義晴はなお君臨していたのである。このようなことから、この時期の将軍と大名は「ゆるやかな連合」にあったという（山田：二〇一一）。

義晴時代の幕府は在国する六角定頼や在京する細川晴元・元常を中核として、各地の大名が緩やかに連帯する体制を形作っていたのであった。そのなかで義晴は、国役などで大名を利用する反面、栄典を授与したり、大名の要請によって中立的な調停者として紛争解決を行うなどして、彼らの主君として振る舞ったのである。

西国大名への上洛要請

義晴は、帰洛の直前に若狭の武田元光に対して、父子（子信豊《のぶとよ》）のいずれかに上洛を求めたが、実現しなかった（「御内書引付」『義晴』二一四）。これはかつて、父義澄の時代の武田元信、または大永期のような在京大名としての若狭武田氏に期待したものであった。では、義晴がほかに上洛を期待した大名家はあったのであろうか。

天文五・六年（一五三六・三七）ころ、義晴が進めたのは、大内氏や大友氏の和睦調停であった。それが同六年に一応の成就をみたため、義晴は彼らに上洛を命じた。次に、義晴が豊後守護大友義鑑に宛てた御内書案を見てみよう（『大友』『義晴』二八〇）。

大内太（大）宰大弐（義隆）参洛の事、請状厳重の間、不日相談し、参洛を遂げ、忠節を抽んぜば、もっとももって神妙たるべし、なお高信（大館）申すべく候なり、

（天文六年）十二月廿九日　　御判

大友修理大夫《義鑑》とのへ

この文書から、大内義隆が上洛命令に対して請文（受諾書）を義晴に提出したこと、そして、大友義鑑にも同じく上洛を命じていたことがわかる。かつての桂川合戦の事前準備のような軍勢催促とは異なるものであり、まさに平時に在京する大名として幕政に参加することが期待されたのである。しかも承諾する請文まで提出したのだから、義晴としてはかなり期待できることであっただろう。さらに、大友氏は翌七年三月に大内氏と和睦したこともあり、義鑑は上洛について義隆同様に請文を提出したのであった（『大友』、『義晴』二八二）。

義晴がこれまで幕政参加はおろか、在京もしていない大友氏に上洛を期待した理由は、遠方にあって父義澄以来音信を続けてきたこと、義澄の贈官を申請したことなど、大友氏側の積極的な態度が背景にあろう。特に父義澄は苦境にあって大友氏に期待していたが、義晴も同じであった。

一方の義隆の場合は、かつて義稙の時代に義隆の父義興が十年近く在京していた経験を踏まえたものであろう。さらに思い出してもらいたいのが、義晴の兄弟義維は義隆の姉妹を室としたことである。義隆姉妹を母とする義栄は天文七年の生まれとされるから、義維と義隆はこの時点ではすでに義兄弟であったと思しい。これに対して義晴は、幕政に参加する大名を増やす目的はもちろんだが、義維とつながる義隆に上洛を命じることで、大内氏が義晴政権を構成する大名の一員であることを示し、義維方を牽制する目的もあったと思われる。すでに畿内より没落し過去の存在となっていた義維であるが、義晴はいまだ健在であるこの兄弟の存在を気にしていたとしてもおかしくはないだろう。

これとほぼ同時期には出雲の尼子氏も上洛にむけ、赤松氏の領国に侵攻していた（『常興』天文七年九月八日条）。尼子氏に宛てた御内書には、「右京兆と六角と申し合わせて忠節をいたすように」と、細川晴元・六角定頼と相談のうえでの忠節が命じられた（同六日条）。あくまでも晴元・定頼を中心に、ほかの大名が協力する体制を期待したのであろう。尼子氏は上洛にむけて、大内氏との連携を模索しながら播磨などに侵入するものの、赤松氏の抵抗などもあり、実際に上洛することはなかった。

従来の守護家であった大内氏や大友氏と違い、尼子氏はいわば新興勢力であったが、義晴は特にこの時期、中国・九州などの西国の大名・国人たちの参洛を期待していたことがわかる。彼ら大名も義晴の上洛命令に応じる姿勢をみせることで、遠方にあっても幕府の一員であるアピールをすることもできた。ただし、これは単純に将軍への忠節というだけでなく、「上意」を自家の外交戦略に利用するための手段でもあったという（山田：二〇〇三②）。なお、その後も義晴は大友氏には上洛を指示しており（『義晴』三八五）、遠方より幕府との音信を継続する大友氏を特に期待していたことがうかがえる。

頻繁に行われた栄典授与

天文七年（一五三八）七月、義晴は御供衆（直臣待遇）となっていた朝倉孝景を御相伴衆（大名待遇）

に加えたが、御相伴衆は大名として最高の家格であり、守護家でない朝倉氏の家格としては、破格の待遇であったといってよい。これは、これまでの義晴への貢献が考慮された結果であろう。父義澄がかつて武田元信を御相伴衆としたが、それと同じように、孝景の上洛と幕政参加を期待したのかもしれない。

このような栄典授与（御恩）は、将軍が武家社会において身分・儀礼秩序の頂点に位置することを明確に示す行為であり、被授与者は栄典（御恩）を受けることで、将軍との身分（主従）関係を構築（奉公）するのである。戦国時代の将軍と地方勢力（守護・大名・国人ら）との関係をみるうえでも、栄典授与の理解は欠かせない。特に義晴期においては栄典授与が頻繁に行われ、これらは一種の売官のような扱いをされることもあるが、栄典を授与することは、主従関係を確認する行為であるのと同時に、義晴の求心力向上にもつながるものであった。

そこでここでは、義晴による栄典授与の実態や、どのような流れや基準で行われたのかをみてみたい。そもそも、栄典授与とはどのようなものがあるのか。おおむね以下の四点にまとめられるだろう。①官位推挙・授与。②偏諱（「義」・「晴」の一字を与える）。③役職授与（「御相伴衆」・「守護職」・「御供衆」など）。④特権（「毛氈鞍覆」・「（白、黒）傘袋」・「塗輿《ぬりごし》」「道服《どうぶく》」など各種免許）。

【官位の推挙】 朝廷の官位は当然、天皇が授与するものであるが、将軍は天皇への推挙（武家執奏）を行うことで、実質的に武士への叙任（ほとんどが位階ではなく官職）を掌握していた。原則的に武士（直臣・守護・大名ら）は、将軍の認可がなければ叙任されない（下級武士らの自称を除く）。

ところが、将軍が武士の叙任を執奏する原則が崩れ始めるのが義晴の時代である。直臣は別として、守護・大名のなかには将軍の執奏を得ずに、勝手に任官する事例も増えた。大内義隆は天文五年に大宰大弐《だざいのだいに》に任官する際、将軍の執奏ではなく、転法輪三条家を介した独自のルート（三条家は大内の担当申次であった）で天皇に直接任官してくれるように要請していた。それでも、守護・大名らが将軍の執奏により叙任する原則は義晴の時代にも変わらない。義晴は北畠氏・山名氏・赤松氏・土岐氏・菊池《きくち》氏などの叙任を執奏したほか、記録はないが、義晴が推挙したことが確認される大名として、陸奥蘆名氏、同岩城《いわき》氏、常陸の佐竹《さたけ》氏、上野の新田岩松《にったいわまつ》氏、能登畠山氏、伊予の河野《こうの》氏、肥前有馬《ありま》氏、日向伊東氏があり、全国広範囲にわたる。

なお、内談衆であった摂津元造は自身の祖父にあたる摂津之親《ゆきちか》が修理大夫に任官した先例を以て、口宣案や関係する女房奉書を証拠に、自身も修理大夫に任官したいと申請した。しかし、義晴は「子細」があるとのことで任官は待つように保留した。本来、修理大夫は大名クラスが任官するものであり、能登畠山氏や一色氏・大内氏などが任官してきた。義晴の時代でも、能登守護畠山義総や豊後守護大友義鑑氏などの守護家が任官し、それ以下の家格の直臣の任官はなかった。之親の任官自体が異例であり、もし元造が任官すれば、内談衆のなかで元造の官途が大名並とずば抜けてしまうため、義晴は同じ内談衆のなかでのバランスを配慮して、この件を差し止めたのだろう。

【偏諱】 義晴期に特に多い栄典は偏諱である。公家衆や奉公衆などの直臣は当然として、大名クラスの地域勢力も多く偏諱を得ている。義晴の偏諱の場合、実名の上字である「義」か、下字「晴」かのどちらかとなる。「義」は将軍家の通字であるため、その偏諱授与は下字よりも厚遇である。

義晴より偏諱を受けた、もしくは受けたと思われる代表的な大名・国人勢力を次にあげる。

東北：南部《なんぶ》（晴）、葛西《かさい》（晴）、大崎（義）、結城白河《ゆうきしらかわ》（晴）、大宝寺《だいほうじ》（晴）、伊達（晴）

関東：古河公方（晴）

中部・北陸：今川（義）、武田（義）、越後長尾（晴）、能登畠山（義）、冨樫《とがし》（晴）

近畿：京兆家（晴）、六角（義）、北畠（晴）、河内畠山（義）、赤松（晴）、若狭武田（義）

中国：大内（義・晴）、尼子（晴）

四国・九州：河野（晴）、大友（義・晴）、相良《さがら》（義・晴）、有馬（晴・義）、伊東（義）、宗《そう》（晴）

義晴期の特徴としては、歴代、将軍家より偏諱をうける京兆家や赤松氏などはともかく、これまで偏諱を得たことがない家や、おそらく義晴が存在自体を知らない新興の大名もみられる。

特に南部氏が偏諱を申請した際には、義晴が南部氏そのものを知らなかったため、「いかなるものか」と大館常興に尋ね、常興は「随分の者」であり、「もともとの御事（先例）」で偏諱を受けことがあること、さらに「わざわざ遠国より申請してきたことも含めて偏諱を与えることがもっともです」と返答している（『常興』天文八年七月十五日条）。南部氏はこの後偏諱授与が承認されるが、義晴も知らないような地方勢力からの偏諱申請について、「随分の者」、「もともとの御事（先例がある）」という理由で許可されたのである。実際に数代前の南部政康《まさやす》が足利義政より偏諱を受けていたと思われるので（「南部系図」）、それが先例とされたのであろう。偏諱授与の許可には「随分の者」、「先例」が基準としてあったことがみてとれる。

さらに、授与の可否をめぐって興味深い事例がある。それは有馬氏の事例で、天文九年に有馬氏が偏諱を受けたが、それに対して大友氏は「彼の有馬は少弐氏の被官人である」と異儀を唱えたのである（『常興』天文九年二月八日条）。当時の大友義鑑は、豊後守護として将軍家の「義」偏諱と修理大夫の官途を得ていたが、本来守護でもない同じ九州の国人有馬氏が、自らと同等の栄典を受けることに対して妨害してきたのであった。これに対して義晴は内談衆へ諮問したが、内談衆内では「このように被官人であることが事実ならば、御字の偏諱はよくないのではないか」としている。つまり、偏諱授与の対象者は被官人（義晴からみて陪臣）は不可と認識されていたのである。結局、有馬氏は少弐氏の被官ではないとして偏諱授与が取り消されることはなかった。

【役職・家格】将軍が授与するものには、幕府内での役職・家格といったものもあった。このような幕府の身分序列にはどのようなものがあったのであろうか。簡単にまとめると、

御相伴衆―国持衆（守護）―准国持衆―外様衆―御供衆―御部屋衆―申次衆―番衆―奉行衆以下

となる。このうち、大名・国人（国衆）は主に御相伴衆や御供衆などに加えられている。

守護職に補任する御判御教書の発給事例は、義晴期には大友義鑑の豊後・肥後国守護補任と六角定頼の近江国守護職補任の二つしかないが、だからといって、細川晴元が摂津・丹波などの守護でなかったことにはならない。たとえば晴元の場合には、京兆家の家督承認とともに摂津・丹波などの京兆家が世襲する守護職の継承が承認されたと考えられる（晴元被官波多野秀忠《ひでただ》は「丹波守護代」と表記されていた）。また、有馬氏の場合、実際に御判御教書で補任されたことは確認されないが、晴純《はるずみ》は「肥前国守護」と認識されていた（『常興』天文八年七月三日条）。

天文八年の伊予河野晴直《はるなお》の御相伴衆加入については、河野氏が先例があると主張し、申請内容は不審とされながらも、定頼が「忠節をいたす」「その身随分の者」という意見であったため、それをうけて許可された。先例はともかく、将軍家への現在の忠節を理由に、河野氏は御相伴衆に加えられることとなったのであった（だが、実際に河野氏が御相伴衆であったことを裏付けるものはない）。

しかし、かつて義澄の時代にその功績のため武田元信が御相伴衆に加わったとき、同じく御相伴衆で元信と密接であったはずの細川政元が当初これに反対したように、安易に家格は上昇されるものではなかったという（木下聡：二〇一六）。これを踏まえれば、義晴の時代は、家格の向上を望む大名などの地方勢力にとってみれば、「功績」のみで認められる絶好の時代であったといえる。これは、将軍が求心力を向上させることができる（授与者は功績を果たす）という利点とともに、高位の家格が増加して御相伴衆などの希少性がなくなることで幕府の家格秩序を乱し（もしくはその価値を下げる）、将軍の権威低下にもつながりかねない危険性もあった。

【そのほか、将軍との対面】守護・守護代クラスの武士に許可される白・黒傘袋、毛氈鞍覆や、乗輿・足袋・道服使用の免許も栄典といえるが、将軍との対面も家格を示す一種の栄典（特権）であった。対面の場所や人数はそれぞれ家格により差異があったが（「長禄二年以来申次記《ちょうろくにねんいらいもうしつぎき》」など）、次に大村純前《すみあき》の事例を見てみよう。

天文八年に有馬氏の使者として京都にあった純前は、帰国に先立って義晴に御礼のため対面することになった。そこで問題となったのが、対面の場所であった。有馬氏の被官（陪臣）か国人（直臣待遇）かで対応が異なるため、純前の家格が確認された。被官であれば、陪臣として庭上での対面であるが、国人であれば、直臣待遇として殿中での対面となるからである。これについて、有馬・大村の大名別申次であった伊勢貞孝がいわば身元保証人となって、純前は国人として殿中で義晴に対面することとなったのである（『常興』天文八年六月二十三日条ほか）。

貞孝は純前が無事義晴に御礼できるように取りはからうだけでなく、進物などの指南を行い、その利益のために尽力したのであった。

【栄典授与の可否判断と御礼】義晴の時代の栄典授与は、幕府への功績が一つの評価基準となっていたが、栄典の種類によっては直臣か陪臣かという点は大きい判断基準であった。白傘袋・毛氈鞍覆は浦上氏（赤松氏被官）、越後長尾氏（越後上杉氏被官）や摂津の池田・三宅・芥川氏（晴元被官）などのように陪臣層にも授与されたが、特に偏諱などは誰でも許可されるものではなく、一定の身分基準のもとでその可否が判断されていたのである。なお、大友氏が有馬氏の偏諱について抗議したのは、実際に少弐氏の被官だからではなく、北九州において偏諱を受ける大名が増加し、自家の家格の優位性が揺らぎかねないことを背景とする抗議であった。

これらの栄典の多くは、義晴より一方的に与えられたものとは限らない。偏諱などの多くは申請があってから授与されることが一般的であった。もちろん、戦功などの忠節に対する恩賞として栄典が与えられる場合もあった（朽木稙綱の御供衆、朝倉氏の御供衆・御相伴衆など）。

ところで、各種栄典授与への御礼はどの程度あったのか。主な事例を管見上まとめたのが【表】である。表からわかるように、偏諱や任官・諸免許など、御礼についてはさまざまであった。被授与者から御礼として多額の金品が将軍に進上されることは間違いない。しかし、将軍が一方的に受け取るわけではなく、御礼に対して返礼が行われることもあった。先の大村純前は対面の御礼を献上したが、それに対して義晴より太刀を下すかどうか、内談衆に諮られたが、常興は御礼が千疋であれば太刀を下す必要はなく、二、三千疋であれば、太刀を下してもよい。五千疋、万疋であれば、銘のある一廉の太刀を下すことがよいと返答している（『常興』天文八年閏六月二日条）。つまり、将軍への御礼が大きければ、返礼の品を下賜することもあったのである（少なければ御内書のみで返礼品を下賜しない場合もあった）。

表　栄典授与に対する御礼

	被授与者	栄典の種類	御礼	典拠	備考
1	朝倉孝景	塗輿御免	太刀、馬、鵞眼一万疋	「御内書引付」	
2	同	御相伴衆加入	太刀一腰〈行平〉、刀一〈秋広〉、香合一〈別紅〉、盆一〈堆紅〉、馬一疋〈河原毛印、雀目結〉、青銅十万疋	「御内書案〈天文五年常興存知分〉」	若公へも御礼あり
3	足利晴氏	任左兵衛督	太刀、馬、大鷹〈号冬木〉	『喜連川家文書』	
4	蘆名盛舜	任遠江守	太刀一腰〈吉真〉、黄金十両	「御内書案〈天文五年常興存知分〉」	
5	有馬晴純	任修理大夫	黄金三十両、盆一枚、青銅五千疋	『親俊』天文八年七月二十二日条	
6	同	偏諱「晴」	太刀一腰〈友安〉、沈香二十斤、馬一疋	同上	追加で六〇〇両も
7	伊東義祐	偏諱「義」	太刀一腰〈包永〉、青銅十万疋	『伊東系譜』	
8	同	任大膳大夫	五千疋	『常興』天文十年八月二十八日条	若公へも御礼あり
9	今川義元	偏諱「義」	太刀一腰〈国吉〉・馬一疋	「往古御内書案、秘々書状案、往古触折紙案」	
10	同	家督継承	太刀、馬、青銅五千疋	「往古御内書案、秘々書状案、往古触折紙案」	
11	岩城重隆	任修理大夫	太刀、馬、黄金三十両	「御内書引付」	
12	浦上村宗	白傘袋、毛氈鞍覆	太刀、馬、青銅五千疋	同上	
13	大友晴英	偏諱「晴」	太刀一腰〈国友〉・馬一疋、次いで唐錦、豹皮	『室町家御内書案』	
14	大友義鑑	肥後国守護補任	太刀一腰〈則房、教房〉、刀一腰〈清綱〉、弓一張、征矢一腰、腹巻一領〈糸毛〉、馬一疋〈鹿毛、鞍を置く〉、黄金三十両	「大友家文書」	
15	菊池義武	任左兵衛佐	太刀一腰〈行平〉、腹巻一領	「御内書并私書状以下案文」	
16	河野晴直	御相伴衆加入	御太刀、二千疋	『常興』天文九年四月十二日条	若公へも御礼あり

17	河野通直	任弾正少弼	太刀、青銅二千疋	「御内書引付」	
18	佐竹嘉篤	任右馬権頭	太刀、馬	『室町家御内書案』	
19	宗晴康	偏諱「晴」	太刀一腰〈持〉、曇金一端〈地赤〉、毛氈一枚〈赤〉、虎皮一枚、鳥目三千疋	『親俊日記』天文十一年七月十三日条	
20	同	任讃岐守	太刀一腰〈持〉、唐錦一端〈地紺、文唐草人形〉、鞍覆一ケ〈赤〉	『親俊日記』天文十一年七月十三日条	
21	宗義親	偏諱「義」	太刀一腰〈持〉、曇金一端〈青〉、紅綿一斤〈赤〉、鳥目二千疋	『親俊日記』天文十一年七月二十二日条	
22	伊達晴宗	偏諱「晴」	黄金三十両	『伊達家文書』	
23	長尾為景	小袖下賜	太刀、馬、青銅一万疋	『上杉家文書』	
24	長尾晴景	小袖下賜	太刀、馬、青銅一万疋	『上杉家文書』	
25	新田岩松氏純	任治部大輔	太刀一腰、黄金五両	「御内書案」	
26	畠山長経	家督継承	太刀、馬、鵞眼一万疋	「御内書引付」	
27	畠山弥九郎	家督継承	太刀一腰、馬一疋〈鴾毛印、雀目結〉、鵞眼三千疋	「御内書案（天文五年常興存知分）」	
28	畠山義続	任左衛門佐	太刀、馬	「往古御内書案、秘々書状案、往古触折紙案」	
29	同	偏諱「義」	太刀一腰〈助包〉・馬一疋〈河原毛〉	「往古御内書案、秘々書状案、往古触折紙案」	
30	畠山義総	叙従四位下	太刀一腰、馬、青銅三千疋	「御内書案（天文五年常興存知分）」	
31	同	口宣案袖判	太刀一腰・青銅三千疋	「御内書案（天文五年常興存知分）」	
32	三雲行定	白傘袋、赤毛毛氈鞍覆	太刀、馬、青銅五千疋	「御内書引付」	
33	横瀬泰繁	鞍覆、白傘袋	太刀、唐織物、黄金三十両	「御内書案（天文五年常興存知分）」	

このほか、享禄年間に長尾氏に小袖《こそで》が下賜された際、長尾氏よりは「太刀・馬・青銅万疋」が到来したが、それに対しては太刀一腰を下賜している（『上杉』三八二号、『義晴』一〇六）。通常、下賜されるものの多くは太刀一腰（銘あり、無銘など差違はある）であり、トータルすれば義晴方の利幅が大きいのは事実である。しかし、これらの御礼は義晴が独占するわけではなく、無足の直臣らに配分されたり、伊勢神宮の修理のための費用にあてるなど、諸経費を補填するためにも利用された。

これらの栄典や返礼に大名別申次の意見が尊重、反映されることもあったし、申次が御礼物を指南することもあった。天文十年に大内義隆が九州探題渋川貞基《しぶかわさだもと》への偏諱と任官を申次の伊勢貞孝を介して申請した結果、「義」の偏諱（「義基」）と左兵衛督任官が許可された。貞基（義基）へ御内書と御太刀を下すべきかどうか内談衆が談合したが、大館晴光は申次である貞孝が述べる内容に任せるのがよいと述べている（『常興』十一月二十九日条）。大名らが栄典授与をうけるには、彼ら申次の活動が不可欠であった。

第四章　将軍家の家政と直臣たち

義晴時代の幕府直轄領

将軍家の日々をみるうえで欠かせないのが、日常的な家計であろう。一般的には、戦国時代の幕府は財政難であったとイメージされるのではないだろうか。実際、義晴時代の幕府財政はどのような状態であったのだろうか。意外に意識されていないが、足利将軍は天皇家や公家、寺社と同様に荘園領主でもあった。将軍家の所領は通常御料所《ごりょうしょ》と呼ばれ（朝廷の直轄領も御料所と呼ばれるが、こちらは禁裏御料所として区別されている）、多くは各地に点在しているため、代官が年貢請負《うけおい》を行っていた。御料所の代官職には将軍直臣が任命されることが多く、一種の恩賞として将軍より与えられることもあった。

幕府の御料所は、どのくらいの数があったのであろうか。桑山浩然《くわやまこうねん》氏はかつて、御料所（御料国含め）を一九五箇所を検出された（桑山：二〇〇六）。ただし、この一九五箇所はさまざまな地域や時代にまたがっており、同時に存在したわけではないから、実数はさらに少なくなるだろう。また、戦国時代になると、関東や九州など遠国の御料所は実効支配できていたわけではない（足利氏発祥の地である下野国足利荘ですら、十五世紀には足利長尾氏の実効支配下にあった）。

これらの御料所や日常的な将軍家の家計財政は、基本的には政所の管轄であった。政所代を世襲した蜷川家に伝わった『蜷川家文書』に収録される「幕府御服方料《ごふくかたりょう》以下《いげ》諸下行《げぎょう》出所《しゅっしょ》覚書《おぼえがき》」には、義晴期のそれぞれの御料所の収支元が記されている。これによれば、将軍の御服方料はもともとは数ヶ所あったが、この当時は摂津国富田荘のみで、しかも「一向無実」の状態にあるという。また、供御《くご》方《かた》は丹波国船井郡《ふないのごおり》桐野《きりの》河内《ごうち》村（京都府南丹市）・同美濃田保《みのたのほ》（同南丹波町）の年貢を、幕府女房衆の御行器《ほかい》（本来の意味は食物の容器であるが、ここでは食事料の意味）は納銭方《なっせんかた》の余剰分を、御厩方《みまやかた》は近年は納銭の内から、奉公衆らへの配当は公方御倉（酒屋土倉のうち、幕府の日用品・財物や公用を管理・出納する。政所の管轄）が支出することになっていたとされる。

御料所といってもすべてが一律ではなく、御台所の御料所（上様《かみさま》御料所）も設定されており、家計も別個のものとなっていた。先の「幕府御服方料以下諸下行出所覚書」によれば、御台所の御服・供御については、別に納銭方より支出することになっていたという。

では、義晴の時代にはどの程度の御料所が確保されていたのか。残念ながらその実数は把握できない。『常興』や『親俊』などの幕府内部の記録のほか、大坂の本願寺証如《しょうにょ》の日記『天文日記』などより確認される主な御料所は次の通りである。

加賀国：七ケ所、森島分・石川郡所々散在、得丸保（玉泉寺領。いったん御料所とするも返付）、五ケ庄・徳久・六ケ村（長嶋・宮武・野田・高畠・藤六・小豆澤）、菅浪・上若松（奉公衆狩野代官分）・長滝村、

加賀国御台所御料所：加賀国七ケ所（本郷・吉田・橘）・芝山庄、能登国：町野庄、若狭国：宮川保・安賀庄・三宅庄・鳥羽庄・松永庄・青保郷、摂津：富田庄・溝杭・井出新庄内一分方、近江：海津西庄、丹波国：桐野河内、河内国：十七ケ所、丹後国：宇川庄、伯耆：星川庄、美作：小吉野庄、備前：佐伯庄、筑前：河上ほか

これらの御料所については、公用未納という風に頻出する。また、前述したように足利義維方に与同し闕所とされた土地を御料所とし、それを直臣に宛行、預け置く場合もあった。

御料所からの公用進納

【収入】御料所からの実際の収入分について記録に残るものは多くないが、若狭国宮川保、安賀庄はそれぞれ一万疋（『常興』など）、加賀国森嶋《もりしま》（石川県白山市）では七百疋（『親俊』天文八年〈一五三九〉三月五日条）、上様御料所である加賀国七ヶ所（石川県白山市付近）では千疋、河内国十七ヶ所（大阪府寝屋川市ほか）は公用米二千斗であった。しかし、これらの公用が一括で納入されるとは限らず、現地よりさまざまな理由が付けられ、一、二年遅れや分割での納入も珍しくなかった。そのため、幕府から将軍の御使や飛脚が派遣されることも多い（『常興』天文八年七月十三日条ほか）。

このように、幕府御料所よりの収入は安定していたわけではない。なお、どの御料所からの収入なのか不明であるが、年月日未詳「幕府公用手日記等文書」には、義晴が万疋、菊幢丸と御台所には

三千疋、女房衆には千疋ほど、御供衆十名には馬代三千疋（一人三百疋ずつ）が配当されていたとある（『蜷川家文書』五八五）。

また、御台所御料所である加賀国七ヶ所の公用については、「御領（料）所加賀国七ヶ御公用事」（『武家例規雑纂』）より確認できる。この史料では天文五年から天文十年までしか記録が残らないが、天文四年分は本願寺が幕府より赦免された翌五年に支払われたこと、その内訳は公用千疋、御代官（大館晴光）得分五百疋であったという。しかし、翌五年分は同六年に二年分合わせて二千疋が進納されるなど、毎年安定して進納されていたわけではなかった。さらに、加賀国内に権益を持つ直臣の保護も進められたが、天文五年の本願寺赦免は、本願寺はもとより幕府自体の存立にも直接関わる問題だったのである。

このように、御料所からの公用進納は停滞することが多かった。そのため、若狭国内の御料所宮川保では一向に公用進納が無沙汰な状態となっていたため、幕府は若狭守護武田氏の被官粟屋氏や京都雑掌へ堅く進納を命じるとともに、雑色《ぞうしき》や御大工などを現地に派遣して対応した。比較的京都に近く、義晴政権とも良好な関係にある若狭武田氏の領内でもこのような状況にあったのだから、幕府経済は常に不安定であった。

このほかに、十四世紀以来の洛中洛外の土倉酒屋よりの月々徴税も重要な収入であった。徴税にあたっていたのが納銭方であるが、この収入も「御料所」とされていた（田中：二〇〇一）。天文八年には御倉正実坊《しょうじつぼう》の徴税に対して、「京都上下の地下《じげ》の輩廿人」が月五百疋の負担を七百疋に上げることと引き替えに、正実坊の徴税を停止させてくれるように嘆願した件がある（『常興』十二月二十六日条）。この件だけでみれば、当時毎月一万疋分の収入で年十二万疋（閏月があれば十三万疋）あったことになる。これが実際に毎月全額納入されたかどうかはわからないが、義晴の時代の重要な収入源であったことは変わらないだろう。

【丹波国桐野河内】　特に問題となったのは、御供御料所である丹波国桐野河内村から公用米の京進がされないことが多く、将軍家の日常の食事にすら影響があったことである。天文七年には供御米が押領されたことにより、進納が堅く命じられたにもかかわらず、実際には進納がないとして「供御闕如に及ぶ」状態になっていた。これに対して、細川晴元被官で丹波守護代波多野秀忠らに供御料進納を命じている（天文七年五月十七日条）。供御に問題が発生した場合には、洛中洛外の米屋が供御料を進納する場合もあったものの（細川晴元奉行人奉書案『蜷川』五〇一号）、供御料所である丹波の桐野河内などは、丹波を押さえる晴元やその家中の協力がなくては維持できなかったのである（水藤：二〇〇六）。それでも丹波では守護方の違乱はなくならず、日常の供御調達に影響が続いた（『常興』天文九年四月二十八日条・『親俊』天文十一年六月十一日条など）。すでに将軍家の日常の食事すらままならないのである。

義晴の時代にはすでに御料所の在地支配はほとんど失われ、公用の京進を地域権力に依存するようになっていったという（田中：一九九九）。そのため、丹波のほか、若狭では守護武田氏、加賀では本願寺など、御料所の所在地の守護・大名の協力が不可欠であり、彼らとの関係を維持することは幕府にとっても経済的安定のためにも必須であった。

御料所以外の収入と不足分の借用

御料所の公用以外の主な幕府の収入としては、五山十刹《ごさんじっさつ》の住持職補任の公帖《こうじょう》発給や十刹諸山加入に対する礼銭（官銭）、大名ら地域勢力からの年始・八朔《はっさく》・歳暮など、佳例での御礼物も重要な収入源であった。たとえば、紀伊国誓度寺《せいどじ》を十刹に加えた際の幕府への礼銭は「二千疋、香合《こうごう》一、檀紙《だんし》十帖」（『鹿苑』天文五年〈一五三六〉四月十七日条）であったし、大名からの佳例としての御礼も、朝倉氏は年頭の祝儀として「太刀一腰・青銅三千疋」（「往古御内書案・秘々書状案・往古触折紙案」）、能登畠山氏は年始に「太刀一腰・白鳥・海鼠腸《このわた》」（「御内書符案」）、八朔では「御太刀〈持〉ならび青銅五千疋」（『常興』天文八年九月二十五日条）であった（年始御礼は大内・大友・土岐・河野・北畠・吉良などもあり）。これ以外にも、臨時的なものとして栄典授与への御礼もあった。

また、停滞しがちな御料所からの公用に代わって、幕府の財源を支えたのが公方御倉と禅林寺院であった。すでに室町中期には酒屋土倉などの金融業者に土倉役を賦課し、それを幕府の財源としていたが、義晴の時代も同様である。前述したように、御料所よりの進納が滞った場合や、現時点で幕府に財源がない場合に、彼らが金銭を用意したのである。後述する天文九年の改元要請の際に、幕府内で公方御倉の要脚不足が話題となったが、幕府は相国寺の祠堂銭《しどうせん》（寺院に寄進された金銭。寺院はこれを元金に金融活動をする）を借用するか、もしくは地下の酒屋土倉にまずは立て替えてもらうか、とされた（結局は改元せず立ち消えとなるが）。

また、天文七年の後柏原天皇十三回忌の香典料一万疋が不足した際にも、管掌する政所を介して洛中洛外の酒屋土倉より一万疋を借用している（『親俊』三月十六日条ほか）。その後、借銭は政所より酒屋土倉に返弁されたが、このような借用の事例は、将軍家とつながりが深い相国寺にも見られた。たとえば、義晴が南禅寺より伊勢邸へ移徙する際の費用一万疋の借用が命じられ、七千疋に減額されたものの相国寺が祠堂銭のなかから捻出して、将軍家に貸し出している（『鹿苑』天文五年二十四日条ほか）。

これらは、基本的には返却を前提とした借用であったことが注目される。幕府はあくまでも御料所などより年貢の運上があった時点で、これらの返済にあてたのである。義晴時代の幕府会計は、いわば自転車操業というべきものであった。

治安維持のための洛中検断

家政ではないが、幕府の役割の一つに洛中の治安維持があった。かつて、義晴が京都を没落した際に京都の治安が悪化したと認識されていたように、幕府には日常的な京都の治安維持が求められていた。義晴政権が安定しようとも、京都に犯罪がなくなったわけではない。その役目を果たすのが侍所である。侍所は検断活動、つまり警察活動と罪科人の処罰などを行う、京都の治安維持活動の担い手であった。ただし、戦国時代には本来頭人をつとめる四職家（山名・赤松・一色・京極）による就任はなくなったため、事務官（文官）の筆頭である開闔《かいこう》が事実上の長官として、侍所を差配していた。開闔は自身の被官や雑色、小舎人《こどねり》などの下部《しもべ》を使役して、洛中の治安維持を行っていた。開闔は雑色・小舎人らの侍所下部の上官として、彼らの利権に関わる要望を幕府（内談衆）に上申することもあった。なお、天文年間には松田頼康や松田盛秀が開闔の職にあった（拙稿：二〇一四）。

天文五年（一五三六）には南禅寺に仮寓していた時期に、門前で刃傷事件があった際にも罪人宅の検断を行ったり（『南禅寺文書』）、実際に捕り物を行っていた事例も『常興』から複数確認できる。

たとえば、天文九年には盗賊が近衛邸に侵入した事件があった。捕縛のため、侍所より雑色が派遣されたものの、盗賊は入江殿《いりえどの》に逃げ込み、捕り物のなかで開闔被官が傷を被りながら、盗賊を討ち取ったことがあった。このとき、開闔被官には褒美として太刀が下賜されている（二月六日条）。同年には容疑のある鏡師を、開闔の指示で捕縛したこともあった。しかし当時、鏡師は奉行人飯尾貞広《さだひろ》被官の邸宅に間借りしていたため、貞広被官の私物が捕り物の際に被害を受けてしまった。このため、貞広は開闔に抗議をしたが、開闔は聞き入れなかったという（四月三日条）。捕縛について、開闔にはある程度の権限が付与されていたのであろう。さらに同年四月にも、清光院へ入った盗賊を開闔が捕縛収容し、その成敗が命じられている（四月一日条）。

義晴が京都にいる間は、このような日常の治安維持は侍所が行っていたが、義晴が京都を離れると、開闔である奉行人も供奉したため、検断活動が停止することになったのである。かつて鷲尾隆康が将軍が不在＝京都の治安悪化としたのは、このように開闔が不在となったことも含まれるのである。

また、審議機関としては義晴の時代には機能しておらず、審議は御前沙汰に吸収されており、内談衆の指揮下で、本来の侍所管掌の案件に対して「開闔意見状」と呼ばれる上申書を提出するのみになっていた。しかし、開闔の役目は多く、路次の整備や掃除、車力《しゃりき》（運搬業）の使役、人夫《にんぷ》・竹木徴収も管轄であり、これついて開闔が単署の奉書を発給した。また、今日まで続く祇園祭《ぎおんまつり》での山鉾《やまぼこ》の順番をめぐる籤引きも開闔宅にて行われているなど、京都の市政に欠かせない存在であった。

義晴時代の将軍直臣

将軍直臣といった場合、通常は外様衆（評定衆含む）、御供衆、御部屋衆、申次、節朔衆、五ヶ番衆、奉行衆（式評定衆《しきひょうじょうしゅう》、引付衆《ひきつけしゅう》、御前衆《ごぜんしゅう》、御前未参衆《みさんしゅう》）、同朋《どうぼう》などで、さらに諸機関の下部として雑色・小舎人なども存在する。このほか、幕府女房衆も加えられるだろう。義晴の時代には「奉公衆」は番衆のみならず、外様衆や御供衆を含む広義の用法で使用されていた（西島：二〇一一）。また、奉公衆は「諸侯」と呼称されることもあった（『常興』天文七年〈一五三八〉九月二日条）。

【番衆】 奉公衆について簡単に説明すると、本来その中心である番衆は通常五番に編成され、各番が交替で将軍御所の警固にあたっていた（一番：一〜六日、二番：七〜十二日、三番：十三〜十八日、四番：十九〜二十四日、五番：二十五〜晦日）。義尚の近江親征の際には、およそ三百人近い番衆が存在した（「長享元年《ちょうきょうがんねん》常徳院殿様《じょうとくいんでんさま》御動座《ごどうざ》当時在陣衆着到《とうじざいじんしゅうちゃくとう》」『群書類従』）。その後の明応の政変（一四九三年）後に、番衆体制は崩壊したと認識されていたが、実際は分裂こそしたが、義晴の時代にも継続維持されている。

各番は番頭を筆頭に、メンバーである番子が所属していた。それぞれの番内のメンバーは結束しており、たとえば、天文九年三月に伊勢国で二番衆の片山平三《かたやまへいぞう》が隣郷と合戦に及んだが、平三は同国内の同じ二番衆（同じ番のメンバーを相番《あいばん》という）らの合力を命じる下知を求め、在京の二番衆結城国縁や飯川順職《のぶのり》ら三名も連判によって平三の申請の支持を表明したのである。義晴の時代においても番衆の結束は維持されており、メンバーに危機が訪れれば共同で問題にあたったほか、『常興』をみると、番子が訴訟などの申請を行う場合は、番頭を通して申請している。

五番衆の番頭であった大館晴光のもとには、相番の衆が平時より朝食をともにするほか、諸事進退の報告もされている（『常興』天文十年八月三日・同十一月五日条ほか）。

【将軍家への奉公】 直臣は、戦国の世も将軍への奉公という職務を忘れたわけではない。天文八年に三好長慶と同政長の対立に関わり、ある夜中に雑説があった際には、奉公衆がことごとく殿中に馳せ参じたというから（『常興』天文八年七月十一日条）、将軍に火急の事態があれば、ただちに警固のために参上していたのであった。義晴はこのような直臣の奉公によって支えられていたのである。

彼ら奉公衆は合戦の際の軍事力としては当然、将軍の外出の際の供奉や、御所での祗候、各国への将軍御使、御所の警固番（日常的な警固の様子は歴博甲本洛中洛外屏風図にもみられる）、御所の門役、さらに御所の作事や寺社への御代官参などもつとめた。

特に門役は御所の警固の要職であるから、特に当番が闕けないように注意されていた（『常興』天文九年二月九日条ほか）。門役は二名ないし一名で、小笠原稙盛《たねもり》・進士国秀《くにひで》・伊勢貞泰《さだやす》・海老名高助・曽《そ》我晴助《がはるすけ》、大名の細川元常などがつとめたことが確認できる。特に大小にかかわらず、知行を持つものがつとめるのが義務とされた（『常興』天文九年三月二十八日条ほか）。

もちろん、義政・義尚の時代などと比べて、将軍に在京奉公する直臣は減少傾向にあったものの、大永八年（一五二八）の義晴の一時的な帰京の際には直轄軍が約四、五千であったというから、軍事力としてはこの時点でもある程度維持されていた。個別でみれば、伊勢貞忠兄弟が率いた兵一四〇〇～一五〇〇が最大規模で、およそ三分の一の兵力を持つ伊勢氏が、将軍直属軍で果たす役割が大きかったことがわかるだろう。

【番代銭】在京奉公をしなくなった直臣らはどうしたのであろうか。基本的に幕府との音信を継続しているものについては、別の形で奉公していた。それは「番代銭《ばんだいせん》」という言葉からうかがえる。「番代銭」は『常興』に散見されるが（天文九年三月十七日条ほか）、これは在国などで実際に御所の御番を行えない場合に納めたものという（高梨：二〇一六）。当時、因幡の知行地に在国していた三上経実《つねざね》の場合、番代銭は一八〇〇疋であり、五番衆の横瀬道祖千代《よこぜどうそちよ》は三百疋を納めている。もちろん、すべての在国奉公衆がこのような番代銭を納めていたわけではないだろうが（納入が滞る場合もあった）。朝廷での禁裏小番《きんりこばん》でも、番に参加できない公家衆が代わりに、「番代料」として米を納めており、これと同じであろう。

経済難に苦しむ直臣たち

奉公衆らが実際に将軍に奉公するにも、経済力が必要であった。彼らは在京しながら将軍に奉公するのだから、京都に邸宅を所持するのはもちろん、合戦時には軍準備も必要であった。

直臣らは畿内や洛中洛外に所領を持っていたが、将軍家の御料所ですら公用進上が不安定ななかで、直臣たちの所領収入も安定しないことはいうまでもないだろう。

直臣の経済難は、義晴の時代にはじまったことではない。義政時代から義澄時代まで奉公衆として活動した細川政誠（内談衆細川高久の父）の場合は、知行地が不知行となり生活に困窮したこと、困窮により将軍に奉公することができないため当知行している京都の屋地を売却し、その売却金にて「奉公が退転しないように参勤」すること、そのための公験が欲しいと申請している（細川政誠書状案『蜷川』三六七号)。将軍家への奉公のためにいわば身銭を切っているわけであるが、これは義晴の時代も変わらない。

次に、番衆の知行地について、家が断絶した場合の進退はどのようになっていたのであろうか。天文八年(一五三九)に二階堂有泰が、断絶した同名深矢部《ふかやべ》氏(二番衆)の跡を末子に継承させ、家名と伊勢国深矢部保の所領を再興させたいと申請した。それに対して、御前沙汰では相番(同じ二番衆)に預け置かれていたので、二番衆中に確認するようにした(「披露事記録」)。この一件から、番衆の場合、家名が断絶したら相番が再興するまで預かるということになっていたことがわかる。

また、遠方の加賀国などに所領を持つ在京の直臣の場合、本願寺などその地域の大名などの地域勢力に確保を依頼するしかなかった。そのため、知行地の確保や大名との交渉のために現地に下向する場合もあった(『常興』天文九年正月十日条ほか)。

先の門役のように、知行地を持つものはその大小にかかわらず、より重事の奉公が求められていた。おそらく、知行地を持つことは将軍の御恩のおかげであり、それに相当する奉公が求められたのであろう。

実際に、経済難に陥った直臣はどうしていたのであろうか。たとえば、一色晴具は「不弁《ふべん》」により、御所の御番の免除を宮内卿局を通じて申請している(「披露事記録」)。

同じく義晴側近であった三淵晴員と狩野氏武《うじたけ》も、「不弁」により暫時の暇乞《いとまご》いを願い出ている。この一件は内談衆で審議されたが、晴員は「形のごとく」でも知行地を持つこと、氏武は御料所安賀庄より配当を受ける人数に含まれることから、「無足《むそく》（無収入）」ではないと判断され、晴員らの申請を却下するように義晴に答申している（『常興』天文七年九月三日条）。

直臣の暇乞いの事例は『常興』にも散見されるが、奉行衆の筆頭である公人《くにん》奉行の要職にあった諏方長俊《ながとし》ですら、期間を限ったうえで暇を求めている（同九年七月十七日条）。実はこれ以前、長俊は奉公衆の進士国秀と知行地をめぐり相論した結果、敗訴したため、「知行地を失ったこと、余りにも御情けがないことです。息子の晴長《はるなが》とともに他国に下ります」とまで訴えていたが、常興が「どのようにも堪忍するように」と諭したことで出仕を継続していた（『常興』天文八年十二月二十一日条）

ところで、暇乞いの承認には一つの基準があったようである。進士国秀が落髪し幕府に暇乞いをした際に、国秀は子息が出仕していることを理由に許可を求めたのであった。その有無を審議した内談衆のうち、常興はそれならば問題ないと返答している。父子両人が将軍に奉公する必要はなく、親に代わり子息が奉公すれば、「家」での奉公が継続されていると見做されたのであろう。細川尹隆《ただたか》・晴経《はるつね》父子も同様の理由で暇が承認されている（『常興』天文八年七月二十四日条）。

経済難については、女房衆も同じであった。特に御台所や菊幢丸、そのほかの姫君付きの乳人たちも「不弁」によって十刹の公帖を申請することがあっただけでなく（幕府への御礼分を自分のものとする）、女房衆への給金も二ヶ月未給であったこともあった（『常興』天文九年四月三日条・九月四日条ほか）。

義晴による直臣保護

これまでみたように、直臣の経済難は将軍家の日常にも関係した。暇という形での奉公からの離脱は、軍事的な不安定さが増す当時において避けたいものであった。義晴にとって、直属軍を構成する彼らの保護は、幕府の運営においても不可欠であっただろう。特に経済難の直臣に対して、どのような対応がとられたのかをみてみたい。

直臣の経済難に対しては、幕府の御料所の公用配当を宛てることで対応しようとしていた（『常興』天文七年〈一五三八〉九月三日条ほか）。そのため、御料所の公用が停滞することは、将軍家だけでなく直臣にも影響があった。常興と宮内卿局が一部配分を受けている若狭国宮川保の公用進納が遅延した際に、武田氏から弁明の書状が幕府に送られたが、義晴はそれを見て「曲事《くせごと》」として、「もってのほか」と怒りを顕わにし、急ぎ若狭へ御使が使わされたこともある（『常興』天文八年十二月二日・三日条）。自らや直臣に影響のある公用の遅延には強い姿勢を示したのである。

このほか天文十一年には渡唐船《ととうせん》が帰国したことで得た物品の一部を換金し、それを直臣らに五十疋宛配当したこともある（同十一年三月十二日条）。

御料所からの配当以外に「無足」の直臣の重要な収入源となったのが、各地方勢力よりの御礼進上物などであった。天文八年に肥前有馬氏の使者として上洛した大村純前は、義晴との対面の御礼として御馬・御太刀と万疋を進上した。これを受けて、番衆の「無足衆」で「相違なく祗候の衆」は多少の金額にかかわらず自分たちへの扶持をいただきたいと願いでている（同八年閏六月五日条）。

　このような事例は、将軍家に限ったことではない。朝廷でも、多額の献金などがあった場合に廷臣らに配分することもあったが、無足の直臣にとって将軍家からの配分の有無は死活問題であった。義晴にとっては直臣の保護の観点からも当然の行いであったが、特に無足の直臣から求心力（忠誠心といってもよい）を得られるという利点もあったであろう。

　義晴の直臣保護の姿勢が垣間見られる事例として、天文七年に細川晴元が山城国下五郡に段銭を賦課しようとした件がある。義晴は内談衆に対して、段銭は「諸奉公の知行分のこと、とても承知できないことである。堅く停止するように」との下知をすべきか諮っている（『常興』九月一日条）。さらに、「諸侯（＝奉公衆）知行分のことは捨て置きがたい」との意向を示し（同九月二日条）、晴元による段銭賦課に対して直臣保護の姿勢を示したのであった。そのため、次の御内書が晴元に下された（同九月八日条）。

　城州段銭の儀、その謂われなく候、殊に諸奉公の輩知行分、尤ももって然るべからず、所詮、堅く停止すべき旨、下知せらるべく候、なお晴広《（細川）》・高助《（海老名）》申すべく候なり、

　　九月八日

　　　右京大夫《（細川晴元）》とのへ

これ以外にも、直臣らの所領が京兆家の被官らによって違乱されるなどトラブルも多く、京兆家は直臣の生活基盤を脅かしていた。当時、山城・丹波・摂津など畿内で領国化を進める京兆家にとって、将軍直臣層と支配領域が隣接、重複する内衆・被官層も多く、晴元は彼らの支持を得るために、表面上は幕府の遵行を受諾しながらも、事実上トラブルを黙認することも多かったのである。

それに対して義晴は、直臣保護の姿勢を常に示したが、それは直臣の支持を得るためと同時に、前述のように幕府の運営に直接影響するためであった。

将軍家にしても京兆家にしても、山城をはじめ畿内という領域が主たる基盤であるため、支配領域が重複する将軍直臣、京兆家被官それぞれがトラブルになることも多い。しかし両者とも、それぞれの支持を得るためにも、どちらも譲れないものであり、そのため容易に解決しえないものであった。このことが、のちのち義晴と晴元の関係に微妙な影を落とすのである。

義晴の血縁と子女

ここでは義晴の家族構成をみてみよう。父義澄と正室日野氏との間に子女はないため、義晴の兄弟として確実なのは、異母兄弟の義維のみである。『系図纂要』にはさらに「随風《ずいふう》」なる人物が義澄の子として掲載されるが、その他の系図にはなく、一次史料含めてその実態は一切不明である。

正室は近衛尚通娘であるが、側室として大館常興娘、一色晴具娘が確認される（『尊卑分脈』『群書類従』

所収「足利系図」など）。大永五年（一五二五）に上臈となった一対局も側室であったかもしれない。

義晴の子女として史料上確認されるのは以下の六名（男子三、女子三）である。男子は嫡男で第十三代将軍となる菊幢丸（のち義藤、義輝）と第十五代将軍となる義昭、そして周暠《しゅうこう》である。義晴の男子は「足利系図」（『続群書類従』）や『尊卑分脈』（『新訂増補国史大系』）などでもこの三名で一致する。

【①義輝】 天文五年（一五三六）～永禄八年（一五六五）

生母は近衛氏。三月十日生（「御産所日記」）。幼名は菊幢丸。はじめ義藤。乳母として春日局（日野晴光室）がいる。将軍家の嫡男であり、すでに述べたように、御台所出生の男子誕生は第九代義尚以来のことであった。天文十五年に将軍職を継承する。三好氏と抗争を繰り返したのち、永禄元年に帰京する。永禄八年五月十九日に三好義継《よしつぐ》や松永久通《まつながひさみち》らに襲撃され殺害された（永禄の変）。

【②義昭】 天文六年（一五三七）～慶長二年（一五九七）

生母は近衛氏。十一月三日生（「足利家官位記」）。幼名不詳。はじめ出家して覚慶《かくけい》、のち義秋、義昭。外戚の近衛家の猶子として天文十一年に奈良興福寺一乗院に入室する（『親俊』）。のち門跡を継承するが、当時の門跡覚誉は近衛尚通の男子であり、覚慶にとっては叔父となる。奈良での生活についての詳細は不明であるが、乳母としてのち将軍就任ころより側近女房衆となる大蔵卿局《おおくらきょうのつぼね》が知られる。周知のように、兄義輝の死後、将軍後継者として運動し、織田信長を頼ったうえ、永禄十一年十月に第十五代にして最後の将軍に就任することとなる。慶長二年八月二十八日没。

【③周暠】天文八年（一五三九）?〜永禄八年（一五六五）

生母は不明。生年不詳であるが、天文七年以降の誕生であろう。『常興』天文九年二月四日条には、「御弟若公様御誕生日」にて身固《みがため》が行われたとある。二月四日は義昭の誕生日とは異なることから、もう一人の弟である周暠がこれにあたる可能性が高い。義昭の誕生が天文六年十一月であるから、天文八年の誕生となろう。生母が近衛氏であると後述する⑤の女子との関係が矛盾するので、側室の子かもしれない。前半生の活動の詳細は不明であるが、義輝が帰京した永禄年間になって史料に現れるようになる。乳母に今乳人局《いまめのと》がいる。周暠は鹿苑寺に入室したが（「鹿苑寺殿《ろくおんじどの》」）、永禄期もたびたび近衛氏（慶寿院）のもとにあり、当時男子のいなかった義輝の後継者に目されていたのかもしれない（義輝嫡男輝若丸《てるわかまる》は夭折）。周暠は、永禄八年五月十九日に兄義輝が三好義継らによって襲撃され殺害された事件（永禄の変）に巻き込まれ、殺害された（『言継』同日条ほか）。

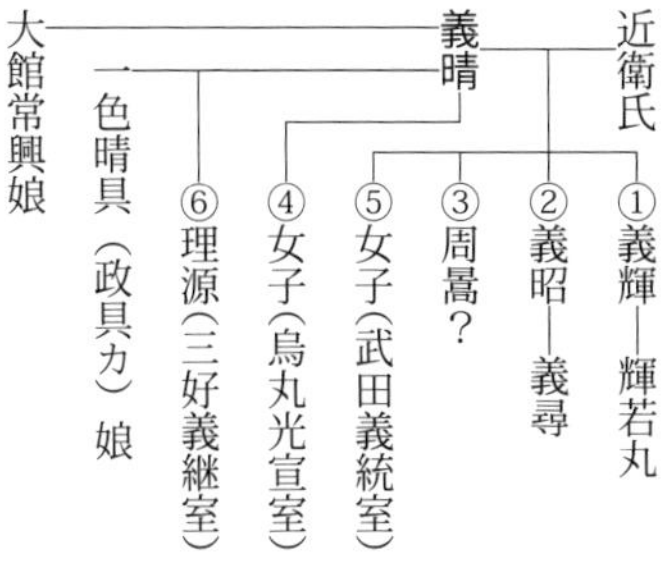

系図3　義晴の子女系図

【④女子（烏丸光宣《みつのぶ》室）】?〜元亀二年（一五七一）

生年と生母は不詳である。「入江殿《いりえどの》」（『言継』元亀二年四月十四日条）と呼称されており、もともとは三時知恩寺《さんじちおんじ》に入室していたのであろう。時期は不明であるが、公家衆の烏丸光宣に嫁いでいる。烏丸家は日野家などと同じ昵近公家衆であり、将軍家に近侍する公家衆であった。

光宣室は「大樹（義昭）之御姉」（『言継』同日条）とされており、この記述を信じれば、天文六年生まれの義昭より年長で、それ以前の誕生となる。すると、生母は近衛氏とはならない。なお、天文九年七月十一日には入江殿に入室の契約の話が確認される（『常興』同日条）。婿の光宣は天文十八年の生まれであるから（『公卿』）、一周り以上の年齢差があることになる。おそらく義昭の意向で婚姻させたのであろう。

ところが、光宣室をめぐって一つの事件が起こる。光宣室は、元亀二年四月に産後の日だちが悪く死去してしまったのだが、光宣はその直後に何を思ったか逐電《ちくでん》してしまうのである。義昭の姉とすれば、当時すでに三十代後半であり、当時としては高齢出産であったことも影響したのだろうか。この結果、義昭は逐電した光宣に代わってその父光康を閉門《へいもん》処分にしたのであった。

【⑤女子（武田義統《よしむね》室）】天文八年？～？

若狭守護武田義統（元光の孫）の室。生年と生母は不詳であるが、永禄七年五月に彼女が上洛した際には、近衛氏がそれに対応しており、生母はおそらく近衛氏と思われる。生母を近衛氏とすれば、義輝・義昭の誕生以降の天文七年以降が生年ではないか。天文八年五月二十九日に御台所出生の女子がいることから、この女子が当てはまるかもしれない（『常興』天文八年六月朔日条）。武田氏への嫁入りは天文十七年とされているが、その年次は確定されていないため、将軍家が若狭武田氏を政治的に頼るようになる天文十八年より永禄元年の間であったのではないかともされる（木下聡：二〇一六）。

この婚姻は、将軍家として非常に異例のものであった。つまり、将軍家の女子は入寺するのが通例で、これまで大名家に嫁ぐことはなかったためである。これについては、それだけ若狭武田氏が将軍家にとって重視される存在であったことの表れであったという。ただし、義晴が健在であった時期か、義輝に名実ともに代替わりをする天文十九年五月以降であるかどうかも重要な点である。つまり、これが義晴の意志なのか、もしくは義輝（ないしは慶寿院）の意志であるのかによってもその意義づけは変わるだろう。

【⑥理源（三好義継室）】　?〜天正元年（一五七三）?

生年不詳であるが、生母は奉公衆「一色式部少輔」の娘で、天文十八年に宝鏡寺《ほうきょうじ》に入室した（『鹿苑』天文十八年三月八日条）。羽田氏は、「一色式部少輔」を一色晴具と比定している。そのため、理源の叔父は義輝・義昭の側近として著名な一色藤長《ふじなが》となる。入室との因果関係は不明であるが、晴具は理源が入室する天文十八年三月に喧嘩に巻き込まれて死去している（「厳助」三月条）。晴具は元服の時期から永正年間初期（一五〇三〜八ころ）の誕生と思われるから、生母の晴具娘は大永末から天文初期の生まれで、その娘である理源は天文十五年前後の生まれであろうか。むしろ晴具の姉妹（一色政《まさ》具《とも》娘）とみるべきかもしれない。

理源はその後、義昭の時代である永禄十二年三月二十七日に還俗し、信長の媒酌により三好氏の当主であった三好義継に入嫁している（『言継』同日条）。その後、義継は義昭政権より一時離脱したのち、天正元年になって、信長に敗れて京都より没落した義昭を河内若江城《わかえじょう》（大阪府東大阪市）にて保護した。その結果、信長方に攻められて最終的に自害したが、その際に妻子とともに自害したという（『信長公記』）。理源はこの際に夫義継とともに自害したのであろう。

女子が三人であるとすれば、「足利系図」や『尊卑分脈』に見える「大慈院《だいじいん》」と武田義統室は同一人物の可能性もある。「足利系図」では別人としているが、義継室と理源を別人としているように、義統室と「大慈院」と別人として記載した可能性も高い。

通常、将軍家の女子は入寺することから、義統室も誕生後、当初は入寺していた可能性は高い。しかも、烏丸光宣室も三好義継室もやはり当初は入寺しており、その後還俗して輿入れしていることから、義統室も同様の経歴を持っていてもおかしくはないだろう。それを踏まえれば、大慈院に入寺後に、義統へ嫁いだという可能性は充分にある。

細川藤孝落胤説

義輝期以降に将軍側近として活躍することとなる細川藤孝（長岡幽斎）を、義晴の落胤とする説がある。十八世紀に成立した肥後細川家の家伝記録である『綿考輯録』には、天文三年（一五三四）生まれの藤孝について、「三淵伊賀守晴員の御二男、実は将軍義晴公の落胤で、御母は正三位少納言清原宣賢卿〈別に系もある〉の御女である」と記載されている。つまり、公的には父は三淵晴員、母は清原宣賢娘（智慶院殿《ちけいいんでん》）であるが、藤孝の末裔である肥後細川家では藤孝の実父は義晴であるとされていたのである。同記の考証では、同記がもととした諸記録（「築山家記《つきやまけき》」など）の内容について編者の小野景湛《おのかげすみ》による史料批判がなされているものの、義晴の側室であった清原宣賢娘が懐妊したのち、側近であった晴員に嫁がせ、そののち誕生したのが藤孝であったことについては特に批判されていないため、これは事実であると同家では見做されていたのであった。

これが事実とした場合、天文三年は義晴の御台所近衛氏が義晴に嫁ぐ時期であるから、この点が考慮され、晴員に嫁がせたとも理解できる。仮に事実とした場合、晴員の姉佐子局の関与が想像できるだろう。宣賢娘が義晴の側室（幕府女房）であったことを裏付ける当時の史料はないが、幼年の義晴の読書始の講師など、将軍家とも学問で関わりのある宣賢の娘が義晴の側に置かれたとしても不思議ではない。しかし、事実上の家祖である藤孝を作為的に貴種（この場合将軍）に結びつける目的があったともとれ、現状では落胤であったか、そうでなかったか定かではない。

そのため、基本的には義晴の子女（少なくとも成人した）としては男子三名、女子三名と理解したほうがよいだろう（うち、御台所所生が確実なのは三名）。義満・義教ほどではないにせよ、歴代の将軍のなかでも子女に恵まれた将軍であったといえよう（拙編著『足利義晴』所収の三六二頁略系図を修正）。

第五章　新たな動乱の兆し

今出川御所の造営

天文八年（一五三九）になって、義晴は新御所の造営を本格的にスタートさせる。義晴は天文三年九月に帰洛して以降、南禅寺聴松院に仮御所を造営し仮寓していたが、天文法華の乱終息後の同五年十二月十一日には、南禅寺から洛中の伊勢邸に移り仮寓した（『鹿苑』同日条）。そして、政権の安定した天文八年より新しい将軍御所、「今出川御所《いまでがわごしょ》」と通称される新御所の造営がはじまったのである。「今出川御所」の表記は『言継』天文十七年六月七日条などに見える。

むろん、造営には多額の費用が必要である。具体的に費用がどの程度かかったのかなど不明な点は多いが、朝倉氏は三万疋を負担しているから（『常興』天文十一年五月十九日条）、細川晴元・六角定頼をはじめ、各国の守護らにはそれに近い金額が賦課されたのであろう。ところが、この作事は当初国役としては賦課されなかったらしい。天文七年に新礼拝講の際に国役が賦課されたため、翌八年の作事は国役とされなかったのである（『常興』天文九年二月二十九日条）。

ここで注目されるのは、今出川御所が造営された場所である。「今出川」とあるように、当時相国寺の西を南北に流れていた今出川に面して造営された御所であることがうかがわれる。この御所はか

「上杉本洛中洛外図屏風」に描かれた今出川御所　米沢市上杉博物館蔵

つての室町殿（花の御所）の場所に重なる。これ以前の柳の御所が細川氏関係の屋敷が集中するエリアにあったことに対して、本来の幕府の所在地ともいうべきこの場所に造営したことに、義晴の政治意識がうかがえるだろう。なお、現在は同志社大学や大聖寺《だいしょうじ》などの敷地となっており、二〇〇二年には発掘作業も行われ、十六世紀前半とされる遺構も発見されている。

今出川御所は、永禄八年（一五六五）に狩野永徳《かのうえいとく》が製作し、米沢上杉家に伝来した上杉本洛中洛外図（米沢市上杉博物館蔵）に描かれていることでも著名で（黒田：一九九六）、これまで今谷氏をはじめ（今谷：一九八四）、製作依頼者、製作目的や主題、景観の年代など多くの問題が提起されている。もちろん、洛中洛外図に描かれた今出川御所がどの程度実際の姿を反映させたものかはわからないが、描かれた将軍御所はおおむね今出川御所である点で共通している。この屏風図を見る限りでは、正門である四足門は室町通に面しており（今出川方面ではない）、やはりかつての花の御所の再建をイメージさせる。

作事は天文八年より十一年ころにかけて行われていたが、かつて柳の御所の造営には義稙時代の旧御所である三条御所の資材が再利用されていたことを踏まえれば、今出川御所の造営の際にも柳の御所や仮御所の資材が再利用されていた可能性が高い。

造営の流れを見ると、天文八年二月三日には作事始があり、三月二十日には南禅寺の仮御所が「夕、マ」れた（『親俊』同日条）。作事奉行は結城国縁と杉原晴盛《すぎはらはるもり》（御庭奉行）、同朋衆祐阿《ゆうあ》であった。六月十日には、義晴は新御所の築地《ついじ》の構築を先例により典厩家の細川晴賢《はるかた》に命じたものの、晴賢は「迷惑」としてそれを拒否している記事がみえる（『親俊』同日条）。それに代わって細川晴元が築地の構築を行っていたようで、天文九年四月二十九日には「御築地」につき、晴元へ褒美の言葉が下されている（『常興』同日条）。

ところが、この造営はかつての柳の御所と異なり、完成には数年を要した。天文八年、同十年から十一年の二度にかけて、京都が晴元家中の混乱により動揺したためである（後述）。

天文十一年閏三月には作事奉行より、御供衆九名に宛てて作事を命じる廻文が出されているが、それによれば、御供衆らは普請のために十人の人夫を出す必要があったこと、人数を所持しているものは侍身分や中間《ちゅうげん》・小者《こもの》に限らず、三人ずつ用意し、人数を所持しないものは一人でも来るようにとされ、雨の場合は延期、それぞれ鋤を持参すること、三人の場合は一人が鋤で、残り二人は手振でも構わないことなどが記されている。これを受けて常興は中間三人を派遣し、庭に石を牽き、木を植えたという（『常興』閏三月二十五日条）。このほか相国寺も作事を請け負っていた（『親俊』天文十一年五月十日条）。

翌月八日には、義晴は一時滞在していた相国寺より伊勢邸を経て、なお造営中の新御所に「還御《かんぎょ》」している（『常興』『親俊』同日条）。ここで「移徙《わたまし》（転居）」ではなく、「還御（帰宅）」とされていることから、義晴は造営中の御所に伊勢邸からすでに移っていたのであろう。天文九年の御前沙汰始を新造御所で行うという話題もあり（『常興』天文八年十二月四日条）、早い段階で移徙していたのかもしれない。しかし、その後も造営は続いており（同天文十一年四月三日・二十八日条）、最終的な完成時期は不明である。

三好長慶の反乱と義晴の調停

新御所の造営も進み始めたなか、幕府を揺るがしかねない事件が天文八年（一五三九）になって発生した。細川晴元の内衆三好長慶（当時は利長《としなが》、のちに範長《のりなが》、本書では長慶に統一）と同政長との対立である。

そもそも、長慶は晴元の重臣三好元長の嫡男であり、享禄五年（一五三二）の堺政権崩壊時に、本願寺勢などの攻撃によって父元長が敗死していたことで幼少の長慶は一時阿波に逃れていたが、のち

三好長慶画像　東京大学史料編纂所蔵模写

晴元の被官に復帰していた。その長慶と対立したのが、元長敗死の元凶ともいうべき、一族の三好政長であった。政長は元長の失脚を意図し、その死を誘導した元凶であり、長慶にとってはまさに「親の敵」であった。対立の直接の原因は、長慶が天文八年六月二日に御料所河内国十七ヶ所の代官職を幕府に申請したことにあり（『常興』同日条）、これは長慶と政長の「確執」とされた（「厳助」六月条）。これ以前より長慶の代官職を政長が押領するなどの違乱行為があった可能性も指摘される（天野：二〇一四）。

翌閏六月になると、騒動の余波は京都にまで及んだ。「阿州」に雑説があるとの風聞がたったため（のちに讃岐出張の雑説も）、六角定頼は義晴に対して、各勢力に忠節を果たすように下知を出すよう意見し、その案文が作成されている（『常興』閏六月一日・六日条）。

さらに、同十一日には晴元が京都を退去するとの風聞もたったため京都が騒動したことで、奉公衆はまっさきに義晴のもとに馳せ集まったという。晴元はとりあえず、義晴のもとに出仕して事態を落ち着かせようとしたものの、十三日には晴元の女中衆を避難させることとなった。

本来、長慶と政長という三好一族の内紛であったが、政長は晴元の側近であったこともあり、「晴元・

政長対長慶」という対立構造となっていた。そして、政長を支持する晴元が京都より退去する噂が流れたことで、京都周辺に暗雲が立ちこめたのである。

晴元家中の混乱をうけて、義晴は御内書を長慶に下した（「室町家御内書案」『義晴』三三二）。義晴は長慶に対して、定頼をもって晴元に話をすること、軍勢の出張を延引することを命じ、調停者として振る舞ったのである。陪臣でしかない長慶に直接御内書を発給したのは、それだけこの問題に危機感を感じていたのであろう。

京都での戦乱を心配して、十六日になって御台所と菊幢丸は八瀬へ避難した（『親俊』同日条）。八瀬は清光院の隠棲先であるが、前日に今度の出来事への対応について清光院より使者があったことから、避難について話があったのだろう。

義晴の使僧慶雲院洋西堂《ようさいどう》と定頼の使僧文首座《ぶんしゅそ》が長慶のもとに派遣されたが、長慶は義晴の仲介に対して、「今度の儀はさらに将軍様に対して疎略いたすことはございません」と、あくまでも将軍に対して疎略にしないこと（＝将軍が敵ではない）という態度を示している（『常興』十五日）。

晴元は十七日に京都を退去し、高雄山（京都市右京区）に陣を構えるなど、軍事衝突は間近となっていた。伊勢貞孝は奥州探題大崎義直《よしなお》の家臣大窪《おおくぼ》雅楽允に宛てて、「細川晴元の内輪の儀について、近日不慮の忩劇《そうげき》が起こりました。将軍様においては、堅固に（京都に）御座しておりますので、お心安くお思いください」と、義晴が今回の騒動でも京都を動かないことを伝えている（『親俊』閏六月二十二日条）。このほか、大内義隆も今度の騒動について「心元なく存じます」と音信しているが、義晴は「阿州に動きがないように調えるのであれば、神妙である」と四国勢の牽制を命じている（『常興』閏六月二十日条、七月二日、九月十五日条）。

義晴は池田・伊丹・三宅などの摂津の国人層に、長慶に意見を加えるように命じたほか、木沢長政や定頼による仲介を期待した。これより以前、義晴は定頼の助力をもって事態の沈静化を図るため、八日には定頼に対して、小者一人でも上洛させて、今度の儀について談合することが肝要と命じていた。やはり、義晴が自身の安全保障について期待できるのは定頼であった。

晴元は徳政により、味方の陣営を増やそうとしたのであろう、七月二十三日に晴元は義晴に長慶勢が陣を置く山城西岡での徳政を申し入れた。徳政に関しては洛中洛外でも行われようとしていたが、結局定頼の意見もあり、西岡も含めていったん停止されている（『親俊』七月二十三日、二十五日、八月二十四日条）。二十八日には定頼が長慶と交渉した結果、西岡に陣を構えていた長慶勢は退去しているため（『常興』同日条）、その必要を感じなかったのだろう（晴元はその後、洛外に徳政を行っている）。

この騒動は六角定頼らが調停に尽力した結果、大きな発展をみせずに終結した。九月十三日には三好長慶の手に落ちた摂津の芥川城が六角方によって接収されたほか、長慶が上洛し、再び細川晴元に出仕することになった（『天文』十月一日条）。晴元や定頼も同じく上洛し、義晴は十月十八日は定頼の宿所万松軒に御成し、十二月三日には細川邸に御成して政情の安定を演出した。

今回の義晴の動向をみると、晴元と行動をともにせず、あくまでも京兆家内部の問題として、将軍は中立であるということを示すことで、敵対する両者を仲介する調停者として振る舞ったのである（実際は定頼の仲介に期待したが）。これはかつて常桓家中の内紛のときには見せなかったことであり、かつての経験を踏まえて、調停者として問題の処理にあたろうとしたのであろう。

京都に残る意味

この一連の騒動では、将軍のあり方そのものを理解するうえで重要な点がある。御台所や菊幢丸が避難するなか、義晴が京都に御座したままであったことである。六角定頼はこの騒乱に対して、内々に「公方様はしっかりとこのまま（京都に）御座することが肝要です」（『常興』閏六月十六日条）と述べ、義晴が京都に留まるように意見したことで、義晴は「たとえ不慮が起きようとも、（京都より）御座を替えることはない」と判断したという。先の伊勢貞孝の大窪宛の書状も同様のことが記されている。このときの義晴の判断には定頼の意見が反映されたものの、京都に対する義晴の強い意志を見ることができよう（定頼が義晴の意志に忖度して意見したか）。

このような義晴の態度を受けて、菊幢丸に供奉した面々を除く大館常興ら側近衆は、義晴から避難してもよいと言われながらも、「公方様が御座を改められないので、我等もこのまま（京都に）在るべきだ」と行動を共にする道を選んでいる。義晴の在京を支えるために、番衆も御所の警固のため一人も京都を離れないように意識されてもいた（『常興』七月十七日条）。

当時、三好長慶方と同政長方との和睦仲介を行っていた木沢長政が、「公方様が堅固に御座をすえられていることは、肝要で忝《かたじけな》いことです」と述べているほか、河内の畠山在氏《ありうじ》よりは、「堅固に御座をすえらたことで京都は無事で、珍重《ちんちょう》なことです」と伝えてきている。これらに共通するのは、義晴が京都を離れないことが重要であるという意識であり、同時にそのことが強調されているのである。これは京都にいる＝中立という側面もあろう。

「将軍は京都を離れない」「将軍が京都にいる＝京都は無事」という周囲の意識は、戦国時代の将軍の存在理由を知るうえでも重要な点であろう。義晴はかつて桂川合戦ののち、一時的な在京をのぞき、数年にわたって京都から没落したが、やはり将軍は幕府所在地である京都にいるものとの意識が、将軍本人はもちろん周囲にもあったのである。「将軍が京都にいる＝京都は無事」なのである。

今回、細川晴元は騒動の当事者となったこともあって、京都にいる義晴の安全保障を担うことはなかった。代わりに、やはり六角定頼が将軍の身体保証としてあったことによって、今回の騒動にあっても御座所を動かず、京都平静を体現できたのである。

天文九年の国役賦課と公武関係

天文八年（一五三九）の騒動が収まった翌九年は、幕府にとっては再び比較的安定した一年であった。将軍家の重要行事としては、六月二十四日より義教の百年忌法要が行われたほか、公武に関しては、内裏御修理料が各大名に国役として賦課されたことと、天皇からの改元要請があった。

義教が嘉吉の乱（一四四一年）で殺害されて百年忌となる天文九年に相国寺で仏事が行われることとなったが、その費用について問題となった。いつものように内談衆が義晴の諮問をうけて談合したが、国役として徴集すべきかどうかが問題となった。義晴は、「国役のことは一昨年の新礼拝講の際に大名らに懸けたため、今出川御所の作事については国役を賦課しなかった。そのため今回はどうすべきか」と諮ったのであった。内談で大館常興は、「仏事については諸大名が香奠を進上するもので、国役で仰せ付ける必要はなく、（何も仰せがなくとも）もともと進上するものです。鹿苑院より諸大名に心得としてお知らせすることでよいのでは」と返答したのであった（『常興』二月二十三日条）。さらにこの件は、六角定頼にも意見が諮られることとなった。そのためか、結局当初は国役としないほうがよいとされた仏事料は、国役として懸けられることとなり、六月中に京都へ進納するように命じられた。北畠（三千疋、五千の間違い？）、朝倉、能登畠山氏らが国役五千疋を進上している（同五月十二日条ほか）。能登畠山氏については、縁戚でもある定頼が進納について取り次いでいる。

さらに、この仏事料と同時に内裏修理料の国役も懸けられた。諸大名は仏事料の負担はしたものの、二つの国役賦課は重荷だったらしく、修理料についての負担は「調えがたい」として、北畠氏や能登畠山氏は進納を拒否する姿勢を示している（同九月二十五日条ほか）。

一方、幕府にも負担が求められており、幕府が納めるべきとされたのは四千疋であった。しかし、天皇は「時節柄」三千疋の進納でよい、残り千疋は禁裏方で負担すると伝達している（五月二十五日条）。つまり、朝廷がおそらく義教百年忌仏事にかかる幕府の財政難を配慮したのである。これをうけて義晴は、内談衆にその可否を尋ねたが、常興などの返答は、「三千疋」のみ支払うことは、幕府としては「聊爾（失礼）」にあたる。本来は一万疋でもよいが、「今の時分」ではむずかしいので、五千疋を納めることがよいのでは、との意見となった（同二十六日条）。年末には大館晴光が修理の奉行として内裏に赴いているから、一定の金額は集まったのであろう（『お湯殿』十二月七日条）。

幕府としては、義教の仏事があるからといって、朝廷への財政支援を簡単に減額することは面目が立たないと判断したのであろう。義晴期においても、朝廷は幕府が支援するものとの意識があり、即位式を除けば、支援のために借銭や増額も厭わなかったのである。

さて、この法要前の四月、天皇より改元についての内意が伝奏を介して義晴に申し入れられた。伝奏が伝えるには、天皇は「去年は諸国が水損し、当年は世上病がもってのほかのため、早々に改元」したいとのことであった。この一件は内談衆に諮られ、改元は可としながらも、改元の場合の費用不足の問題もあった。しかし、義晴が改元に慎重であった。「享禄」「天文」の改元をかつて執奏したが、「天文」は自身の帰洛や若公の誕生もあったためでたい年号であり、「万が一なにか不測の事態があったときに改元してもよいのでは」と返答したのである。義晴は近衛稙家にも内々に諮り、稙家も同意見であったという。学者の清原業賢の意見も得ながら、結局この改元の話は立ち消えとなった（『常興』同二十一・二十二日条）。当時の改元は原則将軍の執奏に基づいて行われていたため、義晴が改元を内諾しなかったことで、天皇は改元を断念せざるえなかったのである。天皇の反応は伝わらないが、強く不満に思ったであろう。

義晴がこのように判断したのは、当時改元にかかる要脚が公方御倉になく、その費用不足が影響した可能性はある。しかし、義晴が「天文」に強いこだわりがあったことを考慮すべきだろう。実際、この後も義晴生存中に改元がされることはなかった（「天文」は二十四年続き、「弘治」に改元する）。

天皇と義晴との基本的な発想の違いが、この改元をめぐって浮き彫りともなる。天皇はこの年、世上を憂い、諸国に疫病息災のために有名な宸筆の般若心経を奉納しているが、天皇はこの疫病などを自身の不徳のためとしていた。天皇の改元の理由は、まさに世上の民を憂いての発案であったのに対し、義晴は前年の騒動を意識することもなく、自身の慶事があった年号ということのみを判断材料として事実上拒否したのであった。義晴にとって、「天文」は良い時代だったのである。

史実といえるかわからないが、かつて足利義政が世上を顧みなかったことで、後花園《ごはなぞの》天皇より諷諫《ふうかん》を得たことがあった（「長禄寛正記」）。義晴にもそれに近いものがあったのかもしれない。為政者としての義晴には、天皇と違い、世上の民の暮らしはあまり見えていなかったのであろう。

天文九年の楊弓会事件と覚鑁大師号

おなじく天文九年（一五四〇）九月に、幕府内で一つの事件が起きた。天文七年に若狭武田氏の内紛に朝倉氏が関与しようとしたが、今度は朝倉孝景の弟朝倉景高《かげたか》が若狭武田氏と連携して、兄に反旗を翻したのである。景高は京都にあって、若狭武田氏の申次でもある伊勢貞孝などに支援を働きかけていたが、そのなかで貞孝邸にて景高や内談衆の本郷光泰らが参加して楊弓会《ようきゅうえ》が行われた。

これに対して、義晴は朝倉氏との関係も重視していたため、景高との交際を禁じていた。そのため、今回の一件を許さず、光泰に対しては同席したことを「一段の曲事だ」として「生涯（生害）」を命じ、主催者の貞孝には「義絶」を命じたのである。光泰はこれをうけて「逐電」した（『常興』同九月二十三日条ほか）。

側近であろうと（だからこそか）許さない義晴の厳しい一面がみられるが、義晴は何よりともに幕府を支援する朝倉・武田氏のどちらかに肩入れし、大名間のバランスを崩す行為を許さなかったのである。幕府を支援する大名同士の争いは無益でしかなく、あくまで将軍自身は中立者としてあろうとしたのだった。この一件は幕府と大名家との問題でありながらも（さらに幕府の重臣も関わる）、義晴は六角定頼に意見を尋ねず、独断で問題に対処（処罰）している。やはり、定頼に意見を尋ねるかどうかは義晴の上意次第であった。なお、孝景は義晴の対応に対して、当時賦課されていた禁裏修理料の段銭百貫文とは別に、景高を「御許容しなかった」ことで五十貫文を献上している（申次であった大館晴光にはさらに千疋を進上。『常興』九月二十八日条)。

特に大名は、反乱者の行動を将軍が容認しないように、将軍との関係を維持することを意識したという(山田:二〇〇三)。一方に肩入れすれば、その大名家が幕府より離反しかねないため、義晴もできるだけ調停者として中立的な立場を保持しようとしたのである。実際、これによって朝倉氏と武田氏の抗争は回避されることとなった。なお、義晴が大名間のバランスに配慮したのはこの件のみではない。同年に尼子氏との抗争により国を逐われていた播磨の赤松晴政《はるまさ》は、入国について義晴に支援を求めたが、義晴は尼子方も幕府に音信をする大名であることから、「片手打ち」にならないようにと、この件では定頼に意見を求めている(『常興』七月三日条)。義晴は帰洛以降、特に大名との問題では一方を贔屓しない慎重な対応をしていたのである。

義絶された貞孝は、侘び言として起請文を提出したうえで赦免された。貞孝が赦免されたのは、政所頭人という内談衆とは別の要職についており、代わりがいないという現実的なこともあったであろう。一方、内談衆であった光泰は所領を没収されたのち、翌年に赦免されるものの将軍側近としての地位を失い、二度と内談衆に返り咲くことはなかった。あくまでも義晴の個人的信任に基づく地位であり、本来ならば義晴の上意を忖度して行動しなければならないのに、それに反する行為を行ったことで、将軍直臣たる奉公衆としての地位は保持したとしても、将軍側近としての地位は回復できなかったのである。なお、義晴の信頼が前提である内談衆は、このような場合でも欠員が補充されることがなく、以後七名体制となる。

さて、同年十月には義晴はさらに難しい問題に対応した。それは、根来寺《ねごろでら》（和歌山県岩出市）の開山覚鑁《かくばん》の大師号《だいしごう》を執奏したことである。これは、四大師《しだいし》（伝教《でんきょう》・弘法《こうぼう》・慈覚《じかく》・智証《ちしょう》）以外認めない比叡山の意向もあって（『天文』天文十年正月二十三日条）、新たな宗派対立を惹起させかねず、極めて慎重な判断が求められる問題であった。

義晴が執奏することになった経緯については『常興』に詳しい。それによれば、九月に根来寺より義晴に大師号について執奏してほしいと依頼があり、内談で、「執奏は問題ないが、比叡山の座主妙《みょう》法院宮覚胤《ほういんのみやかくいん》法親王へ尋ねたうえで行うべき」とされた（九月二十三日条）。これは根来寺が目的達成のために、義晴よりの執奏、天皇の承認という形式にすることで公武のお墨付きを期待したものであった。

その後、妙法院宮覚胤法親王より「しかるべし」との確認を得、さらに山門三院執行代の連判を得たうえで執奏することとなった（十月三日・五日条）。天皇は執奏について「不審」という返答をし、その旨を再び比叡山に確認したうえで執奏を受け入れ、宸筆の案文を義晴に進めた。義晴は極めて慎重な問題であるとの認識もあり、「始末（首尾）が大切である」として、再び内談衆に談合をさせた。そこで、関白近衛稙家の意見に任せるべきとなった（同十七日条）。二十日に義晴は天皇への御内書（両伝奏宛）にて、「不慮のことがあれば疎略にはしない」と伝えるなど（「根来寺文書」『義晴』三五三）、かなり慎重に話を進めたうえで覚鏤には大師号が勅許され、「自惟《じい》大師」が贈られることとなった（『天文』同日条）。次いで二十七日には、改めて比叡山の承知が求められた。

ところが、年が明けた正月、この大師号に反発した山門衆徒が神輿《しんよ》を担ぎ、中堂《ちゅうどう》を占拠したのである（正月五日条）。最終的にはこれをうけて大師号は沙汰止みとなったが（覚鏤は江戸時代になって改めて大師号を得る）、仮に京都にも累が及ぶことになれば、天文法華の乱以来、再び混乱を招きかねない問題であった。義晴もそれだけに慎重に話を進めたものの、比叡山などの宗教勢力の抵抗の前では如何ともできなかったのである。

木沢長政の反乱への対応

天文九年（一五四〇）が一応平静であったのに対して、天文十年後半に畿内で再び細川晴元家中を原因とする騒動が発生した。それが、翌十一年にかけて発生した木沢長政の反乱である。

先に述べたように、長政は本来は義就系畠山氏（当時は在氏が当主）の被官であったが、次第に独自の勢力を築き、当時堺政権にいた晴元と通じることで勢力を拡大させた。堺政権崩壊後も主家畠山氏内で権力強化に励みながら、同時に晴元家中での勢力を拡大させるなど、一つの枠組みに収まらない活動をしていた人物である（山下：二〇一四、馬部：二〇一八）。当時の畿内戦国史におけるキーパーソンの一人といえる。

特に長政は当主在氏のもとで、幕府との取次を行いながら、晴元家中においても影響力を行使した。天文五年の後奈良天皇の即位式においては警固役の大役を務めるなど、京兆家内でも有力な武士としてあった（長政は警固役ののち、天皇より天盃を賜わっている）。長政は堺時代から義晴を支持する姿勢を示し、帰洛に尽力していたこともあり、義晴よりの信認があったと思しい。さらに上山城と大和で守護待遇を受けていたというから（『天文』天文五年正月二十日条、馬部：二〇一八）、その独自の権力は、当時の畿内で看過できないものであった。長政は晴元家中でも勢力を伸ばし、先の三好長慶の反乱でも仲介者の一人としてあった。

ところが、天文十年になってその立場が大きく転換した。それは摂津国内での情勢に関わっていた。事の発端は、三好長慶と同政長が共同で、高国与党であった塩川国慶《しおかわくによし》の居城一庫城（兵庫県川西市）を包囲したことにあった。そのため、塩川氏に近い伊丹親興《ちかおき》と三宅国村は塩川氏を救うため、木沢長政を頼ったのである（「両家記」）。長政は伊丹・三宅両氏と連名で、幕府に対して政長の身上について「内輪のことで異なる儀はありませんが、まずはご報告します」としたこともあってか、幕府は京兆家内部の問題と考え取り合わなかった（『常興』十月二日条）。しかし後日、幕府は、嵯峨に逗留する晴元にこの連署状を見せてその対応を迫った。晴元は長政の使いを成敗するように要求したことで、長政と晴元との対立は決定的となったのである。京兆家を横目に勢力を拡大する長政を、晴元は気に入らなかったのかもしれない。義晴としては京兆家内部での解決に期待して対応を迫ったのだろうが、騒乱になりかねない晴元の強硬姿勢は想定外であったのではないか。

これを受けて、長政は晴元方と交戦するなかで京都に進軍した。これは、二年前の長慶の反乱以上の事件であった。しかし、長政は進軍によって義晴と敵対しようとしたわけではなかった。むしろ、長政は上洛に際して義晴に忠儀の態度を示し、路次などの警固役を申し出たのである（『常興』十月十三日条）。ここでもかつての長慶と同じく、あくまでも自分の敵は晴元であって、将軍が敵ではないというアピールが行われたのである。義晴がその返事をした形跡はないが、長政は晴元が北岩倉に逃れた際に「京都御警固」を行い、将軍の敵ではないアピールをしている（同二十九日条）。

長政の警固を受け入れることは、晴元を否定することにつながるが、その晴元は東岩倉の在地領主である山本氏の館に陣を移していた。そこで、義晴に対しては頻りに「供奉（＝ともに避難すること）」を申し出ていた。しかし、義晴はそれに同心しなかったらしい（「惟房」十二月十九日）。義晴が京都を離れることを拒否したことで、世間からすれば長政の警固を受け入れたようにもみえる。

少なくとも晴元と同道しないことは、この問題を京兆家内部の問題として深入りしないための対応ともみえる。義晴は、長政と晴元のどちらにも同調しない姿勢を示したのだろう。

京都を離れ、再び坂本へ

ところが、細川晴元とともに京都を離れることを拒否したはずの義晴は、十月晦日になって東山の慈照寺を経て、翌日に坂本に移座した。六角定頼との談合により決められたという（『常興』十一月一日条）。あまりに急な方針転換から、晴元の申し出を拒否した時点で、実は坂本への避難を定頼と談合済みであったと穿ってみることもできる。

だが、定頼は義晴の坂本移座を知らなかったらしく、大館常興に対して、今回の移座について「聊爾のことで大変驚いている」と述べているのである（『常興』十一月二日条）。つまり、今回の義晴の坂本移座は定頼との確かな事前談合を経て行われたものではなかった。情報の行き違いか、義晴の勘違いかわからない。むしろ、晴元や京都の警固役を自認する木沢長政の両者どちらにも与《くみ》しないために、定頼の「意見」があったということにして、義晴が騒乱の当事者となる事態を避けようと京都を離れたのだろう。あくまでも当事者ではなく、調停者たらんとしたのである。しかし、定頼は自分の意見を名目として京都を離れた義晴について戸惑ったようだ。おそらく、前回と同様に将軍として京都に留まってもらいたかったにちがいない（二十日になって、定頼は義晴のもとに祗候した）。

将軍が京都を離れるということはインパクトが強い出来事らしく、早速、在国の奉公衆や青蓮院門跡等が義晴に音信し、能登の畠山義総は常興を介して坂本への移座を「驚いております」と申し入れたほか、将軍の移座により、「京都のことは御心元ないこと」（『同』十一月二十五日条・十二月二十六日条）と心配し、当座のためとして二千疋を進上している。

義晴の坂本移座には、常興ら内談衆のほか公家衆や多くの直臣も供奉した。九十歳に近い常興などは、このときに「年老いた」ゆえ内談衆の辞退を申し出たが、それは承認されなかった。この坂本滞在中に、常興は「とても年老いた」ので再び内談衆の御免を申し出ている（『常興』十一月十三日ほか）。さすがに年齢的に限界もあったのであろう。

翌年の二月十七日には御前沙汰始が坂本で行われたように（『常興』天文十一年二月十六日条）、義晴が坂本へ移座したとはいえ、幕府の政務運営は停止したわけではなく、地方の大名家よりの申請や訴訟の処理は継続していた。

ところで、義晴が京都を不在とするなか、いまだ造営中の今出川御所はどのようになっていたのであろうか。坂本移座に先だって、今出川御所の管理が話題になっている（『常興』天文十年十月二十九日条）。義晴は相国寺に留守を命じているが、このとき実際に相国寺が留守を預かったかは確認できない。しかし、帰京後には再び今出川御所に戻るから、管理されていたことは間違いないだろう。

「御敵」認定をめぐって

十一月十八日になって、細川晴元は義晴に木沢長政を「御敵」としてくれるように申請をした。晴元は敵対する長政を将軍の「御敵」とすることで、京兆家の内紛として収めるのではなく、より多くの援軍が期待できる幕府軍という立場で対処しようとしたのである。山名氏や伊賀仁木氏には晴元に合力するよう命じる御内書案も作成され、義晴は晴元を支持する姿勢を見せた。

しかし、義晴は晴元の申請をいったん保留し、晴元の申請の翌日には大館常興に長政へ書状を出すよう命じているように、和睦調停の道を探っていた。義晴は長政に対して、詳細は六角定頼から申すと伝えるように命じ、三好長慶のときと同様に定頼による仲介に期待した。長政は当初より義晴への敵対意志を示していなかったこともあって、このときはまだ長政の反乱を治める可能性を探っていたのだろう。義晴は晴元への牽制役として長政に期待していたといわれる（馬部：二〇一八）。義晴はこれまでの長政の働きから、長慶のときと同様に晴元との和睦を勧めたかったのかもしれない。だが、義晴の意向を受けた御使僧（慶雲院《けいうんいん》乗蓮坊《じょうれんぼう》弟）が長政のもとに派遣されたものの、長政よりの返事はなかったようで、この調停は不調に終わってしまった（『常興』十二月一日条）。

義晴は戦乱が拡大しないように、河内畠山氏（政長系）の内紛の調停も行った。畠山重臣の遊佐長《ゆざなが》教《のり》によって当主の地位を追われていた畠山稙長と、長教が擁立していた当時の当主で高屋城主畠山弥九郎の和睦を調停しようとしたのである（『常興』十二月十四日条）。しかし、この和睦調停は稙長の拒否により失敗した。稙長は弥九郎のいる高屋城に攻め入ったが、弥九郎は長政の陣営に逃れたのである。これによって弥九郎が敵方に付いたことや、もともと関係の悪い稙長を取り込むつもりもあってか、晴元は弥九郎も「御敵」にしてくれるように義晴に申請した（『常興』三月十日条）。晴元は敵対する勢力を将軍の「御敵」とすることで、戦闘を有利に進めようとしたのであろう。稙長はここで長教との関係を改善し、晴元の期待通りに晴元方に付いた。

これに対して、義晴は定頼に意見を求めたうえで、最終的に内談衆の意見も「別儀ない」として弥九郎は「御敵」となった。義晴はこのままでは終息が難しいとして、その討伐を承認したのである。

木沢長政の敗北

晴元方と長政方との攻防が続いたが、天文十一年（一五四二）三月十七日に河内国太平寺《たいへいじ》近辺（大阪府柏原市）で合戦が行われたのが最後となった。長政は信貴山《しぎさん》城（奈良県平群町）や飯盛城などの軍勢約五千を引き連れ、落合川を挟んで晴元方（遊佐長教・三好政長など）の軍勢約八千と対峙した。合戦は長政方の敗北に終わり、遊佐長教の被官小島某が長政を討ち取った（太平寺合戦）。長政の敗北について、公家衆の万里小路惟房《までのこうじこれふさ》は「盛者必衰《じょうしゃひっすい》は世の常であり、驚くに堪えない」と述べている（「惟房」同日条）。

長政敗北の要因は、味方をする勢力（反晴元）がほとんどいなかったことにある。これは晴元らの周辺勢力への積極的な働きは当然として、長政の与同勢力が「御敵」となったことも大きかったかもしれない。仮に長政に加担する勢力が大きくなっていたら、かつての大永末年のときと同じようになった可能性もある。義晴は長政の敗死後帰洛するまで数ケ月間、坂本での避難生活を余儀なくされたが、かつての避難状況と比較すれば短期間で解決したといえる。

敗北した長政の首は三月十九日に坂本にいる義晴のもとに届けられ、同日、義晴は晴元へ戦功を賞す御内書を下している（『親俊』同日条）。同二十四日に晴元より一件が落居したので上洛できることを申し入れてきたため、義晴は二十八日に坂本より帰洛し相国寺法住院に仮寓した（御所への還御は翌四月八日）。

長政が正式に将軍の「御敵」に補されたかは断定できないが、長政の首がわざわざ義晴のもとに届けられたことから、最終的に将軍の「御敵」に補されたとみてよい。長政の味方が少なかったのは、「御敵」認定が一つの要因と見られる。天文六年に本願寺が段銭賦課を拒否しようとした際に、義晴から「御敵」認定されそうになったが、実際に認定されるリスクは少なくとも畿内ではかなりあったことがわかるだろう。畿内で生きる長政はそれを知っているからこそ、義晴に対して忠誠を示す態度をとって、将軍の敵ではないとアピールしたかったのだ。

ところで、天文八年と十年の二度にわたる晴元家中の反乱は、義晴に晴元家中の危険性をより強く認識させるものとなった。本来、京兆家内部の問題であったが、晴元が幕府を補完する大名である以上、京兆家内部の問題に留めることはできず、幕府の土台を揺るがしかねないものになる。長慶と長政は決して義晴と敵対しようとしたのではなく、あくまでも敵対対象は晴元であったが、結果的に義晴がこれらの反乱に関わらざるえなくなったのである。

それぞれの騒乱に対しては、ここでもやはり基本的に義晴は当事者ではなく、中立的な立場として調停を進める姿勢で対応した（長政は最終的には「御敵」となるが）。これはかつて大永末の常桓家中の騒乱の際に、一方的に常桓を支持した結果、京都を没落することとなったことを踏まえて、その二の舞にならないための手段であった。調停者であるのと同時に六角定頼の存在が、政権安定や義晴の身体保障のためにもより必要であることも再認識されることとなったであろう。定頼こそが義晴にとっての生命線であった。

細川氏綱の登場

細川晴元の家中に火種が存在するなか、外部より新たな火種が現れた。それが細川氏綱《うじつな》である。氏綱はかつて、常桓時代に典厩家当主であった尹賢の嫡男として永正十年（一五一三）四月三十日に誕生している（『後法成寺』同日条）。大永六年（一五二六）十二月二十七日に、「八郎」と「次郎」の元服が挙行されたが、これは常桓の弟晴国（八郎）と尹賢の子氏綱（次郎）で（『後法成寺』同日条）、氏綱はこのときに嫡男稙国を亡くした常桓の養子になったという（馬部：二〇一八）。氏綱は天文五年（一五三六）に反晴元派であった晴国が自害したのち、同七年ころより反晴元派の首領のような存在となっていた。

このころ氏綱は、河内守護代であった遊佐長教と対立して守護の地位を追われ、反晴元派として活動していた畠山稙長のもとに身を寄せていたという（馬部：二〇一八）。氏綱は旧常桓陣営であった細川（上野）国慶《くによし》とも連携を図り、機をうかがっていたのであった。

天文十二年ころより畿内で氏綱方の活動が活発となり、氏綱は同年に挙兵するも失敗する。これは当初、稙長が氏綱を支援していたが、木沢長政の反乱後に高屋城主として復帰し、義晴より当主として承認されたことで（『常興』閏三月十八日条）、稙長や重臣長教は晴元と敵対しない姿勢を示すなど（遊佐長教書状『平成二十八年度東京古典会古典籍展観大入札会出品目録』）、晴元との関係が改善されたことで稙長を支援する必要がなくなったためである。

その後、同十四年に氏綱は、細川国慶や丹波の内藤国貞らと再び挙兵したが、翌十五年八月にいたり、長教も氏綱陣営として軍事行動に出たのである（『多聞院日記』八月二十一日条）。

両度にわたる氏綱の蜂起が、かつて常桓と対立した晴元ら堺方と異なるのは、義晴に代わる将軍候補を擁立しなかったことである。つまり、氏綱勢の敵は義晴ではなくあくまでも晴元であり、氏綱は将軍である義晴を否定するような行動はしなかった。また、氏綱勢は義維を将軍候補として擁立しようともしなかった。義晴を敵としないことは、もともと将軍として義晴を擁立した常桓の後継者を自認していた氏綱にとっては、当然の選択かもしれない。氏綱陣営が将軍義晴を否定しない態度は、この後の義晴の決断にも大きく影響することになる。

摂津や山城を中心に、晴元勢と氏綱勢との交戦が続いた。九月十日には、晴元勢が氏綱方についた摂津国人池田信正《のぶまさ》の籠もる池田城を攻めるも、同十四日には氏綱方の長教が嵯峨を攻めたことで、晴元は丹波に陣を引いている。それに代わるように、二十五日になって国慶が京都に入った。義晴はこの情勢のなか、十二日には慈照寺に一時避難している。なお、この直前に天皇から「四方之向事」の兵術書《へいじゅつしょ》が遣わされている（『宸記』九月九日条）。内容は不明だが、時期に鑑みれば、京都の混乱を鎮めるために義晴に活用してもらいたかったのかもしれない。天皇はやはり、義晴を「武家」として期待していたのであろう。

また、京都ではこの混乱を背景に、十月になって土一揆《つちいっき》が蜂起したため、治安情勢がより悪化した。土一揆勢は禁裏に押しかけ、幕府より徳政令を出してもらうように主張したのであった。それをうけて、天皇の依頼により禁裏を守るために、義晴は奉公衆らを警固に派遣して対応したものの、それでも足りず、天皇は山徒衆や醍醐衆などを動員して警固にあたった。結局は十月三十日に徳政令を発布したことで土一揆は収束する。

氏綱との連携を探る義晴

義晴は、細川晴元が劣勢になるなかで大きな決断をした。細川氏綱を新たな連携相手（京兆家の家督）とする可能性を模索するようになったのである。その一端がうかがえる史料として、遊佐長教が九月二十五日付で大館晴光に宛てた書状がある（遊佐長教書状写「大日本伝皇代記」）。それには、大覚寺門跡義俊が御書を長教に下し、今度のことを「殿中において連々御執り合い」してくれることを感謝すると同時に、畠山氏担当の申次であった晴光に義晴への取り成しを依頼したうえで、芥川城での戦況を報告している。もともと長教は大館常興らと音信をしており、周知の関係でもあった。

義俊は「足利―近衛体制」を担った御台所の兄弟であり、義晴は彼を通じて長教（氏綱方）に音信したのである。この書状の日付から、義晴方から氏綱方へ音信をしたのは八月か九月の上旬ころであろう。この段階で義晴は晴元と手を切り、氏綱方との連携の可能性を探ったのである。

長教が、このような義晴方からのアプローチを無碍にするはずがない。なぜなら、将軍の支持という大義名分を得ることができる大きなチャンスであるからである。義晴としても、氏綱方はかつての堺政権のように競合する将軍候補者を擁立していなかったということも、氏綱との連携の可能性を探った要因であろう。この書状の日付と同じ日に氏綱方の細川国慶が京都に入ったが、彼はしばらく氏綱方の人間として京都支配の一翼を担うことになる。これも、義晴との連携が前提にあったと見てよいだろう（馬部：二〇一八）。

義晴は長教よりの積極的な反応を見たからか、十月二十八日になって、京都北部岩倉郷の在地領主で晴元方の山本氏に派兵し、追い落としている。これにより、義晴は晴元と対立する方針に決した。これまでの調停者ではなく、帰洛以前のような動乱の当事者としての道を選択したのである。

なぜ義晴は、これまでの連携相手で政権を支えていた晴元を見限ったのであろうか。義晴が氏綱・長教方に与同しようとした理由を、「季世記」では次のように述べる。「晴元・三好方と河内畠山・遊佐方との争いについて、河内は近国であり乱中であっても遊佐方は数度の忠勤に励んでいる。四国衆

（＝晴元方）は遠国であり、特に摂津、和泉まで攻めのぼることはあっても、旅宿があっても叶わない。近年はあれこれ不都合を述べて上洛もせず、使者も派遣しない。公儀への不忠も多い。そのため、畠山・遊佐方に付いた」。実際に長教が、これまでどの程度義晴に対して忠勤を励んできたのか詳しくはわからない。村井氏も指摘するように、実際には義晴は氏綱方と連携しようとしていた（村井：二〇一九）。

実は、義晴と晴元の関係はこれ以前より実際に悪化していた。関係が決裂する前の天文十三年（一五四四）と天文十四年の二度、両者の間に危機があった。特に同十四年二月一日には、晴元が義晴からの盃を辞退する出来事があったほか、同年歳末の御礼には、晴元は「もってのほか機嫌悪」く出仕しなかったという（『言継』同年二月一日、十二月二十九日条）。

それだけではない。それ以前より直臣の所領をめぐり、前述のように京兆家被官とトラブルになることもあった。天文十一年の木沢長政の敗死後に、義晴は晴元の領国である「摂津・丹波両国において、不知行の在所があれば、（自分に）言上するように」と直臣に指示し、晴元には「諸奉公方の知行分が近年押妨されているので、只今（被官に）堅く申し付けて、（直臣に）渡すように」と命じるなど、所領問題は義晴と晴元の間にある未解決問題であった（『常興』天文十一年閏三月二十日条、四月二十二日条など）。そのため、被官の保護を優先する晴元に義晴が不信を抱いていたことは容易に想像できる。直臣の窮乏とその保護は、義晴にとって重要な課題であり、将軍権力の維持のためにも解決する必要があった。そのため、それに消極的な晴元に不信感を持っていたことは疑いないだろう。だが、晴元とすれば被官による将軍直臣領の押領について厳しく取り締まれば、被官からの支持を失いかねないため、簡単に実行できるものでもなかった。

そして、義晴が晴元を見限ったもう一つの理由は、義晴政権での晴元の役割である。六角定頼と晴元の政権での立場を思い出してもらおう。定頼は「意見」というかたちで義晴の意志決定に影響を与えた。一方、晴元はこのような意志決定における役割はなかった。定頼は義晴にとって政権運営において代わりがいない存在であったのに対して、晴元に求められた役割は、晴元でなくとも別人が京兆家の当主となれば代替できるものであった。つまり、定頼の役割は定頼本人でなければつとまらないが、京兆家の場合、幕府の意志決定にほとんど影響がなかったことで、当主は晴元でも氏綱でもどちらでもよくなっていたのである。

単に晴元が現在劣勢というだけではなく、三好長慶、木沢長政と二度にわたる反乱にみられる家中統制の問題と、それに巻き込まれる義晴の晴元への不信、これまでの不調和が積み重なるなかで、氏綱が登場したのである。義晴は氏綱を新しい連携相手として、政権を再度安定させる方針を選んだのである。しかし、これには一つ大きな問題があった。それは、晴元の舅が定頼であったことである。定頼が婿の晴元に加勢する可能性もあったのだ。

ところが十月ころ、定頼は表向き義晴に、氏綱と連携することを承認する姿勢をみせていたらしい

（村井：二〇一九）。義晴は定頼の同意をうけて、氏綱との連携を最終決断したのであろう。晴元の舅の定頼が氏綱との連携について義晴の意見に同意したのは合点がいかないが、定頼はこれまでも義晴の上意をくみ取ったうえで、それに反しない意見をしてきたことを踏まえれば、今回もそれを踏まえて返答したのかもしれない。

北白川城の改修

義晴は来たるべき細川晴元方との合戦を見越してか、天文十五年（一五四六）十一月、東山の瓜生山（勝軍地蔵山とも）の山頂に築城しはじめた。この城については、「公方様が東山の白川山まで御城を構えられた。勝軍の下の山である」（「厳助」同十一月条）と見え、北白川山に築城されたという。このときにはさらに「御城米」も徴集しているから、義晴が籠城を意識していたことは間違いない。この城が、「北白川御城」（『公卿』）、瓜生山城などとも呼称されている城郭である（京都市左京区北白川）。同地にはもともと勝軍地蔵が安置され、参詣の対象となっていた。そのため、勝（将）軍山城、勝軍地蔵山城とも呼称される。現在、本丸跡には狸谷不動院《たぬきだにふどういん》の奥の院として幸龍《こうりゅう》大権現社があり、その後方には、かつて勝軍地蔵が安置されていた石室が残る。

同城そのものは、永正十七年（一五二〇）に細川高国が築城したものという。大永七年（一五二七）には桂川合戦の後にも高国勢や六角勢の拠点の一つとして同城が利用されたが、享禄四年（一五三一）

北白川城本丸跡　京都市左京区

六月に炎上している（『二水記』六月六日）。そのため、天文三年の義晴の帰京後はほとんど活用されていなかったと思われる。そこで、義晴はこの城郭を再利用し、拡張工事を行ったのである。義晴は普請のために竹木や人夫を洛中の権門寺社などより徴発したが（侍所開闔松田盛秀奉書『東寺百合文書』ゑ二一）、これには多くの人が迷惑したという（「厳助」同十一月条）。義晴はなぜこの場所を籠城拠点としようとしたのだろうか。後に築城する中尾城《なかおじょう》（京都市左京区）のように、坂本へ抜ける山中越にも程近く、かつ城郭として利用されてきた土台もあり、さらに軍神である勝軍地蔵が安置されていたことによる加護を受けることも期待できた場所であったことで選ばれたのであろう。ただ、この場所を選んだのが義晴本人か、別の誰かは定かではない。

これ以前、そもそも義晴は籠城戦そのものを経験したことがなかった。結果的に、北白川城が義晴が唯一籠城戦を経験することとなる城となったが、将軍が籠城戦を行うということを、京都の人々はどのように感じたのであろうか。直接そのことを示す史料があるわけではないが、京都にて平静を保たなければならないはずの将軍が、籠城して敵に攻められる姿を評価することはできないだろう。

第六章　義晴の没落と死

将軍職の移譲と加冠役

義晴が十年以上続いた細川晴元とのこれまでの協調関係を見直し、細川氏綱方との連携を図ることとなった天文十五年（一五四六）には、もう一つ大きな出来事が行われようとしていた。同年初頭に、幕府では菊幢丸の元服に動き出したのである。この年、将軍後継者である菊幢丸が十一歳になった。前述のように、義晴は大永元年（一五二一）に十一歳で元服、将軍就任をした。菊幢丸もその先例に倣い、十一歳となるこの年に元服と将軍就任が進められることとなったのである。元服にむけて、四月二十七日に菊幢丸は従五位下に叙爵し、実名「義藤（のち義輝、以下義輝）」を名乗ることになる（『歴名土代《りゃくみょうどだい》』）。さらに、十一月十九日には左馬頭に任官し、将軍就任の準備も進められた。

このように義輝の元服が進められているなか、一つ大きな問題が立ちはだかっていた。元服をどこで行うのか、加冠役を誰にするか、という問題である。元服にかかる加冠役は、烏帽子親《えぼしおや》として烏帽《えぼ》子子《しご》にあたる元服者を将来的に後見する役が期待される存在である。義輝の将来において、加冠役を誰にするのかは重要な問題であった。

義晴は十一月中旬になって、義輝の加冠役として六角定頼を指名した。義輝の元服次第を記録した

『光源院殿御元服記』には、その事情が記されている。それによれば、「今度の義輝の元服のこと、三好党が摂州に出兵しており、京都が物騒であるため、近江の坂本の樹下《じゅげ》宅で行われることになったところ、元服の加冠役は、先例では三管領家（三職）のなかで、現職の管領がつとめるところである。しかし、現在は管領はいないので、十一月中旬に、近江守護の六角定頼に（義晴が）仰せ付けたところ、先例にないことなので再三定頼は辞退したが、将軍のご意向は厳重なのでついには御請けした」という。

義晴自身が元服した際は高国が管領に就任し、彼が加冠役をつとめた。先例を重視するならば、今回も京兆家当主である晴元が管領に就任して、義輝の加冠役をつとめるのが通常であろうし、ふさわしい。しかし当時、義晴は新たに細川氏綱との連携を図っていた。このような現状では、晴元の加冠役就任は現実的ではない。そう考えた場合、晴元に代わってもっともふさわしいのは、京兆家の家督を目指す氏綱である。義晴が氏綱を京兆家当主として承認すればこの問題は簡単に解決し、氏綱を加冠役とできるだろう。

だが、ことは簡単ではない。なぜなら、氏綱を京兆家当主として承認した場合、晴元との関係改善の可能性がなくなるだけでなく、その舅である定頼の動向も問題となるからである。定頼は氏綱との連携を承認する姿勢を示したものの、婿である晴元を簡単に見捨てるだろうか。そこで、義晴は晴元・氏綱でもない定頼を「管領代《かんれいだい》」として加冠役に指名することで、この問題を解決したのである。しかし、いくら義晴が強く信任し、政権を支えた大名で管領並の待遇をうけることがあったといえ、管領でもなく足利一門ではない一守護家の六角氏がこのような大役をつとめたことはなかった。この指名ははっきり言って極めて異例の処置である。そのため、義晴の強い要請により最終的に受諾したものの、当初、定頼自身は先例にないこととして再三辞退したのであった。

実は、管領でなくとも義晴本人が加冠役をつとめることも可能であった。第四代将軍義持の加冠役は父義満であったし、第九代将軍義尚の加冠役は父義政であった。このような先例もあることから、義晴が義輝の加冠役をつとめること自体には問題はない。しかし、義晴としてもあえて定頼を新将軍の加冠役とすることで、しかも、京都でなくわざわざ近江で行うことで、定頼、ひいては六角氏が新将軍義輝の後見役としてなお幕府を支援することを期待したのである（浜口：二〇一四）。

定頼が当初辞退したのは単に先例の問題だけではなく、本当は晴元を加冠役としたかったのかもしれない。しかし、このときはまさに晴元との対決を想定して北白川城の築城が進められている最中であり、義晴と晴元との関係改善は容易ではないことを定頼は重々承知であっただろう。定頼は、氏綱が加冠役とならないためにも自身が引き受けたのかもしれない。なお、義輝元服時における定頼について、村井祐樹氏は定頼の儀式での主体性を見ている。それは、定頼の意見が多く儀式に反映されただけでなく、加冠役という役割以上の存在感を示したからである（村井：二〇一九）。定頼は義輝の加冠役という役割を果たすことで、名実ともに管領家並となったことを示したのだ。

義輝の元服と将軍宣下

義輝の元服は天文十五年（一五四六）十二月十九日に、将軍宣下は翌二十日に行われた。これらの儀式は、日吉社の社職であった坂本の樹下成保《なりやす》の邸宅で行われることとなったが、彼の邸は数十年にわたって荒廃していた。そのため六角定頼は、儀式に先立って九日に進藤貞治《しんどうさだはる》を派遣し樹下邸を修繕させている。定頼・義賢父子は十六日に渡海して樹下邸にて義晴・義輝父子の到着を待ち、義晴・義輝父子は十八日に慈照寺より坂本に移座した。坂本の樹下邸への到着は巳の刻だったという。

儀礼とは、基本的に先例に則って行うものであるから、元服総奉行は代々その役である摂津氏の摂津元造が担当した。彼は義晴のときにも総奉行であり、二代の将軍の元服の総奉行をつとめたことになる。そのほかの主な役者は、御元服奉行が松田晴秀と飯尾堯連、加冠役は定頼、理髪役は旧例により細川奥州家の細川晴経《はるつね》（本来は加冠役が京兆家の当主であった場合に奥州家が担当）、打乱《うちみだれ》役は朽木稙綱、泔杯《ゆするつき》役は定頼の弟大原高保、御祝調進（料理）は大隅秀宗《おおすみひでむね》と大草公広《おおぐさきみひろ》、御手長《おてなが》は伊勢盛正《もりまさ》と伊勢貞清《さだきよ》、御物《ごもつ》奉行は伊勢被官の蜷川親俊と三上秀長《ひでなが》であった。当然、細川晴元やその被官は元服に関わらなかった。定頼は将軍後継者の加冠役をつとめるにあたって、「管領代」として従四位下に叙された（定頼自身は三職でないため、管領にはなれない）。これはかつて細川高国が管領として義晴の加冠役をつとめた際もこの位階に叙されていることから、これが加冠役の位階の先例であった。なお、義晴自身はこの儀式には参加していない。

翌二十日は義輝の将軍宣下であったが、それに先だって二日目の元服祝いが行われ、この元服御祝のなかに注目される人物がいた。それが遊佐長教である。元服翌日の御祝を、旧例では管領家の畠山氏が勤仕することになっていたが、このときは当主畠山政国本人ではなく、長教がつとめたのである。長教は細川氏綱方の主要な武将であるから、長教の勤仕には畠山氏当主代行以上の政治的意味が認められよう。長教はあくまでも、義晴との関係を希望したのである（小谷：二〇〇五）。定頼はこの勤仕に対して本心は不快であっただろうが、氏綱方との連携を図る義晴が珍しく推し進めて、定頼に受諾させたのであろう。不満もあったためか、管領代の定頼自身はこの御祝いには出席しなかった。御祝いが終わると乗馬始があり、その後に将軍宣下があった。

義輝は征夷大将軍に補任され、従四位下に叙されたほか、禁色昇殿宣下も行われた。次いで御評定始と御判始が行われたが、義晴は自身の嫡男が将軍職を無事継承できたことに安堵していたであろう。将軍の子供が将軍職を継承するのは文明五年（一四七三）に義政が義尚に移譲して以来、約七十年ぶりでもあり、義晴はこの点恵まれたといってよい。

異例な義晴の右大将任官

義輝の元服、将軍就任の儀式と連動して行われたのが、義晴の右近衛大将（右大将）任官である（権大納言との兼任）。これは、権大納言任官のときと同様に天皇の推任によるというものであった。これに関して「御元服記」によれば、「若君の将軍宣下ならび大御所の（右）大将御推任の儀があった。これ以前の今月十四日、この旨を大御所へ勅書をなされられたが、先例について、六角定頼へ御尋ねがあった。定頼はもっともなことで御請けすべきです」と述べたという。つまり、十二月十四日に天皇より義晴に右大将任官の推任などが伝えられ、それを受けて義晴が推任受諾の可否を定頼に諮問したが、定頼が賛成したので、推任を受けたのである。

この右大将任官は、実は異例のものであった。なぜなら、歴代の将軍は将軍在職中に右大将に任官していたため、将軍辞職以降に任官する先例がなかったためである。さらに、将軍家の右大将任官は第九代将軍足利義尚が文明十七年（一四八五）に任官して以来、約六十年ぶりでもあった。当時、義晴は三十六歳であったが、三十六歳での右大将任官は第六代将軍足利義教の先例しかない（もちろん義教は現職の将軍のまま）。これは凶例と捉えられてもおかしくはないだろう。この推任は、十一月末から十二月十四日以前の間に急遽朝廷内で決定したこともあり、義晴は異例で唐突な話に対して、定頼に先例を含めて「意見」を尋ねたのであった。

なぜ天皇は、異例のなかで義晴を右大将に推任したのであろうか。それはこの時期、土一揆や騒乱により治安の悪化した京都市中や、天皇近辺の警固の維持を義晴側に期待し求めた結果と思われる。百官についての故実を記した、南北朝期の関白二条良基《にじょうよしもと》による「百寮訓要抄《ひゃくりょうくんようしょう》」では、近衛府について、「君の近くを守り奉る武勇の職である。（略）近衛は内裏の門内を警固する」とある。すでに左右近衛大将は名目化し、軍事的な役割は果たしていないが、ここでは文字通り、天皇が「武家」として義晴に軍事的な守護を求めようとした結果と思われる。義輝へ将軍職を移譲したのちも続けて天皇を守護する役割を期待したのだと考える。また同時に、義晴に対して天皇の側、つまり京都に留まり続けるように暗に求めたのだろう。なお、この任官にはある副産物があった。家督者（子）が現任将軍、上位者（父）の大御所が右大将、という新しい身分秩序が構築されることとなったのである。

義晴は義輝の元服、将軍宣下、饗応といった一連の儀式が終わった二十四日になって、慈照寺に還御した。

内談衆の終焉

義輝に将軍職を移譲したというものの、天文十六年（一五四七）時点で義輝はわずか十二歳であり、評定始・御判始を行ったとはいえ、実際に執務が行える年齢ではないことはいうまでもない。そのため、義晴はこれ以降、「室町殿」「大御所」「右大将殿」と呼称されながら、将軍家の家長として幕府で変わらずに実権を握っていたと思しい。義晴本人は将軍就任時点で父義澄がすでに死去していたため、父による後見がなかったのに対して、義輝には父として後見を行うことが可能であった。新将軍義輝への権力移行のための準備が進められていた可能性は大いにあるだろう。

では、幕府を内側から支えた内談衆はどうなっていたのであろうか。天文十四年ころを終見とし、義輝への将軍職移譲により、その活動を終えたという指摘がある（西島：二〇〇六、羽田：一九九九）。すでに天文九年に失脚した本郷光泰を除き、このころ荒川氏隆の活動は見られない。大館常興もまだ生存していた可能性が指摘されるが、九十代半ばに差し掛かっており、すでに現役ではないだろう（もともと引退を希望していた）。

この時点で生存し、活動可能なのは大館晴光・海老名高助・朽木稙綱・摂津元造・細川高久の五名であったが、高久は天文十五年十一月、高助も天文十六年二月が活動の終見であり、三名となる（さらに稙綱は通常の審議には参加しないので事実上二名に）。義輝の後見を名目に成立した内談衆であったが、義輝の将軍就任のころには、その役割を終えたのである。

では、この時期にこれまでの内談衆に代わる別の側近集団は存在していたのだろうか。天文十七年に行樹院《ぎょうじゅいん》と随音《ずいね》の相論について、奉行人の松田藤頼《ふじより》が晴光に申し入れるとの記述があることから（松田藤頼書状案『醍醐寺文書』一一九一号）、御前沙汰における晴光の役割は継続していたことがうかがえる。かつての内談衆のメンバーや、のちに義輝側近として支える上野《うえの》信孝《のぶたか》や進士《しんじ》晴舎《はるいえ》、彦部《ひこべ》晴直《はるなお》の活動も顕著になってくるので、将軍家のみならず、側近などの直臣にも新旧世代が混在する新たな側近衆が形成されはじめていたのではないだろうか。

晴元勢の反撃、定頼の裏切り

年が明けると、義晴は正月六日に右馬寮御監（通常右大将の兼任）に補任され、十六日には慈照寺にて諸家より参賀をうけている。同二十五日には義輝が元服以後初めて参内して天皇に御礼を述べた。新将軍としての顔見せである。参内にあたっては、まず慈照寺を出て今出川御所に移り、その後禁裏に向かった。路次の警固は多賀氏などの近江衆がつとめた。義晴は義輝に次いで参内し、右大将拝任の御礼を行った。なお通常、右大将任官後は拝賀を行うのが通例だが、動乱の最中ということもあってか、義晴は拝賀を行わなかった。このときの参内は、それぞれに供奉した人数から理解するに、義輝の家督継承を披露することが第一の目的であったのだろう。

この前後の天文十五年（一五四六）末から翌年正月の間、細川氏綱方であった細川国慶が京都の支配を担っていたが、地子銭の差し押さえをめぐって京都の権門とトラブルになっていた。特に摂関家である一条家は国慶の地子銭差し押さえに猛反発し、武力行為も辞さなかった。いったん騒動は収まるものの、正月十三日に国慶は義晴より「御敵」に補され、翌十四日に国慶は高雄へ出奔してしまう（『言継』正月十三・十四日条ほか）。なぜ義晴は、当時味方ともいうべき国慶を「御敵」とまでしたのであろうか。国慶は氏綱方の重臣であるため、氏綱方との関係を継続するために国慶を簡単に将軍の「御敵」とはできないであろう。これに対して山田氏は、これは将軍家側と国慶が事前に示し合わせたものであり、新たに将軍となった義輝の「武威」を世間に知らしめるための、一種の出来レースであったと指摘する（山田：二〇一九）。なお、この時期、足利義維が側近畠山維広を堺に派遣するなど、再び復権を目指したが、これは失敗に終わった（『天文』二月二十五日条）。

一方、細川晴元はどうだったのだろうか。義輝の元服やその後の将軍宣下から排除されていた晴元であるが、義晴の支持を失ったことで窮地に立たされたかというとそうでもなく、天文十六年より晴元方の氏綱方への反撃が始まった。二月九日には三好政長ら三好衆と四国衆、淡路衆、畠山在氏など約三万の軍勢で氏綱方の摂津原田《はらだ》城（大阪府豊中市）を包囲し、同二十日に開城した。さらに、晴元勢は氏綱方であった三宅国村が城主をつとめる摂津三宅城を包囲し、三月二十二日には同じく開城させた。そして五月五日からは晴元・細川持隆・畠山在氏らが出陣し、薬師寺与一《よいち》を城主とする芥川城を包囲した。芥川城は翌月二十五日に開城し、晴元方の芥川孫十郎が入城した。これらの城攻めは「人害もなく、武略にて本意に達した」という。その後、七月五日には晴元は上洛し、持隆は難波に、三好之相《ゆきすけ》（実休《じっきゅう》）は尼崎、長慶・政長らは河内十七ヶ所に陣を取ったという（「両家記」）。

このように晴元方の進撃が続くなかで、義晴は三月晦日に義輝や近衛稙家、聖護院道増、大覚寺義俊の近衛一門、烏丸光康、日野晴光、高倉永家、日野町資将《ひのまちすけまさ》、勘解由小路在富《かでのこうじありとみ》などの公家衆、大館晴光、細川晴経、大館晴忠、細川隆是《たかゆき》、伊勢貞孝、摂津元造・晴門父子、三淵晴員、小笠原稙盛《たねもり》、武田信実《のぶざね》など直臣ら九百余騎にて北白川城に籠城した（「季世記」）。当然、晴元との合戦を意識したものであろう。

これに対して晴元は、四月一日に三好衆、四国衆、淡路衆、さらに畠山在氏ら約三万の兵を率いて東山に陣取り、北白川城下を焼き払った。幕府軍が約千弱であり、それに対して晴元方は約三万であることから、兵力の面でも義晴は大変不利な状況にあったが、同十日になって、晴元が摂津を平定して後方の憂いをなくすことを優先したため、軍勢をいったん引き上げたという（『季世記』）。

摂津を平定した晴元方は、七月十二日に摂津より京都にむけて攻め上ったが、ここで義晴に大きな誤算が生じる。義晴がもっとも頼りとした六角定頼が、婿である晴元方の援軍として、近江より息義賢率いる約一万の軍勢を派兵してきたのである。先陣は同名の孝俊《たかとし》、田中頼長《たなかよりなが》らであった。細川・六角勢は義晴の籠もる北白川城を包囲する。

義晴は、先年の義輝の元服の際に定頼を加冠役として、晴元と対抗するなかで将軍家の後見役をより期待したのであるが、定頼はやはり婿である晴元との関係を切ることはなく、晴元方に付いたのである。これに義晴は大きなショックを受けたのであろう、次のような御内書を発給している（『御内書要文』『義晴』三九八）。

芥川城落居につき、晴元ならびに定頼と相談し、京都にいたり諸勢参著の由に候、しからば実否相果つるべきほかこれなく候、なお晴光申すべく候也、

七月十一日　御判

畠山（義続）左衛門佐とのへ

大友（義鑑）修理大夫とのへ

大内（義隆）大宰大弐とのへ
武田（信豊）伊豆守とのへ

つまり、芥川城などの摂津方面を晴元方が平定したため、晴元と定頼の軍勢が京都に向かっている。これが本当ならば我ら（義晴方）は果てるほかない、と述べたものである。この御内書の宛先は能登の畠山義続《よしつぐ》（義総は天文十四年に没）や大友義鑑、大内義隆、武田信豊ら、これまで義晴と音信を継続してきた大名たちである（この文書は四名連名で宛てたわけではなく、同内容の文書を四名それぞれに宛てたもの）。朝倉孝景は含まれていないが、この御内書からは期待していた定頼に裏切られたことに対して、義晴が相当緊迫していた様子がうかがえる。

　定頼の離反は、安全保障において六角氏にのみ依存してきた、これまでの義晴の限界を示している。もちろん、それだけ定頼を信頼してきたわけだが、今回その信頼が裏切られたのである。将軍が特定の大名に依存することの危険性を改めて教えてくれよう。

　このとき、北白川城に籠もるのは奉公衆といった将軍直属軍くらいであったが、「季世記」の記述を信じれば、このときに籠城した兵数は千にも満たない。おそらく、義晴は軍事的には定頼による後詰めを期待していたのであろうが、その定頼が晴元方に加勢してしまったことで義晴の目論見は外れ、千人弱の将軍家直属の兵力だけを持つのみで、事実上、孤立無援状態に陥ってしまった。さらに、この城はかつて六角氏も使用していた城である。義晴以上に、この城の構造については熟知していただ

う。

晴元との関係修復へ

細川晴元と六角定頼は先の御内書発給の翌十二日になって北白川城を包囲のうえ、攻撃を加えた。しかし、定頼は義晴と断絶し本当に敵対するつもりはなかった。十五日には定頼は義晴と晴元との和睦を仲介したのである。それについて記された史料「七月十五日付右筆方意見状写」（「伺事記録」）によれば、定頼よりの和睦仲介の際に、義晴は北白川城にて諸侯（＝奉公衆）らに和睦について意見を尋ねた。それをうけて奉行衆は、義晴よりの諮問についてこの意見状を作成したが、そこには定頼の仲介を受け入れたことに賛同することが記されており、定頼の仲介が直臣にも支持されていたことがわかる。ただし、その付記によれば、奉行衆のうち松田盛秀一人は賛同しなかったというから、一部の直臣には晴元方との和睦に反対するものもいたのだった。

結局、定頼の仲介により、義晴と晴元は和睦するに至った。村井氏も指摘するように、定頼は義晴と実際に敵対することが目的ではなく、その行動は義晴と晴元の仲介のためと見るべきであろう。定頼の目的は、あくまでも「義晴―定頼・晴元」体制を維持することにあった（村井：二〇一九）。

義晴父子は、七月十九日に定頼の和睦への意見を受け入れた意志表示としてか北白川城を自焼したうえで、定頼の影響下にある坂本へ移座した。なお、「季世記」では晴元・定頼勢に恐れをなした義晴が逃亡を企て城を自焼したとするが、これは誤りである。そして、同月二十九日に晴元が坂本の新将軍義輝のもとに御礼を行い、和睦が成立した。ただし、これは和睦ではなく、あくまでも将軍家がこれまでの晴元の行為を「御免」（『公卿』）するという建前であった。しかし、義晴はこの和睦（御免）に本心では納得していなかったとみえ、晴元とはこのとき対面しなかった（「厳助」同日条）。この時点では義輝と晴元との和睦（御免）であり、心情的に義晴はすぐには晴元を許さなかったのである。

村井氏はこの和睦について、単なる義晴と晴元との和睦であれば、義晴方の事実上の降伏となってしまうが、定頼が義晴と晴元の間に入ることで、定頼の仲裁であるから仕方ないと、和睦を受け入れる義晴の面子を保つ効果があったという（村井：二〇一九）。義晴としては、もっとも信頼する定頼が晴元との和睦を軍事力による脅迫に近い方法で推進したことで、最終的にそれに折れたといえる。

この和睦もあって、晴元勢の氏綱勢への反撃はなおも続き、閏七月三日には高雄に城郭をかまえる細川国慶を攻めたが、晴元方は六角方の援軍を含めて約二万余人の兵力であったのに対して、国慶の兵は約七百ほどであったという（「惟房」同日条）。多勢に無勢もあって、同五日には高雄城は落城した。国慶はその後も晴元方と対峙するが、十月五日（六日とも）に山城国内野西京にて晴元勢と対陣し、その合戦にて討ち死にしている。

大義名分ともいえる将軍家が離反したことや、軍事的な形勢が悪化するなかで、氏綱は翌十七年四月に晴元との和睦を受け入れ、義晴政権の根本を揺るがしたこの動乱はここにいったん終結した。しかし、義晴の帰洛は遅れた。義晴は同年六月七日に坂本より慈照寺に入り、その後今出川御所に還御した。なお、この対立のなか、晴元の重臣三好長慶は畠山政国や遊佐長教のいる河内高屋城を攻めていたが、遊佐長教と和睦し、長教の娘を室としている（「両家記」）。これがさらなる混乱のもととなるのである（『言継』同日条）。

三好長慶の離反

七月に義晴と細川晴元が和睦したことで、再び両者の関係が復活した。しかし、これで幕府が安定したわけではなかった。一番の要因は今度も晴元の家中にあった。晴元被官の三好長慶と三好政長（出家して法号宗三《そうさん》、以下宗三）の対立である。宗三はかつて天文八年（一五三九）の長慶の反乱、同十年の木沢長政の反乱の原因となった人物であり、今回も再び彼は動乱の要因となったのである。宗三は晴元が堺にいたころより寵用しており、晴元側近として家中で隠然たる影響力があった。

今回の対立のきっかけは、先年、細川氏綱方についた摂津国人の池田城主池田信正の処遇であった。信正は晴元勢らに攻められ、六月ころに宗三を介して降伏したが（「両家記」）、彼は翌年五月六日に晴元の命によって京都で切腹させられた。これに信正の息子長正《ながまさ》をはじめ、摂津の国人らが反発したのである。長正に頼られた長慶は、政長を元凶としてその排除を晴元に訴えた（「両家記」）。

しかし、晴元は長慶の嘆願を拒否した。晴元は宗三を「見放しがたい」として、浪人であった河原《かわら》林《ばやし》対馬守を召して、宗三を支援することにしたのである。これに長慶が納得するわけがない。「両家記」には、晴元が宗三を支持するのであれば、長慶は「御屋形様とも御沙汰次第では対抗する」と晴元との敵対もいとわない姿勢を示したというから、長慶は宗三だけではなく、主人晴元より離反し、対立することを決断したのである。

長慶の味方となったのは、舅となった遊佐長教をはじめとする「河内一国の衆、摂州上郡は三宅出羽守《(国村)》、芥川孫十郎、入江、茨木孫次郎、安威弥四郎、下郡は池田《(長正)》、原田、河原林弥四郎、有馬殿《(村秀)》、西の岡にて鶏冠井、同物集女、丹波国は内藤備前守《(貞正)》、播州は衣笠《きぬがさ》兄弟衆、泉州は松浦肥前守《(守)》、阿波、讃岐、淡路国一味」(「両家記」)という。長慶への支持と勢力の規模がうかがえよう。天文八年に蜂起した状況とはあきらかに様相が異なるものであった。さらに長慶は、晴元と対抗するために舅である遊佐長教を通じて、新しい京兆家の家督として氏綱を擁することとした。これによって再び晴元と氏綱との対立が再開したが、今度は氏綱には長慶がついたのであった。ただし、長教の主君である畠山政国はこの反乱に同意しなかったらしく、遁世《とんせい》していたらしい。そのため義晴は政国に対して、反乱に同意しなかったことを賞している(「御内書要文」『義晴』四〇三)。

今回は晴元と相対する氏綱が擁立されたことで、義晴は晴元家中の問題として終息させることができなくなった。それだけでなく、晴元と長慶の調停者となる選択肢が事実上なくなり、自動的に義晴は戦乱の当事者となってしまった。長慶も晴元を敵としただけでなく、氏綱を擁立したことで、晴元との連携を再開した大御所義晴・将軍義輝父子とも自動的に敵対関係となったのである。

だが、長慶は足利義維を擁立した父元長と異なり、義晴・義輝父子に代わる将軍候補を擁立しなかった。長慶は氏綱を擁したものの、将軍の交代は意図していなかったのである。これは、義晴を擁立した常桓の後継者を自認する氏綱側の意向かもしれない。あくまでも長慶・氏綱の目的は晴元・政長の排除であり、「義晴父子―氏綱」体制を目標としたといえる。これは遊佐長教も同様であったらしく、対立期間である天文十八年九月にも義晴の側近大館晴光に対して、和泉での戦況を伝えている（遊佐長教書状写「古簡雑纂」）。長教は「たびたび申しあげていることをお伝えしていますが」と述べているので、複数回にわたって義晴方に戦況を伝えていたのであろう。おそらく、長慶勢は自勢力が晴元勢より優勢である状況を伝えることで、天文十五・六年のときのように、義晴が晴元より離反することを期待したものと思われる。

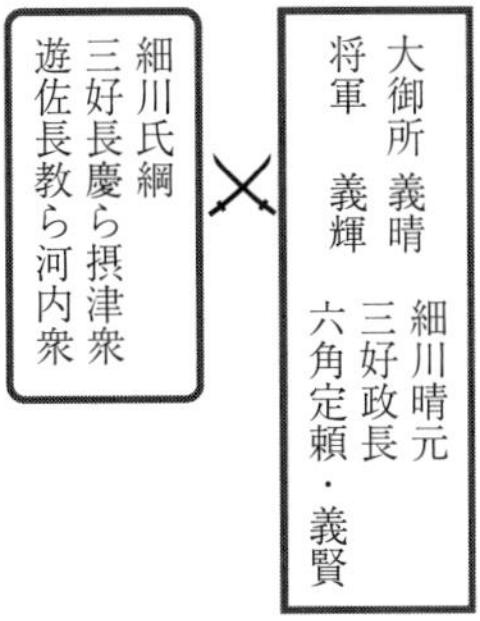

図9　新たな対立構図

もちろん、義晴のほうもその情報をもとに熟考したであろう。しかし、結果的に義晴は氏綱との連携を選択しなかった。前年の北白川城での包囲戦がトラウマになっていたのかもしれないが、晴元との関係以上に晴元と連携する六角定頼が離反することを何より避けたかったのかもしれない。おそらく、定頼さえ了承すれば、晴元を切ることに躊躇はなかったであろう。

天文十八年三月には、京都の義晴を警固する目的で近江衆が上洛した。彼らは今出川御所の近隣に陣をかまえたが、北郡衆の土戸人《どこにん》（農民）衆と、おそらく御所の番をしていた奉公衆の上野（信孝か）の内衆とが何らかの理由から喧嘩となった。これをうけて、奉公衆が大挙して駆けつけ合戦状態となってしまった。この喧嘩に巻き込まれた御部屋衆の一色晴具が喉を打たれて九日に死んでしまうなど、奉公衆にも犠牲が出てしまう。情勢の不安定化によって、警固担当者も皆殺気だっていたであろうなかでの喧嘩であった。さらに同月には、慈照寺明岳瑞照も何者かに殺害されるなど（以上、「厳助」天文十八年三月条）、義晴の周辺には緊張が走っていた。

討ち死にも覚悟した義晴の決意

状況が一転したのは六月であった。六月二十四日、六角勢の援軍を待つ三好宗三が（「季世記」）、摂津国中嶋の江口（大阪市東淀川区）で討ち死にしたのである（江口合戦）。宗三をはじめ、細川天竺《てんじく》弥六・高畠長直・平井新左衛門・田井源助・波々伯部・豊田弾正など八百人以上が討ち死にし、この敗北をうけて六角勢は帰国、池田城にいた細川晴元は丹波を経て京都に逃れたという（「両家記」）。このとき、晴元は義晴に顔向けできないとして上洛を止めていたが、義晴が一戦の敗北は恥ではないとして上洛を促したという（「穴太記」）。

宗三が討ち死にした同じ二十四日に、六角義賢が父定頼に代わり三万六千余騎を率いて上洛し、翌日に池田城より逃れた晴元も義晴に命じられて上洛した（以下「穴太記」）。義賢はいったん摂津へ攻め入る様相を示したが引き返し、北白川まで退陣した。同二十七日になって義賢は長慶勢の攻勢をうけたため、義晴・義輝父子らに対して京都から避難するように申し出た。これをうけて義晴父子は近衛一門と晴元、同晴賢、同元常らと同道して、東山神楽岡（吉田山）にて軍評定を行った。

義晴は評定において、「この場所にて敵を待ち受け、生死を士卒らと同じくして、戦功を一戦のなかで奪い、名を万代にまで残そうと思う。運は天にあり。あえて退くことはしない」と、京都よりの撤退ではなく、動乱の当事者として、自身の討ち死にも覚悟のうえで三好方との合戦を切望したのであった。悲壮な覚悟ともいうべきこの発言がどれだけ真実を伝えているのかわからないが、義晴が何より気にしたのは、「京都を離れる（もしくは捨てる）」ことを避けるという点にあったといってよい。

将軍（すでに前将軍だが）と京都の関係については、これまでも繰り返し述べてきたが、将軍（当時は大御所だが）が京都を離れるということは、「武家」である義晴が、事実上京都の治安維持を放棄することとなるため、それを命を捨ててでも避けたい、京都の守護者として万代での面目を守って後世に名を残したい、というのが義晴の本心であり、執念ともいうべきものであった。しかし、義晴が当事者の一人となるなかで、京都に残れば、京都の町が兵火に巻き込まれ、結果的に京都の民衆にとっては悪夢となることは明白であろう。「平静」の象徴たる義晴の面目を守るための戦いは、皮肉なことに京都の民衆にとっては痛手を伴うものであった。

　このような義晴の態度に対して、晴元と義賢は義晴の決死の覚悟をなんとか翻意させた。遊佐長教が大館晴光を介して水面下で将軍家と音信するなか、京都に残った義晴が、細川氏綱陣営に鞍替えする可能性を危惧したのかもしれない。結局、義晴父子はその夜、いつものように慈照寺に移り、翌日に近江坂本の常住寺に御座を移した。義晴父子の移座によって、再び今出川御所は無人となった。今出川御所は相国寺の鹿苑院らが交代で留守をつとめ、維持されることとなるが、結果として義晴がこの御所に還御することはなかった。

中尾城の築城

　再び六角氏の庇護のもと、近江の坂本にて避難生活を送ることとなった義晴は、京都奪還に向けたある作業に取りかかる。それが中尾城の築城である。中尾城は慈照寺の背後にある如意ケ嶽《にょいがたけ》（大文字山）北西の尾根部分に築城された城郭である。特に現在、観光用に整備されているわけではないが、当時の土塁や堀切りが確認できる。

　築城の目的について、「穴太記」には、「小勢で大軍の敵を凌駕するには、平地の合戦では難しい。要害を構えて馬の足休めとして、兵の機をたすけ、敵が近づけば駆け出し、味方が疲れれば引き籠もって勝負を決する」とある。つまり、少数の軍勢でも、大軍相手に有利に、長期的に戦闘を進めるために築城したというのである。同十月二十八日には、「慈照寺の大岳中尾をいう山に鍬初をされた」と

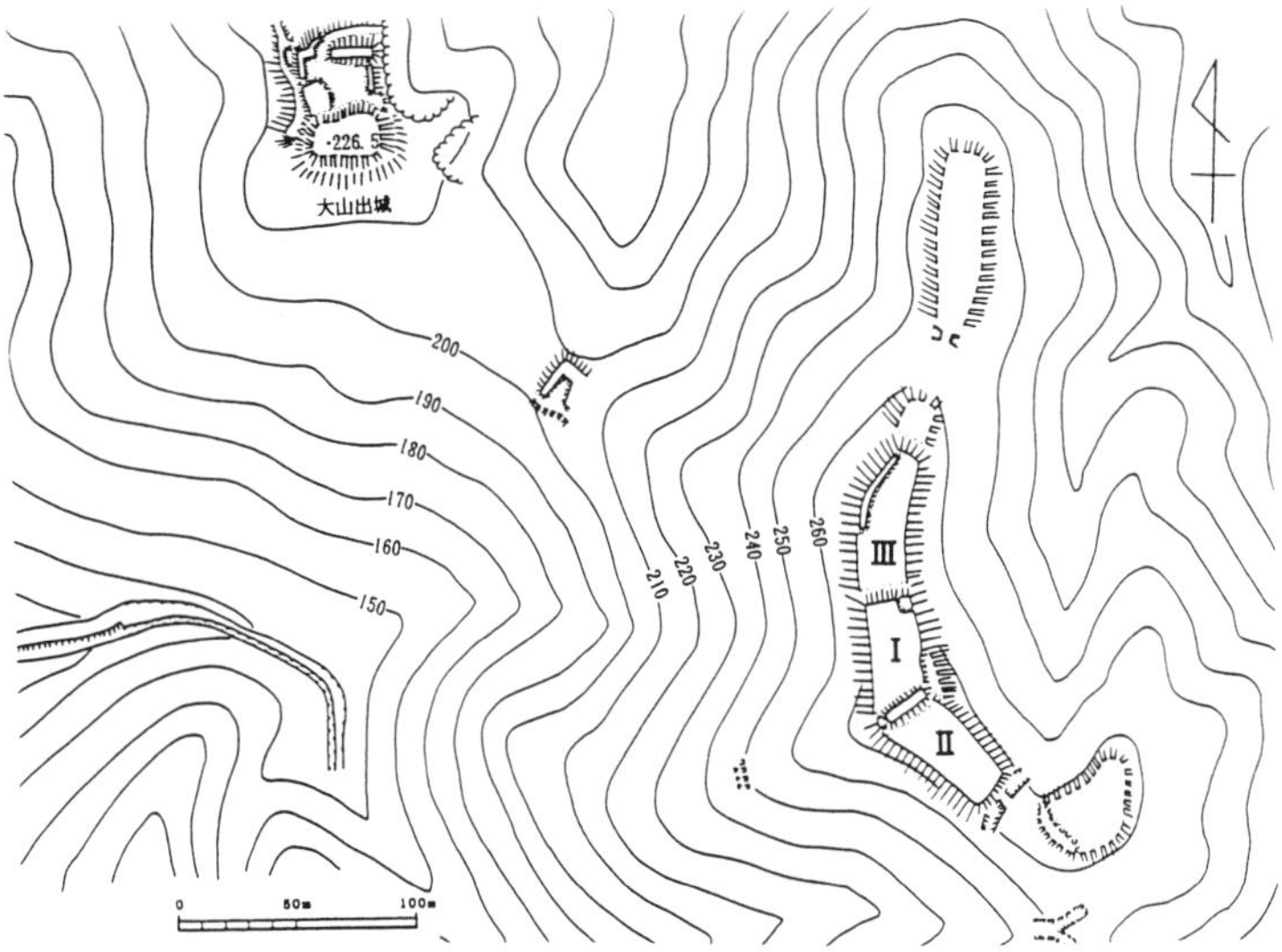

上：中尾城縄張り図　作成：福島克彦氏
左：中尾城跡　京都市左京区

あり、築城が開始された。ここで「小勢」とされるように、義晴の直属軍である奉公衆の兵力だけでは、三好勢とまともに対峙できなかったため、その劣勢を補う目的があった。

将軍の城としては規模が小さいとの指摘もあるが（池田：一九八五）、当時の奉公衆の軍事力に鑑みれば、籠城すべき城の規模が小さいのも当然であった。

しかし、義晴は年末に腫気により体調を崩してしまう。「穴太記」では「都を思って歎いていた」ためという。京都を離れたことに対する過度のストレスだったかもしれない。年が明けた翌十九年になっても義晴の体調は回復せず、上池院《じょうちいん》などの医師の薬も効果がなかったため、奉公衆が比叡山の根本中堂にある薬師如来に千度参りを行ったほか、医師の竹田《たけだ》瑞竹軒定栄《ずいちくけんじょうえい》なども呼ばれたが、義晴の健康は一向に回復しなかったという。そのような病のなか、「御城山のことだけを御心にかけられて、晴元、定頼と御談合されて二月二十六日にまた普請始があった」と、中尾城築城に執念を燃やしたのである。

すでに本書でも述べたように、有事の際に慈照寺は将軍家の一時的な避難地として活用されてきた（その後、ここを経由して近江坂本に移座することが多かった）。義晴がこの地を選んだのは、このような理由が大きいだろうし、頂上部や如意ヶ嶽よりは吉田山を越えて京都市内を展望できる利点もある。また、この地に将軍家の城郭を新たに構えることで、京都への復帰戦を進めるのと同時に、今後もここを有事の際の軍事的拠点として活用したかったのかもしれない。

中尾城の構造について、「穴太記」によれば、「容易落難き」城で、通りは「つづら折なる通を廻りて登る事七・八丁」、南は「如意が嶽に続」き、尾先は「三重に掘り切て。二重に壁を付て。其間に石を入たり」、これは「鉄炮の用心」のためで、四方は「池を掘て水をたゝへ」ているとある。「鉄炮」の用心については、当時京兆家が合戦用に「鉄炮」を配備しており、このあと実際に戦死者も出ていることからも理解できる（『言継』天文十九年七月十四日条）。なお、義晴と鉄砲については、義晴が天文十三年ころに近江の国友《くにとも》の鍛冶《かじ》らに製造を命じたとの話もあるが（「国友鍛冶記」）、伝説の域を出ない。ただし、中尾城築城の時期には京都周辺では鉄砲が実戦で活用されていたことはいえるだろう。

城郭としての中尾城は、以前の北白川城ほど規模の大きいものではない。また、実際の縄張りと「穴太記」に見られる縄張りは一致する部分があるものの、池については如意ヶ嶽城の可能性があること、そして鉄砲戦を意識して縄張りがなされたものであるという（池田：一九八五）。中尾城に隣接する場所には「大山出城」という出城があり、ここが義晴らの居館となる予定であったとされているが、実際に義晴が利用することはなかった。

大御所義晴の死と自害説

義晴・義輝父子が近江に移座して以降、京都の実質的な支配は三好氏が行っていた。幕府の公文書である奉行人奉書のこの時期の現存数も少なく、ほとんどその機能を停止していたと思われる。

幕府が機能不全となる天文十九年（一五五〇）二月末か三月のある夜に、義晴は夢を見て次の歌を作成したという。

　乱れぬる世のうれへもや忘れ草今我宿にいさうへてみむ

同じく夢のなかで、結城国縁に作事奉行を命じたという（彼は今出川御所の作事奉行でもあった）。これに対して、近臣たちは良い夢であると述べたが、その後、歌は足利義政によるものであり、「忘れ草」は縁起が良くないことの前触れであること、さらに国縁は四・五年前に亡くなった人物で、いずれも良くない前兆であると言い合ったという（国縁は天文十五年ころまで健在）。

義晴は山中まで進発しようと、陰陽師の勘解由小路在富や土御門有脩《つちみかどありなが》に日時を勘申させた。しかし、六角定頼は「御不例」のなかでの進発はよくないと引き留めたものの、義晴は強引に進発し、穴太（滋賀県大津市）の新坊というところに御座を移した。義晴の避難先である坂本のすぐ南で、坂本より山中越に移動する途中にあたる。義晴は定頼の意見を遮ってまで、帰洛を早めたかったのである。このとき、義晴は帰洛を喜ぶあまりお歯黒を直させ、爪を切らせて身だしなみを調えたという。京都こそが義晴の帰るべき場所であった。

三月二十七日に義晴は中尾城に入城する予定であったが、前日に摂津の伊丹雅興《まさおき》が細川晴元に反旗を翻したため、晴元が入城を止め、やむなく義晴は入城をあきらめたという。そこで義晴は奉公衆らを城に帰し、まずは「城中の制法二十ヶ条」を制定した。義晴は「城を堅固にし、出張まで待て」と奉公衆に命じたのであった。幕府軍の主力は将軍直属の奉公衆ではなく、定頼や晴元らの大名勢であるため、彼らの意見は無視できなかったのである。

続く四月中は特に動きはなく、義晴はほぼ病床にあったと思われる。その後、在城の上野信孝・伊勢貞孝・三淵晴員・飯川信堅《のぶかた》（もと信資か）のほか、在城衆ではない大館晴光や摂津元造が御前に召され、幼少の義輝への忠勤とその補佐を命じた。この人員を見るに、彼らこそが内談衆に代わる義輝のための新しい側近集団だったのかもしれない。義晴は義輝を「天下を治める器用」があり、忠臣に恵まれていることを述べ、遺訓を述べながら涙を流したという（以上「穴太記」）。

五月三日には京都より絵師土佐光茂《とさみつしげ》が御前に召され、義晴の肖像を描いている（『言継』同日条）。京都には一日夕にすでに義晴が死去したとの情報も流れており、危篤の状態にあったことは間違いないだろう（『言継』同日条）。義晴は五月四日戊辰の辰の刻、穴太にて死去したのであった。享年四十歳。以前より義晴は、「辰の日の辰の刻に死ぬ」と、自ら死期について周囲に語っていたという（「穴太記」）。なぜか辞世は伝わらない。

ところで、義晴の死因については当時の記録では腫物とされてきた。ところが、義晴の死について、従来の病死説と異なる記述をした史料がある。次に、その史料の一部を掲げる（『集古文書』）。

（尚々書略）

（略）去年二月、諸侯衆各指し上げ、我々も籠城仕り、日々御普請仕り、辛労ども仕り候砌、公方様《(足利義晴)》五月四日坂本にて御自害候の条各筆《(閣)》、推量あるべく候、（略）恐々謹言、

天文廿年　　　進士修理亮

二月十八日　　　晴舎（花押影）

横瀬雅楽助殿

御返報

これは当時、義晴・義輝の近臣であった進士晴舎（のちに娘は義輝側室に）が上野国の国衆横瀬《よこぜ》氏に宛てた書状の写しである。横瀬氏（のち由良《ゆら》氏）は、その後も関東の上野にありながらも幕府との音信を継続して、永禄年間には御供衆に加えられている。その本文には、天文十八年の近江動座以来の近況報告がされている。東山に城を築いたこと、奉公衆らが日々籠城しながら普請を行っていたことのほか、注目されるのは傍線部にあるように、義晴が「御自害」したと述べていることであろう。この文書は近世の写しで、文字が不明瞭な箇所もあり、文意が取りにくい箇所もある。また、これは書状なので、本来は「天文廿年」の年紀は記されていないはずであるため「天文廿年」は追筆部分であろうが、内容から年代比定も天文二十年のものに相違ない。

また、内容もこの時期のものとして整合性もある。わざわざ「自害」と偽造する必要もなく、義晴が実際に周囲に「辰の日の辰の刻」に死ぬことを事前に述べていたのであれば、それを実効するためにその日、その時間になり自害に及んだ可能性も充分にあるだろう。

義晴は京都に帰還することを切望しながらも、それを果たすことはできなかった。父義澄の亡命先である近江で誕生し、「天下を治める器用」のある息子義輝に期待をしながら、父と同じく近江で波乱の生涯を終えたのである。

義晴の肖像と木像

義晴は、死の直前に自らの肖像を絵師土佐光茂に命じて描かせている。その肖像が京都市立芸術大学芸術資料館蔵「土佐派絵画資料《とさはかいがしりょう》」のなかに含まれ現存する。そのため、義晴晩年の容姿はこれによって知ることができる。なお、同資料には義晴の肖像二枚が確認でき、そのうち一枚は「桑実寺縁起絵巻」を制作した土佐光茂筆によるもので、もう一枚はその写し（予備か）であろう。この肖像画の義晴は肩衣《かたぎぬ》姿で、容顔は後頭部に髻を結い、目は空ろで視点が合わず、口ひげとあごひげを蓄えたものとなっている。同時代に作成されたものとしてはこれ以外に現存しない。

肖像の制作過程については、同時代の「穴太記」に詳しい。それらによれば、天文十九年（一五五〇）五月三日に義晴は光茂を病床に呼び、肖像を描かせたという。目の空ろな点は、死の直前ということもあろう。『言継』には、義晴の死後の閏五月十五日、絵師の光茂が衣紋役でもあった山科言継に義晴御影の直垂の袴の腰部分について尋ねた記事がある。言継は光茂に対して、「直垂の腰の前腰は皆交差させ、後腰は交差させず、紐の色は浅黄茶《あさきちゃ》で、大口袴《おおくちばかま》を重ねるべきである」と返答した。現在残る義晴の肖像画は先述のように肩衣姿であり、直垂姿ではない。そのため、現存しないものの、義晴死後に改めて御影が作成されていたことがわかる。おそらく、正式には直垂姿で描くもので、「土佐派絵画資料」に残る義晴像はこのための下書きであったのであろう。義晴の葬儀後、五月二十六日には万松院に義晴の御影が送られたと見られるから、言継に問い合わせた先ほどの光茂制作肖像画がこれにあたる可能性もあるが、いずれにしてもこれらは現存しない（『鹿苑』同日条）。

足利義晴画像　京都市立芸術大学芸術資料館蔵

さて、この肖像の服装は小袖《こそで》に肩衣を着けたもので、全体像ではなく、胸部より上部分のみである。この肖像画は当時、将軍が直垂ではなく肩衣を将軍が日常的に用いていたことを示すものでもある。室町時代、上級武士の服装は直垂が一般的であったが、十六世紀ころには肩衣が利用されるようになっていたし、公家衆も用いていた。

桂川合戦に義晴が出陣した際、義晴の御供は肩衣小袴《こばかま》であったことや、将軍への参賀の際に、大名、外様衆は烏帽子に直垂上下であったが、御供衆は肩衣小袴で出仕したことが確認されるため（『常興』天文九年卯月一日条）、御供衆以下は肩衣を着用するようになっていたのだろう。また、天文十一年に坂本に避難していた義晴と対面した万里小路惟房は、対面した義晴の服装を「肩衣袴」であったと記しているため（「惟房」三月十七日条）、この時点で義晴も肩衣を用いていた。肩衣自体は十五世紀には武家社会で限定的に利用されていたというが（丸山：一九九四）、将軍が日常的に着用するようになったのは義晴の時代といってよいだろう（将軍の肩衣姿の肖像も義晴が最初）。

同時に烏帽子の着用もなくなり、烏帽子を被らずにいる露頂も、将軍をはじめとする上級武士階級帽子を着用するかどうかを大館常興に諮問しており（このとき細川晴元は烏帽子でなく結髪で参加）、日常的に烏帽子の着用がなかったことがうかがえる（『常興』七月二十日条）。しかし、これはあくまでも日常着という認識があるらしく、正月の年頭儀礼の際に大名・直臣らが烏帽子直垂で出仕しているなか、朽木稙綱ら少数が肩衣小袴で出仕したことに対して常興が「不審」と述べている（『常興』天文九年正月一日条）。いずれにせよ義晴期の服飾は、服飾史の面でも画期という時代だったのだ。

この晩年の肖像以外に、義晴の容貌を伝えるものは少ない。幼少の義晴については、鷲尾隆康が永正十八年七月六日に上洛した際の義晴の容姿を記録に留めている（『二水記』同日条）。それによれば、当時十一歳であった義晴の容姿を「御容顔美麗也」と記しており、正直、肖像画からはその面影をみることはむずかしい。また、幼少（十二歳）の義晴と対面した三条西実隆は「御容儀は厳然で、とても成人のような御体である」と述べており（『実隆』大永二年四月二十二日条）、すでに成人のような体型であったことがうかがえる。

もう一つの義晴像としては、「等持院《とうじいん》所蔵歴代足利氏木像」がよく知られる。これらの像は江戸時代に画像をもとに作成されたものとされるが、現在、義晴の木像とされるものは、像高がほかの将軍像より一回り小さい七十六センチほどで（他は百センチ前後）、こじんまりとした印象がある（十歳で死去した義勝像と同程度の像高）。義晴の身長を記した記録は残されていないが、義晴像が真正とすれば、実際の義晴の身長を反映したのであろうか。義稙像と入れ替わっている可能性が指摘されているため断定はできないが（桑山：一九八九）、実隆が十二歳の時点ですでに成人の体型と述べていたことを踏まえれば、当時の成人男性の平均的な身長（一五〇センチ代後半）かそれ以上であったと思われる。足利氏ゆかりの鑁阿寺《ばんなじ》（栃木県足利市）所蔵の近世に制作された「木造足利歴代将軍坐像」のなかにも義晴像があるが、これは何をもとにして制作されたかはわからない。

葬儀と贈位贈官

さて、五月七日になって、義晴の亡骸は穴太の新坊より慈照寺に移された。桶に入れられたうえで、輿に召されたという。その後、等持院の僧が来て、沐浴と剃髪を行った。そして受戒させ、墨染の御衣、袈裟、御帽子が着せられ、その側には清光院が進上し、狩野元信《もとのぶ》が描いた金屏風が立てられたという。

義晴の死にあたって、細川晴元より百貫文、六角義賢は三百貫文、細川元常・同晴賢・朽木稙綱は各十貫文の香典料を進上した。この際、大館晴光は慈照寺まで御供したものの、悲歎のあまり出家し、そのまま叡山の黒谷《くろたに》に籠もったという。

同日、義晴には左大臣・従一位が贈位贈官された。院殿号は万松院殿贈一品左相府曄山道照大居士《ばんしょういんでんぞういっぽんさしょうふかざんどうしょうだいこじ》であった。しかし、戒名「道照」のうち「照」の字が義稙にも付けられているとのことで、改めて戒名の字を「昇」と改めて「道昇」としている（『鹿苑』閏五月二十二日）。「万松院」は相国寺内の万松軒からとったものであろう。九日には御台所も剃髪し、慶寿院《けいじゅいん》と称することとなった。乳人であった宮内卿局、慶寿院の乳人であった大乳人局もこのとき落髪した。

義晴の葬儀は同二十一日に慈照寺内にて行われた。本来は北山の等持院で葬礼を行うべきところ、乱中であることと、何より義晴が心血を注ぎ、入城を心待ちにしていた中尾城の麓にある慈照寺で執り行われることとなったという。等持院に出世の人がいないとのことで、喪主は相国寺の法霖《ほうりん》長老がつとめた。葬儀の奉行は松田頼隆、御門奉行は侍所開闔松田盛秀であった。位牌は本来は家督（つまり義輝）が持つのだが、乱中であるため、猶子であった慈照寺の院主陽山瑞暉《ようざんずいき》（実父は近衛稙家）がつとめたという。義晴はその後荼毘に伏され、御骨は先例によって摂津国多田院《ただいん》（兵庫県川西市）と高野山（和歌山県高野町）に分骨された。位牌所については、相国寺内の雲頂院《うんちょういん》が望んだものの、他門ということで同じく相国寺内の万松軒を万松院と改称して位牌を安置することとなったという（以上「穴太記」）。ただし、万松院は現在は廃絶している。

六月二十一日には、義晴の御遺物として腰刀が伊勢貞孝を使者として禁裏に進上された。しかし、このとき、この腰刀が義晴の差物《さしもの》でないとの噂がたち、聊爾の沙汰であるとの風聞もあったという（『言継』同日条）。なお、義晴の墓とされるものが大阪府交野市の義晴地蔵寺にある。むろん、義晴がこの場所に埋葬されたわけではなく、供養塔の一種であろうが、なぜこの場所にあるのか、墓自体の真偽も不詳といわざるをえない。

義晴死後の将軍家

天文十七年（一五四八）以降、将軍家が動乱の当事者に置かれたことで、義晴政権は瓦解せざるをえず、近江の地で生涯を終えた。義晴の死後、将軍権力は急速に動揺していくこととなる。

義輝は義晴の死後、六角定頼より坂本移座を勧められた。それに対して、義輝は義晴の言葉を引用して返答した。それは義晴が、「諸侯（奉公衆）を城内に籠もらせ、直接仰るには、後巻のことは、定頼が引き受けていれば安心である」。そして、「我は士卒と志を一つにして、一度大軍の敵をしのぎ、一戦に戦功を奪い、もしも勝利を得なければ、命を父祖のために亡くし、尸《かばね》を軍門に曝すことになろうとも一足も退くことはしない」と、士卒とともに合戦に挑むこと、勝利を得なければ死を覚悟してでも一線に臨むことを述べていたという（「穴太記」）。この言葉が意味するように、定頼が義晴期の幕府の意志決定を主導しただけでなく、将軍の庇護者としてあったことを象徴させるものであろう。義晴は自分が選んだ定頼を最後まで信頼・期待し続けたが、その六角氏が劣勢となったことで、自身の没落につながったのである。

これまで義晴が主体的、非主体的にかかわらず当事者となった動乱では、すべて軍事的に劣勢のなか敗北する結果となった。それを踏まえれば、帰洛後の義晴は大名とのバランスを心がけていたように義晴が幕府の維持のためにとるべき方策は、動乱の当事者とならないことであったといえよう。独自の軍事力が限定される足利将軍は、将軍家単独で存立することはできない。武家政権の宿命として、幕府・将軍家の存続には軍事的裏付けが不可欠だったのだ。その裏付けこそが幕府を支える大名（義晴の場合には定頼や細川晴元）であるが、これは「傀儡」など将軍の政治的自律性とはまったく別の問題であり、幕府の維持のために不可欠な要素であった。

幕府を支える大名に「誰を選ぶか」は、戦国時代の将軍家の課題であったといえる。その大名家内部が混乱したとき、将軍は騒動の調停者としてあらねばならず、当事者となる選択肢を避けなければ、幕府存立はままならなかったのである。

さて、将軍家と三好氏との抗争は、息子義輝に引き継がれることとなったが、残された義輝は六角氏の支援をうけながら、長慶らに対抗するため中尾城の拡張を進める。しかし結局、三好氏の攻撃に耐えきれず、十一月二十一日には義晴が心血を注いだ中尾城を自焼して、近江の堅田に逃れたのであった（『言継』同日条）。まだ十五歳の若く経験の浅い義輝にとって、父義晴の死は新たな危機のはじまりであったであろう。若い義輝は、この後三好氏という新しい勢力と相対することを余儀なくされた。六角氏の支援をうけながらもこれ以降、将軍家は動乱の当事者のまま、これまでと異なる新しい段階へと進んでいくのである。

あとがき

本書は、筆者にとって最初の本格的な評伝である。これまで、『室町幕府将軍列伝』や『室町・戦国天皇列伝』（ともに戎光祥出版）にて「足利義稙」・「足利義維」、「後奈良天皇」を担当したが（本書にはその一部も取り入れた）、その二十倍近い分量を書いたのは初めてであり、読者の期待に添えているか不安もある。

今回本書を執筆するにあたって、改めて義晴に関連する史料や文献を見直していった。すると、恥ずかしながら、以前の論集のなかで、「総論」をはじめ、各箇所に誤認など修正や訂正が必要な箇所をみつけ、その訂正も兼ねて本書を執筆した。「発給文書目録」にも二十通ほど漏脱もあったが、これは今回は作成しなかったので、今後別の機会にできればと思う。

どうしても、戦国時代の主役とされるのは戦国大名や有名武将であり、将軍に関心が持たれることは多くない。ちょうど今年（二〇二〇年）の大河ドラマでは義輝や義昭、さらに細川晴元までが登場するが、まだ生きているはずの義晴は一切登場しない。一般的にみれば「その程度」のあつかいの将軍とでもいえようか（歴史を学ぶ学生も同様）。しかし、何度も述べたように、義晴ほど将軍としての活動が顕著に確認できる将軍はいない。

そのなかで思ったのが、義晴は何と情報量の多い将軍なのかということである。そのため、本書はある程度しぼり、そのすべてを盛り込めなかったのは残念だが、多くの大名・国人などが多彩な動きをみせるこの地域、この時代、義晴のみをみればすべてがわかるわけではない。義晴（戦国の将軍）の評伝でむずかしいのは、義晴本人のみならず、戦国時代の幕府、朝廷、畿内や遠方の大名勢力との関係も無視して述べることができない点にある。特に兄弟義維の存在は無視できない。本書では、冗長で説明過多とならないよう心がけたつもりだが、将軍を扱う以上、どうしても避けられない点でもあるし、正直これでも語り尽くせていない。

本書には、平成三十年六月に開催された第一回戎光祥ヒストリカルセミナーで講演したテーマ「戦国時代の将軍と京都」の一部を反映させた。当初これを論文化するつもりであったが、本書の主人公足利義晴と密接に関係することから、まずはこちらに入れ込むことにした。戦国時代の将軍と京都との関係は、将軍とは何かをみるうえでとても興味深いテーマでもある。本書でもこの点を少し強調したが、読者の皆さんにうまく伝わっただろうか。義晴の生涯をみて思ったのは、将軍家と京都とはやはり切っても切り離せるものではなく、義晴もそれを充分承知していただろうということである。

また、細川高国や晴元、三好長慶といった人物については、彼らの評伝ではないので、今回あまり分量を割かなかった。その点不満に持つ読者もいるかもしれないが、ご容赦いただきたい。特に高国や晴元、木沢長政といった人物は当時の畿内のキーパーソンであることに間違いないが、本格的な評伝はないため、今後それをつとに期待したい。息子の義輝については別の機会で述べていきたい。

なお、今年は新型コロナウイルスの影響で、多くの人々が困難な状況となっている。本書を手に取ってくれた方にもそのような方がいるかもしれない。勤務校でもオンライン授業を行って対応しているが、特に新入生は未だ登校しておらず（執筆時点）、大学生活に不安をいだいたままであろう。一刻もはやく終息し、安心した学生生活を送ることができるよう祈るばかりである。

さて、大学院生時代より十数年来参加している研究会ではこれまで『大館常興日記』や『親俊日記』を輪読してきた（現在は『天文日記』を輪読中）。研究会のメンバーには感謝申し上げたい。多くの知見を得た同研究会がなければ、今の自分や本書はなかったであろう。両親はもちろん、勤務校であり出身校である大正大学の歴史学科の先生方や諸先輩にも研究はもちろん、日々の活動で大変お世話になっている。さらに戎光祥出版株式会社編集長の丸山裕之氏にも編集でのご尽力や、前述のセミナーで貴重な機会をいただいた。重ねて感謝を申し上げたい。

二〇二〇年八月八日　　与野の自宅にて

木下昌規

【参考文献一覧】

天野忠幸　『三好長慶』ミネルヴァ書房、二〇一四年
池田　誠　「将軍足利義晴の中尾城を再検討する」（『中世城郭研究』三、一九八五年）
石原比伊呂「准摂関家としての足利将軍家―義持と大嘗会との関わりから―」（同『室町時代の将軍家と天皇家』勉誠出版、二〇一五年、初出二〇〇六年）
磯川いづみ「天文期伊予河野氏の対京都外交梅仙軒霊超を介する「近衛ルート」」（『戦国史研究』六七、二〇一四年）
一倉喜好　「丹波国桐野河内村における室町幕府権力の失墜」（『日本歴史』一三二、一九五九年）
今谷明・天野忠幸監修　『三好長慶』宮帯出版社、二〇一三年
今谷　明　『戦国時代の室町幕府』講談社学術文庫、二〇〇六年、初出一九七五年
　　同　　『室町幕府解体過程の研究』岩波書店、一九八五年
　　同　　『天文法華の乱』洋泉社、二〇〇九年、初出一九八九年
　　同　　「上杉本洛中洛外図の制作者と景観年代」（『文学』五二―三、一九八四年）
上島　有　『中世花押の謎を解く―足利将軍家とその花押』山川出版社、二〇〇四年
岡田謙一　「細川澄元（晴元）派の和泉守護細川元常父子について」（小山靖憲編『戦国期畿内の政治社会構造』（和泉書院、二〇〇六年）
　　同　　「足利義維の御内書について」（『古文書研究』七三、二〇一二年）
小川　信　『足利一門守護発展史の研究』吉川弘文館、一九八〇年

奥野高廣「「堺幕府」論」(『日本歴史』三二八、一九七五年)
奥村徹也「天文期の室町幕府と六角定頼」(米原正義先生古稀記念論文集『戦国織豊期の政治と文化』続群書類従完成会、一九九三年)
金子　拓『中世武家政権と政治秩序』吉川弘文館、一九九八年
亀井若菜『表象としての美術、言説としての美術史　室町将軍足利義晴と土佐光茂の絵画』ブリュッケ、二〇〇三年
河内将芳『日蓮宗と戦国京都』淡交社、二〇一三年
神田千里『一向一揆と戦国社会』吉川弘文館、一九九八年
木下　聡『中世武家官位の研究』吉川弘文館、二〇一一年①
　同　『室町幕府の外様衆と奉公衆』同成社、二〇一八年
　同編著『若狭武田氏』戎光祥出版、二〇一六年
拙著『戦国期足利将軍家の権力構造』岩田書院、二〇一四年
拙編著『シリーズ室町幕府の研究3　足利義晴』戎光祥出版、二〇一七年
拙稿「「堺公方」足利義維の御内書」(『戦国史研究』六三、二〇一二年)
木村真美子「大覚寺義俊と近衛家—将軍足利義晴と朝倉孝景との関係を中心に—」(『室町時代研究』三、二〇一一年)
黒嶋　敏「山伏と将軍と戦国大名」(同『中世の権力と列島』、高志書院、二〇一二年、初出二〇〇四年)
黒田日出男『謎解き洛中洛外図』岩波新書、一九九六年

同　「歴博甲本の主人公と注文主そして制作年―初期洛中洛外図屛風の読み方―」（『立正大学文学部研究紀要』二八、二〇一二年）
桑山浩然　『室町幕府の政治と経済』吉川弘文館、二〇〇六年
同　「「副状」小考―上杉家文書の綸旨・御内書をめぐって―」（『東京大学史料編纂所報』一七、一九八二）
同　「室町幕府内談衆大館氏の残した史料」（『古文書研究』三〇、一九八九年）
同　「史料採訪調査報告」（『東京大学史料編纂所報』二四、一九八九年）
小島道裕　『描かれた戦国の京都―洛中洛外図屛風を読む―』吉川弘文館、二〇〇九年
同　『洛中洛外図屛風―つくられた〈京都〉を読み解く―』吉川弘文館、二〇一六年
同　「洛中洛外図屛風歴博甲本の制作事情をめぐって」（『国立歴史民俗博物館研究報告』第一八〇集、二〇一四年）
小林健治　『越後上杉氏と京都雑掌』岩田書院、二〇一五年
小谷量子　『歴博甲本洛中洛外図屛風の研究』勉誠出版、二〇二〇年
同　「上杉本洛中洛外図屛風注文者近衛氏の生涯」（『日本女子大学大学院文学研究室紀要』二三、二〇一六年）
同　「「穴太記」の成立について」（『ヒストリア』二七五号、二〇一九年）
同　『桑実寺縁起絵巻』と慶寿院の結婚をめぐって（上）」（『日本女子大学大学院文学研究科紀要』二五、二〇一九年）
小谷利明　「畿内戦国期守護と室町幕府」（『日本歴史』五一〇、二〇〇五年）

笹木康平　「戦国期畿内政治史と若狭武田氏の在京」（木下聡編著『若狭武田氏』初出二〇一二年）
佐藤稜介　「戦国期における幕府奉行人家の分裂」（『古文書研究』八八、二〇一九年）
設楽　薫　「大館尚氏（常興）略伝―将軍義晴登場まで―」（科学研究費補助金研究成果報告書『室町幕府関係引付史料の研究』一九八九年）
同　「足利義尚政権考―近江在陣中における「評定衆」の成立を通して―」（『史学雑誌』九八―二、一九八九年）
同　「将軍足利義晴の嗣立と大館常興の登場」（拙編著『足利義晴』戎光祥出版、二〇一七年所収、初出二〇〇〇年）
同　「足利義晴期における内談衆の人的構成に関する考察―その出身・経歴についての検討を中心に―」（拙編著『足利義晴』戎光祥出版、二〇一七年所収、初出二〇〇一年）
同　「将軍足利義晴期における「内談衆」の成立（前編）―享禄四年「披露事条々」の検討を出発点として―」（『室町時代研究』一、二〇〇二年）
清水久夫　「将軍足利義晴期における御前沙汰―内談衆と「賦」―」（『日本史研究』二〇七、一九七九年①）
同　「天文年間の御前沙汰手続に見られる「折紙」について」（拙編著『足利義晴』戎光祥出版、二〇一七年所収、初出一九七九年②）。
水藤　真　『落日の室町幕府―蜷川親俊日記を読む―』吉川弘文館、二〇〇六年
同　「衆議と内々―『大館常興日記』に見る天文年間の室町幕府の事柄決定の方法―」（『日本中世政治社会の研究』続群書類従完成会、一九九一年）

末柄　豊　『戦国時代の天皇』山川出版社、二〇一八年
同　「細川氏の同族連合体制の解体と畿内領国化」（石井進編『中世の法と政治』吉川弘文館、一九九二年）
同　「大永五年に完成した将軍御所の所在地―洛中洛外図屏風歴博甲本の研究のために―」（『東京大学史料編纂所附属画像史料解析センター通信』五四、二〇一一年）
髙梨真行　「将軍足利義輝の側近衆―外戚近衛一族と門跡の活動―」（拙編著『足利義輝』戎光祥出版、二〇一八年、初出一九九八年）
同　「将軍足利義晴・義輝と奉公衆―大和孝宗書状「兎二角二、一人之諸行、天下滅亡にて候」をめぐって―」（『小此木輝之先生古稀記念論文集　歴史と文化』青史出版、二〇一六年）
瀧澤逸也　「室町・戦国期の武家昵近公家衆―その構成を中心として―」（『国史学』一六二、一九九七年）
田中淳子　「戦国期室町幕府の御料所支配―将軍義晴期を中心に―」（『年報中世史研究』二四、一九九九年）
同　「室町幕府の「御料所」納銭方支配」（『史林』八四―五、二〇〇一年）
谷口雄太　『中世足利氏の血統と権威』吉川弘文館、二〇一九年
長江正一　『三好長慶』吉川弘文館、一九六八年
中西裕樹　『戦国摂津の下克上―高山右近と中川清秀』戎光祥出版、二〇一九年
西島太郎　『戦国期室町幕府と在地領主』八木書店、二〇〇六年
同　「室町幕府奉公方と将軍家」（『日本史研究』五八三、二〇一一年）
同　「足利義晴」（榎原雅治・清水克行編『室町幕府将軍列伝』戎光祥出版、二〇一七年）
野田泰三　「戦国期の東寺と権力―義晴・義維政権並立期の東寺の対応をめぐって―」（大山喬平教授退官記念会

編『日本国家の史的特質古代・中世』思文閣出版、一九九七年所収）
羽田　聡　「足利義晴期御内書の考察―発給手続と『猶～』表記―」（拙編著『足利義晴』戎光祥出版、二〇一七年所収、初出一九九六年）
同　「天文期における室町幕府側近衆の所領とその評価―大舘氏を中心に―」（『年報三田中世史研究』五号、一九九八年）
同　「足利義晴期における内談衆編成の意義について―人的構成の検討を通して―」（『年報三田中世史研究』六、一九九九年）
同　「室町幕府女房の基礎的考察―足利義晴期を中心に―」（拙編著『足利義晴』戎光祥出版、二〇一七年所収、初出二〇〇四年）
馬部隆弘　『戦国期細川権力の研究』吉川弘文館、二〇一八年
浜口誠至　『在京大名細川京兆家の政治史的研究』思文閣出版、二〇一四年
同　「戦国期管領の政治的位置」（戦国史研究会編『戦国期政治史論集 西国編』岩田書院、二〇一七年）
同　「戦国期管領の在職考証」（『日本史学集録』三十九、二〇一八年）
同　「足利義澄」（榎原雅治・清水克行編『室町幕府将軍列伝』戎光祥出版、二〇一七年）
久水俊和　『室町期の朝廷公事と公武関係』岩田書院、二〇一一年
藤井　崇　『大内義興』戎光祥出版、二〇一四年
同　『大内義隆』ミネルヴァ書房、二〇一九年
二木謙一　『中世武家儀礼の研究』吉川弘文館、一九八五年

同　　　『武家儀礼格式の研究』吉川弘文館、二〇〇三年
古野貢・村井良介・藤本誉博・天野忠幸・小谷利明・西島太郎・藤本史子「シンポジウム要旨　戦国期畿内研究の再構成と「細川両家記」」（『都市文化研究』一二、二〇一〇年）
本多博之「「小寺家文書」について」（『兵庫県のしおり』六、二〇〇四年）
丸山伸彦編『日本の美術№３４０　武家の服飾』至文堂、一九九四年
水野智之『室町時代公武関係の研究』吉川弘文館、二〇〇五年
同　　　『名前と権力の中世史―室町将軍の朝廷戦略―』吉川弘文館、二〇一四年
同　　　「足利義晴～義昭期における摂関家・本願寺と将軍・大名」（久野雅司編著『足利義昭』戎光祥出版、二〇一五年、初出二〇一〇年）
村井祐樹『六角定頼』ミネルヴァ書房、二〇一九年
森田恭二『戦国期歴代細川氏の研究』校倉書房、一九九四年
山下真理子「天文期木沢長政の動向―細川京兆家・河内義就流畠山氏・大和国をめぐって―」（『大正大学大正大学大学院研究論集』三八、二〇一四年）
山田康弘『戦国期室町幕府と将軍』吉川弘文館、二〇〇〇年
同　　　『戦国時代の足利将軍』吉川弘文館、二〇一一年
同　　　『足利義稙』戎光祥出版、二〇一六年
同　　　『足利義輝・義昭』ミネルヴァ書房、二〇一九年
同　　　「戦国期における将軍と大名」（拙編著『足利義晴』戎光祥出版、二〇一七年所収、初出二〇〇三年①）

同　「戦国期大名間外交と将軍」（拙編著『足利義晴』戎光祥出版、二〇一七年所収、初出二〇〇三年②）、
同　「大内義隆の大宰大弐任官と将軍」（『戦国史研究』四七、二〇〇四年）
同　「戦国期栄典と大名・将軍を考える視点」（『戦国史研究』五一号、二〇〇六年）
同　「細川幽斎の養父について」（『日本歴史』七三〇号、二〇〇九年）
同　「戦国時代の足利将軍家と本願寺・加賀一向一揆」（『加能史料研究』二一、二〇〇九年）
同　「戦国期伊予河野氏と将軍」（山内治朋編『戦国大名と国衆一八　伊予河野氏』岩田書院、二〇一五年所収、初出二〇〇九年）
同　「戦国時代の足利将軍に関する諸問題」（天野忠幸・片山正彦・古野貢・渡邊大門編『戦国・織豊期の西国社会』日本史史料研究会、二〇一二年）
吉田賢司『室町幕府軍制の構造と展開』吉川弘文館、二〇一〇年
湯川敏治『戦国期公家社会と荘園経済』続群書類従完成会、二〇〇五年
和田英道「尊経閣文庫蔵「不問物語」翻刻」（『跡見学園女子大学紀要』一六、一九八三）
若松和三郎『阿波細川氏の研究』復刻版戎光祥出版、二〇一三年、原著二〇〇〇年
渡邉大門『赤松氏五代』ミネルヴァ書房、二〇一二年
九州国立博物館図録『室町将軍―戦乱と美の足利十五代―』九州国立博物館、二〇一九年

足利義晴略年表

年号	西暦	事項
文明十二	一四八〇	十二月十五日、香厳院清晃（のちの足利義澄）、堀越公方足利政知の子として伊豆国にて誕生。
明応二	一四九三	四月二十二日、将軍義材（のち義稙）に代わり、将軍家の家督として清晃（義澄）が細川政元らに擁立される（明応の政変）。　四月二十八日、清晃、還俗し「義遐」となる。また従五位下に叙される。　六月十九日、義遐、「義高」に改名する。　十一月二十四日、義高、左馬頭、正五位下に叙任。
明応三	一四九四	十二月二十七日、義高、元服し、将軍に就任。
明応五	一四九六	五月二十日、日野富子没。
文亀二	一五〇二	七月十二日、義高、参議兼左近衛権中将、従四位下に叙任。　七月二十一日、義高、「義澄」に改名する。
永正四	一五〇七	六月二十三日、細川政元、細川澄之派により暗殺される。　八月一日、細川澄之討たれる。　澄元家督を継ぐ。　この年義稙上洛をめざす。
永正五	一五〇八	三月十七日、細川高国、澄元より離反する。　四月九日、澄元、三好之長ら京都を没落する。　四月十六日、義澄、京都を没落し、近江坂本に逃れる。　四月二十一日、義澄、長光寺に御座を移す。　六月八日、義尹（もと義材）、大内義興ら上洛する。　七月一日、義尹、将軍に復職する。
永正六	一五〇九	この年、義維誕生か（永正八年説も）
永正八	一五一一	三月五日、義澄の子亀王丸（のちの義晴）、近江にて誕生（三大寺）。　八月十四日、義澄、近江にて死去。　八月二十三日、将軍義稙・高国・義興らと澄元らの軍勢が京都船岡山で合戦、義稙らが勝利する（船岡山合戦）。　この年、義晴、播磨の赤松氏に預けられる。
永正九	一五一二	七月、義稙、故赤松政則室洞松院と会談し、赤松氏との和睦をはかる。
永正十	一五一三	二月十四日、義尹と義晴の和睦なり、義晴、太刀を進上する（上洛はせず）。　三月十七日、義尹、高国・義興と不和により出奔する。　五月三日、義尹、帰京する　十一月九日、義尹、「義稙」に改名する。
永正十四	一五一七	閏十月四日、大内義興、京都を発し堺へ移る。　この年、赤松義村と浦上村宗が対立する。
永正十五	一五一八	八月二日、大内義興、堺を発し、山口へ帰国。　十二月二日以前、赤松義村の被官、澄元に通じる
永正十六	一五一九	細川澄元、挙兵する。　その被官三好之長、京都にむけ進軍する。　五月二十三日以前、義稙、赤松義村の被官に澄元支援を禁じる。　十一月三日、赤松義村、澄元に同意せず。
永正十七	一五二〇	二月十七日、高国、澄元の兵に敗れ、近江に逃走する。　こののち義稙、澄元派へ鞍替えする。　五月一日、義稙、澄元に京兆家の家督を認める。

（永正十七）	（一五二〇）	高国、澄元の被官三好之長を破る。こののち、義稙、高国と和睦する。　六月十日、澄元、死去。聡明丸（のち晴元）が継ぐ。
永正十八／大永元	一五二一	三月七日、義稙、京都を出奔する。　三月二十二日、後柏原天皇、即位式を挙行。　四月ころ、高国、義澄の子亀王丸の上洛をはかる。　七月ころ、浦上村宗、亀王丸を保護する。　七月六日、亀王丸、播磨より上洛する。次いで岩栖院に入る。　七月十日、公家衆、亀王丸に参礼する。　七月二十六日、亀王丸、読書始。　七月二十八日、亀王丸、「義晴」を名乗り、叙爵する。　八月六日、義晴、涅歯。八月十二日、故義澄に従一位左大臣が贈位贈官される。　八月二十日、「大永」に改元。　八月二十九日、諸家による代始御礼。　九月十七日、赤松義村、村宗との対立のすえ、自害する。　十一月二十五日、義晴、左馬頭、正五位下に叙任。　十一月二十六日、高国、管領に補任。　十二月二十五日、義晴、岩栖院より三条御所に移徙し、元服（加冠役は高国）。　十二月二十五日、義晴、将軍宣下。御判始などあり。　十二月二十日、義晴、御乗馬始。
大永二	一五二二	二月十七日、義晴、参議兼左近衛中将、従四位下に叙任。　二月二十三日、義晴、参内始。　三月三日、近江の六角定頼上洛し、四月三日に本能寺にて義晴を饗応する。　六月二十八日、義晴、祇園会を見物する。
大永三	一五二三	三月十一日、義晴、高倉永家の勅勘赦免を申請する。　四月九日、義稙、阿波にて薨去する。　六月十三日、義晴、浦上村宗に白傘袋・毛氈鞍覆を免許する。　八月五日、義晴、伊勢貞忠邸に御成する。 　八月十四日、義晴、故義澄の十三回忌を相国寺にて行う。　九月二日、義晴、近衛尚通に長谷寺縁起詞書を執筆させる。　十二月七日、浦上村宗、上洛して義晴に御礼をする。
大永四	一五二四	正月二十八日、高国、義晴に御所の移転を申請する。　二月五日、義晴、新造御所について近臣に諮る。 　三月六日、義晴、細川尹賢邸に御成する。　四月ころ、義晴、新造御所作事につき、諸国に国役を懸ける。　六月八日、義晴、近江の九里宗忍に「御小袖」進上を賞する。
大永五	一五二五	四月十日、義晴、細川邸に御成する。　四月二十一日、高国、出家して「道永」と称し、嫡男稙国家督を継ぐ。　四月二十六日、新造御所（柳の御所）普請始。　十月二十三日、細川稙国死去。　閏十一月十三日、義晴、柳の御所に移徙する。　十二月十三日、三条実香娘、義晴の上臈局（一対局）となる。
大永六	一五二六	正月二十三日、義晴、細川邸に御成。　四月六日、後柏原天皇崩御。　六月二十三日、義晴、参内して後奈良天皇の践祚を賀す。　七月十三日、道永、細川尹賢の讒言により被官香西元盛を殺害する。　元盛の兄弟、波多野元清・柳本賢治らが丹波で道永に反乱する。　また澄元の被官ら阿波衆と連携する。

		十月以降、義晴、諸大名に上洛を求める。　十一月四日、細川尹賢を大将として、丹波の諸城を攻めるも大敗する。　十二月二十九日、若狭守護武田元光の軍勢が上洛する。　年末ころより足利義維奉行人奉書が発給されはじめる。
大永七	一五二七	二月三日、柳本賢治ら丹波勢、京都に進軍する。　二月十二日、義晴、鷹狩りの体で六条堀川の本国寺に出陣する。　二月十三日、両陣、桂川をはさみ合戦する。義晴ら幕府軍大敗する（桂川合戦）。二月十四日、義晴、道永とともに近江坂本に逃れる。のち「御牢人」として長光寺、守山に移座。二月十七日、賢治ら丹波勢と三好元長ら四国勢が上洛する。　二月以降、義晴、各地の大名に忠誠を求む。　三月二十四日、足利義維、細川六郎（のち晴元）らが和泉の堺に着岸する。　四月七日、義晴、後柏原天皇一回忌の香典料として一万疋を進上する。　六月十七日、義維、朝廷に太刀を進上する。　七月十三日、義維、左馬頭、従五位下に叙任。これ以前に「義賢」より改名。　九月十九日、義晴と道永、坂本に移座。　十月十四日、義晴、軍勢を率いて上洛する。越前朝倉勢、近江六角勢も加わる。　十月二十四日、義晴、東寺に陣所を移す。　十一月十六日～、柳本賢治や三好元長らの軍勢が上洛し、東寺を包囲する。年末までに幕府軍は増加する。
大永八／享禄元	一五二八	正月、朝倉教景と三好元長らが和睦交渉を進める。道永と六郎の人質交換なる。　正月十七日、和睦成立の噂が流れる。　正月二十八日、柳本賢治、三好政長らが和睦に反対し、逐電する。　三月六日、朝倉勢が突然帰国する。　三月十八日、和睦推進派の三好元長が四国に下向する。和睦交渉は破綻。四月二日、義晴、東寺より相国寺万松軒に陣を移す。　五月十四日、道永と尹賢が京都を没落する。五月二十三日、義晴、朝倉孝景を御供衆とする。　五月二十八日、義晴、京都を離れ近江坂本に移座。七月以降も和睦交渉が試みられる。　八月二十日、義晴の執奏により、「享禄」に改元（後奈良天皇の代始改元）。　九月八日、義晴、多くの直臣を伴い、朽木谷に移座。　翌日、多くの直臣に感状を発給する。　十月六日、朽木稙綱を御供衆とする。　十一月二十日ころ、道永、伊賀に移る。　このころ、「常桓」に改める。
享禄二	一五二九	正月以降、常桓、伊勢の北畠晴具を頼る。　四月八日、故義稙の七回忌法要が曇華院で営まれる。義維、仏事料として一万疋を進納する。　六月ころ、柳本賢治・松井宗信らと第二次和睦交渉が進む。朽木の義晴と堺の六郎との協調体制なる。　六月ころ、定頼、朽木稙綱に宛てて、義晴近辺のことに注意を促す。　八月、義晴近臣十七名が離反する。　九月以前、道永、伊勢より越前の朝倉氏、次いで備前の松田氏、出雲の尼子氏を頼る。その後、常桓は赤松氏浦上氏との連携に成功する。

享禄三	一五三〇	正月二十日、義晴、権大納言、従三位に推任される。　二月二十六日、義晴と常桓が上洛するとの噂あり。　三月二十六日、義晴、武家様花押より公家様花押（公家様①）に変える。　五月ころ、和睦交渉が危機に。　五月十二日、柳本賢治・松井宗信ら、六郎側近周聡に抗議し、出家する。　六月二十九日、賢治、播磨に出陣中に暗殺される。　七月三日、義晴方の交渉担当者伊勢貞忠、京都を離れる。　八月二十七日、常桓勢、摂津に入る。
享禄四	一五三一	二月一日、義晴、朽木を離れて葛川に移座。　二月七日、義晴、堅田に移座。　二月十七日、義晴、坂本に移座。　三月六日、常桓勢、摂津池田城を落とす。　三月十日、常桓勢、三好元長の反撃にあい、天王寺に移る。　六月四日、常桓勢と六郎勢が摂津大物にて合戦。常桓方の赤松政村の離反により、浦上村宗が討たれ、常桓勢が敗北する（大物崩れ）。　六月八日、常桓、尼崎にて切腹する。常桓、切腹に際して辞世を義晴らに残す。　七月ころ、義晴、常桓の敗北を諸大名に伝え、諸将の忠節を求める。　七月十四日、義晴、坂本より長光寺に移座。次いで翌年までに桑実寺に移座。六角定頼の庇護下に入る。　七月二十四日、細川尹賢、摂津にて木沢長政らに討たれる。　このころより、六郎家中の内部分裂進む。
享禄五／天文元	一五三二	正月より義晴、桑実寺縁起絵巻の作成を始める。　正月二十二日、三好元長、賢治の子柳本甚次郎を討つ。これにより六郎との関係が悪化する。　こののち元長、畠山義堯と結び、飯盛山城の木沢長政を攻める。　三月五日、六郎、元長の討伐を命じる。　三月十三日、細川持隆、六郎と元長の間を取り持つが、失敗。持隆は阿波に下国する。　六月十五日、六郎と結んだ本願寺勢が飯盛山城を攻め元長勢を破る。次いで本願寺勢、元長の籠もる堺を攻める。　六月二十日、元長、本願寺勢に敗れ、堺の顕本寺にて自害。義維も自害しようとするが、止められる。　七月二十九日、義晴の執奏により、「天文」に改元する。　八月二十六日、山科本願寺、法華宗や六角定頼らにより焼き討ちされる。　八月十七日、義晴、完成した桑実寺縁起絵巻を奉納する。　十月、義維阿波に逃れる（天文三年とも）。　十月、常桓の弟細川晴国が挙兵し、丹波の波多野氏を頼る。　年末？義晴と六郎の和睦なるか。
天文二	一五三三	二月五日、六郎、本願寺勢に敗れ、淡路に逃れる。　五月、細川晴国、丹波より栂尾に出陣し、六郎の部将薬師寺国長と対陣する。　このころ、六郎は本願寺と手を切り、法華宗と結び、晴国勢と戦う。　九月十二日、大友義鑑の申沙汰により、故義澄に太政大臣を贈官される。　十二月六日、義晴、方仁親王の元服料一万疋を進上する。　十二月十二日、義晴、大友義鑑を豊前守護に補任する。　年末、六郎が義晴の上洛にむけて準備を進める。
天文三	一五三四	正月ころ、義晴病む。　二月以前、義晴政務を停止する。　六月八日、近衛尚通娘、義晴の御台所となる。　七月、幕府奉行衆、義晴に政務再開を上申する。　六月二十九日、義晴、帰洛のため桑実寺を発し、

		坂本に移座。　八月二十一日、義晴、武田元光に父子のいずれかの上洛を命じる。　八月二十八日、六郎、上洛する。　九月三日、義晴、帰洛する。建仁寺に入り、次いで南禅寺聴松院を仮御所に定める。このころ、六郎、偏諱を受けて「晴元」を名乗るか。　十月ころ、義晴、南禅寺の山上に城を築かんとする。　十一月、佐子局、義晴の御所を退所し、八瀬に移り、のちに清光院と称す。　十二月十四日、義晴、大内義隆と大友義鑑の和睦調停を進める。
天文四	一五三五	正月三日、後奈良天皇の即位式挙行が大内義隆の資金援助により決定する。　正月十一日、後奈良天皇生母勧修寺藤子の薨去により、即位式が一年延期となる。義晴、香典料は払わず。　四月七日、義晴、故義稙の贈位贈官を執奏する（贈従一位太政大臣）。　八月十三日、義晴、父義澄の十三回忌のため、相国寺に御成する。　十一月一日、御台所懐妊により、御産所が定められる。この年、晴元が右京大夫に任官する。
天文五	一五三六	二月十六日、義晴、後奈良天皇即位式に先立ち、源氏長者補任を打診されるが、固辞する。　二月二十六日、後奈良天皇即位式、義晴は掃除役と警固役を引き受ける。　三月十日、義晴嫡男菊幢丸（のちの義輝）が誕生する。　四月二十六日、義晴、南禅寺門前に仮御所の修造を行う。　五月ころ、義晴、遣明船について大内義隆に命じる。　七月～、比叡山と法華衆が対立し、軍事衝突する（天文法華の乱）。　七月二日、義晴、諸大名に洛中の警固を求める。　七月二十日、六角定頼、延暦寺の援軍として出兵する。　七月二十七日、洛中での騒乱収まる。　八月十九日、義晴、本願寺を赦免する。　八月二十七日、義晴、「隠居」を宣言し、内談衆を設置する。　同日、花押を改める（公家様②）。　八月二十九日、細川晴国、三宅国村に欺かれ、自害する。　九月二十四日、晴元、再び上洛し、義晴に御礼する。　十二月十一日、義晴、南禅寺の仮御所をたたみ、洛中の伊勢貞孝邸に仮寓する。
天文六	一五三七	この年より、地方の大名勢力よりの音信が増える。　四月十九日、晴元、定頼の娘と婚姻。　八月十日、義晴、定頼を近江守護に補任する。　十一月三日、義晴次男誕生する（のちの義昭）。　九月、翌年の新礼拝講のために諸国に段銭を賦課する。　十二月二十九日、義晴、大友義鑑に大内義隆とともに上洛するよう命じる。
天文七	一五三八	三月十六日、義晴、後柏原天皇十三回忌のため、香典料一万疋を進上する。　七月二日、義晴、朝倉孝景を御相伴衆とする。　七月以前、若狭国にて内乱あり。義晴、晴元と朝倉孝景にそれぞれの支援を停止させる。　七月二十九日、義晴、細川邸に御成。　九月三日、義晴、尼子経久に上洛について、定頼と晴元と相談するように命じる。　九月八日以前、晴元、山城国下五郡に段銭を賦課しようとする。義晴、直臣知行への賦課を停止させる。　十一月二十三日、菊幢丸の髪置の儀あり。

天文八	一五三九	二月三日〜、義晴、新御所（今出川御所）の造営をはじめる（〜天文十一年ころまで）。　二月四日、義晴三男（周暠）誕生か。　五月二十九日、義晴の女子誕生する。　六月二日、三好長慶（当時は利長）が御料所河内国十七カ所の代官職を望む。　六月十八日、六角定頼の嫡男義賢、畠山義総娘と婚姻する。　六月二十三日、肥前の国人大村純前、殿中にて義晴に御礼する。　閏六月、三好長慶と三好政長・晴元が対立し、畿内が騒動する。　義晴、各勢力に忠節を求める。　閏六月十三日、義晴、六角定頼らに依頼し、騒乱の調停を図る。　閏六月十六日、御台所と菊幢丸、八瀬の清光院に避難する。　義晴は京都を動かず。　閏六月十七日、晴元、京都を退去する。　七月二十三日、晴元、山城西岡での徳政を申し入れるが、却下される。のち洛外に徳政を行う。　十月一日、長慶が上洛し、再び晴元に出仕する。　十月十八日、義晴、定頼の宿所万松軒へ御成。　十二月三日、義晴、細川邸へ御成。　十二月四日、近衛殿大政所（維子）、伊予河野氏の御相伴衆加入を取り次ぐ。
天文九	一五四〇	三月十三日、禁裏修理料と足利義教百年忌仏事料のため、諸大名に国役を賦課する。　四月二十一日、改元につき、天皇より内意あり。　義晴、改元につき承諾せず。　六月二十四日、足利義教百年忌法要を行う。　七月三日、赤松晴政、入国につき、義晴に申請する。　七月十一日、義晴次男を一乗院に、女子を三時知恩寺に入寺することを決定する。　九月二十三日、義晴、交際を禁じた朝倉景高と楊弓することにより、内談衆本郷光泰に生害を命じ、伊勢貞孝を義絶する。光泰逐電する。　十月五日、義晴、根来寺開山覚鑁の大師号につき、執奏する。勅許されるも、のちに撤回。
天文十	一五四一	九月二十九日、木沢長政、三好政長の不法を晴元に訴える。　十月二日、長政、義晴に政長への訴えを案内する。　十月十三日、長政、京都に進軍し、京都警固を申し出る。義晴、返答せず。　十月二十九日、晴元、北岩倉へ退去する。晴元、義晴との同道を望むが、義晴は拒否。　十月三十日、義晴・御台所、菊幢丸らと慈照寺に移座。　翌日、定頼の意見により坂本に移座（実際は定頼は存知せず）。　十一月十八日、晴元、義晴に長政を「御敵」に補されることを望む。　翌日、義晴、長政との調停を命じる。しかし、不調に終わる。　十二月十四日、河内の畠山稙長と同弥九郎との和睦を調停する。これも不調に終わる。
天文十一	一五四二	三月十日、義晴、畠山弥九郎を「御敵」とする。　三月十二日、渡唐船よりの利物を直臣に配当する。　三月十七日、長政、河内太平寺にて戦死する（太平寺合戦）。　三月十九日、長政の首が義晴に届けられる。　三月二十八日、義晴、坂本を発して帰洛し、相国寺法住院に移座。　四月八日、義晴、今出川御所に還御。　七月二十一日、足利義勝百年忌法要を営む。　十一月二十日、義晴次男、近衛稙家の猶子となり、奈良興福寺一乗院に入室する。

天文十二	一五四三	五月七日、義晴、大友義鑑を肥後国守護に補任する。　この年、細川氏綱の勢、和泉で軍事活動を進める。　八月十六日、氏綱勢、和泉にて三好長慶らに敗れる。　十月十二日、氏綱、和泉を去り、八尾に退去する。
天文十三	一五四四	七月以前、義晴と晴元、不和になる。　七月六日、義晴、晴元と和睦する。　七月九日、京都にて大洪水あり。　八月二十六日、御台所の父近衛尚通薨去。
天文十四	一五四五	この年、氏綱、細川国慶、内藤国貞らと挙兵する。　二月一日、晴元、義晴の御盃を拒否する。　十二月二十九日、晴元、義晴の歳末御礼に出仕せず。
天文十五	一五四六	二月、義晴、菊幢丸の元服費用として諸大名に国役を賦課する。　七月二十七日、菊幢丸、叙爵し、実名「義藤」を名乗る。　八月二十日、三好長慶ら和泉に出陣する。　九月九日、後奈良天皇、「四方之向事」の兵術書を義晴に贈る。翌日には「三光之大事書」を贈る。　九月十二日、義晴ら、慈照寺に避難する。　九月十四日、晴元、丹波に退去する。　九月二十二日、晴元、丹波にて氏綱勢に敗れる。三好政長戦死の風聞もあり。　九月二十五日、氏綱方の細川国慶、上洛する。　同日、遊佐長教、大館晴光に音信し、戦況を報告する。これ以前に義晴、長教と接触する。　十月五日、土一揆が発生する。同七日には禁裏に向かう。　十月二十八日、義晴、晴元方の北岩倉の山本某を討たせる。　十月三十日、義晴、徳政令を出す。　十一月ころ、義晴、北白川（勝軍山）に城郭を築く。　十一月十九日、義藤、左馬頭、従五位下に叙任。このころ、義晴、定頼に義藤の加冠役を命じる。　十二月十六日、義晴、近江坂本日吉社神職樹下成保宅を義藤元服の場と定める。　十二月十八日、義晴父子、慈照寺より坂本まで移座。　十二月十九日、義藤元服する。加冠役の定頼は管領代となる。　十二月二十日、義藤、将軍宣下あり。次いで義晴、右近衛大将に推任される（権大納言兼任）。　十二月二十四日、義晴父子、坂本より慈照寺に戻る。　このころ、内談衆が終焉する。
天文十六	一五四七	正月六日、義晴、右馬寮御監を兼任する。　正月十三日、義晴、細川国慶を「御敵」に補す。翌日、国慶高雄へ出奔する。　正月二十五日、義藤参内し、次いで義晴参内する。　二月十日、晴元勢、摂津原田城を落とす。　二月十七日、義藤、参議兼左近衛権中将、従四位下に叙任。　二月二十五日、義維の近臣畠山維広、堺に派遣される。　三月二十二日、晴元、氏綱方の摂津三宅城を開城させる。　三月二十九日、義晴、近衛一門や直臣らと北白川城に入る。　四月一日、晴元勢、北白川城を包囲し、城下を焼き払う。　四月十日、晴元勢、摂津に出兵するため、北白川城の包囲を解く。　四月二十五日、晴元勢、氏綱方の摂津芥川城を開城させる。　七月十二日、晴元、京都に進軍する。定頼これに味方し、北白川城を包囲する。　七月十五日、定頼、義晴に和睦を進言する。義晴、直臣に諮る。　七月十九日、義晴、定頼の意見を受け入れ、北白川城を自焼させ、坂本に移る。

（天文十六）	（一五四七）	七月二十九日、晴元、坂本で義晴父子に出仕し、義藤、晴元を「赦免」する。義晴は対面せず。　閏七月五日、晴元勢、細川国慶の籠もる高雄城を攻め、落城させる。　十月五日、細川国慶、山城国内野西の京にて晴元勢と戦い、討死する。
天文十七	一五四八	四月二十四日、晴元、三好長慶、河内高屋城を攻め、畠山政国、遊佐長教らと和睦する。長慶、長教の婿となる。　五月六日、池田信正、晴元の命で自害する。これに摂津国衆ら反発する長慶彼らに頼られる。　六月七日、義晴父子、坂本より帰洛して、今出川御所に入る。　六月十四日、義晴父子、祇園会を見物する。　十月二十八日、三好宗三（政長）、長慶を讒言する。長慶、晴元に政長の処分を求めるが、拒絶される。長慶、遊佐長教と結んで、氏綱を京兆家当主として擁立する。長慶には河内、摂津衆が味方に。
天文十八	一五四九	三月一日、義晴警固のため、近江衆上洛する。近江衆、直臣と喧噪に及び、一色晴具が死去する。　三月八日、義晴女子（理源）、宝鏡寺に入寺する。　同月、慈照寺明岳瑞照殺害される。　六月二十四日、三好宗三、摂津江口にて氏綱勢に敗れ、討死する（江口合戦）。援軍の六角勢は帰国、晴元、丹波を経て京都に逃れる。　同日、六角義賢、父に代わり軍勢を率いて上洛する。　六月二十七日、義晴ら軍事評定を行う。義晴、京都に残り戦うことを望むが、説得により慈照寺を経て坂本に移る。　十月二十八日、義晴、慈照寺の裏に山城（中尾城）築城を始める。　年末、義晴体調を崩す。
天文十九	一五五〇	二月二十六日、中尾城の普請始あり。その後、坂本より穴太に移る。　三月二十六日、摂津伊丹城主、晴元に反旗を翻す。このことにより、翌日の中尾城入城は延期になる。　義晴、「城中の制法二十ヶ条」を定める。　四月ころ、義晴、近臣らに義藤への忠勤と補佐を求める。　五月三日、京都より絵師土佐光茂、義晴の肖像を描きにくる。　五月四日、義晴、穴太にて薨去（自害とも）。　五月七日、義晴の亡骸を慈照寺に移す。同日、義晴に贈位贈官あり（従一位左大臣）。　五月九日、御台所、剃髪し「慶寿院」を称す。　五月二十一日、慈照寺にて義晴の葬儀が行われる。同日、義晴の遺物が天皇に進上される。　十一月二十一日、義藤、中尾城を自焼し、近江堅田に逃れる。

【著者紹介】

木下昌規（きのした・まさき）

1978年生まれ。大正大学大学院文学研究科史学専攻博士後期課程単位取得満期退学。

博士（文学）。専門は日本中世史（室町・戦国期）。

大正大学非常勤講師を経て、現在、大正大学文学部准教授。

主な研究として、戦国期における室町幕府・将軍家の関連論文のほか、『戦国期足利将軍家の権力構造』（岩田書院、2014年）、『足利義晴』（編著、シリーズ・室町幕府の研究3、戎光祥出版、2017年）、『足利義輝』（編著、シリーズ・室町幕府の研究4、戎光祥出版、2018年）がある。

装丁：川本 要

中世武士選書　第44巻

足利《あしかが》義晴《よしはる》と畿内《きない》動乱《どうらん》　分裂《ぶんれつ》した将軍家《しょうぐんけ》

二〇二〇年一〇月一日　初版初刷発行

著　者　木下昌規
発行者　伊藤光祥
発行所　戎光祥出版株式会社
東京都千代田区麹町一―七
相互半蔵門ビル八階
電　話　〇三-五二七五-三三六一㈹
FAX　〇三-五二七五-三三六五
編集・制作　株式会社イズシエ・コーポレーション
印刷・製本　モリモト印刷株式会社

https://www.ebisukosyo.co.jp
info@ebisukosyo.co.jp

ISBN978-4-86403-364-0